玩转科学

游戏中的科学和知识

方怡 编著

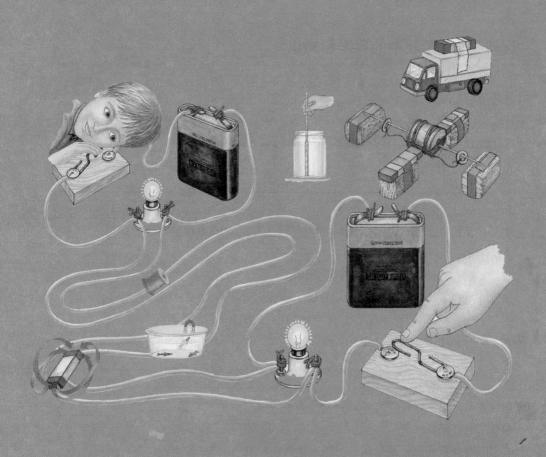

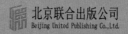

北京联合出版公司
Beijing United Publishing Co.,Ltd.

图书在版编目（CIP）数据

玩转科学：游戏中的科学和知识 / 方怡编著 . -- 北京：北京联合出版公司，2014.10（2023.5 重印）

ISBN 978-7-5502-3692-9

Ⅰ . ①玩… Ⅱ . ①方… Ⅲ . ①科学知识—青少年读物Ⅳ . ① Z228.2

中国版本图书馆 CIP 数据核字（2014）第 227489 号

玩转科学：游戏中的科学和知识

编　　著：方　怡
责任编辑：徐秀琴
封面设计：彼　岸
责任校对：黄海娜
美术编辑：张　诚

出　　版：北京联合出版公司
地　　址：北京市西城区德外大街 83 号楼 9 层　100088
经　　销：新华书店
印　　刷：三河市万龙印装有限公司
开　　本：720mm×1020mm　1/16　印张：27.5　字数：720 千字
版　　次：2014 年 10 月第 1 版　2023 年 5 月第 36 次印刷
书　　号：ISBN 978-7-5502-3692-9
定　　价：75.00 元

门捷列夫用一副扑克牌发现了自然界各种物质间的关系，牛顿通过玩三棱镜创立了光谱学，李波尔赛受孩子游戏的启发试制成功了世界上第一台望远镜，雷内克从敲木头中得到启发从而发明了听诊器，威廉·梅尔道克回忆小时候玩的烧"煤石头"游戏发现了煤气……许多伟大的科学发现就是从游戏中诞生的。

科学并没有我们想象得那样难懂和枯燥，它就在我们触手可及的地方：它藏在喝可乐时的打嗝声中，它随着迎风飘飞的风筝一起飞舞，它是树上落下的苹果，它是爷爷看报时的老花眼镜……只要参与到有趣的科学游戏中，你会发现很多心中的疑惑将得到解答：为什么水珠是圆形的？空气有重量吗？北极星在星空中的什么位置？航天飞机是如何工作的？眼睛是如何看到东西的？怎样知道树木的年龄？如何辨别害虫与益虫？……在奇妙有趣的游戏世界中，你将学到丰富多彩的科学知识，感受到发现的乐趣，读懂科学的奥秘。

《玩转科学——游戏中的科学和知识》是一本为广大青少年读者精心编撰的科学游戏书，本书精选了250多个简单易做、妙趣横生的科学小游戏，包括简单小实验、趣味小制作、观察测量等。这些小游戏涵盖水、动植物、空气、光、运动、力、电、磁场、魔术、人体等各个方面的科学知识，内容涉及数理化、天文、地理、生物各学科领域，将科学知识蕴含在有趣的游戏中，寓教于乐。它们不仅妙趣横生，而且设计简单易做，用的都是生活中随手可得的材料，可以让读者随时随地做游戏，开开心心玩科学。步骤虽然简明，却能得到惊奇有趣的结果，而且每个游戏后面都附有科学原理的讲解，深入浅出，让你在惊奇中恍然大悟——科学道理一玩就懂。

这些有趣的科学游戏，许多是历史上科学大师们当年做过的经典实验，有些是最近新发现的自然现象，还有一些是生活味十足的科学趣事。做这些游戏的时候，你会陶醉在科学之中，也许会萌生新的科学构想，启发新的科学发明。从家里的厨房、客厅，到郊外的公园、学校的操场……在一个充满魔法的环境中，你可以随时随地体验科学探索的乐趣，还能成为让家长、老师和同学们都刮目相看的小科学家、小魔法师呢。

游戏令人快乐，科学使人智慧。在游戏中亲历科学，感受自然奥秘的乐趣。捧读本书，动手游戏，思考问题，追求科学的热情和精神将由此培养起来，新奇的幻想和发明创造也将从这里开始。还需要犹豫吗？快快打开这本书，快快动手，进入科学游戏的迪斯尼乐园吧！

第一章　游戏玩转科学

第二章　魔术中的科学

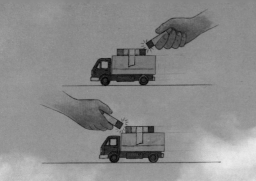

特技和智力游戏

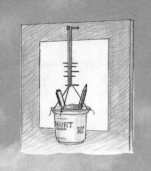

第三章　去宇宙中旅行

出发

北天星图

南天星图

月球、太阳和行星

第四章　它们是怎么工作的

航天器"研究所"

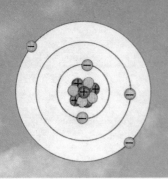

第五章 认识我们的身体

大脑与感官

第六章　藏在四季里的科学

第一章
游戏玩转科学

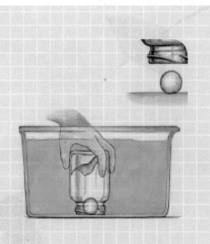

抓住空气

空气是什么？空气有重量吗？空气能产生力吗？风有多大的力量？最适合飞行的形状是什么？声音如何传播？

空气无处不在

空气无处不在，占据着每一个自由空间。空气存在于水、动植物和人类的体内以及其他物体中。虽然空气很轻，而且看不见，但我们仍然发现和称量空气的方法。

在哪里我们可以发现空气？

在水中保持干燥

你需要准备：

- 1个干净的大口玻璃瓶
- 1个乒乓球
- 1张纸
- 1个装水的透明的碗或盆（比玻璃瓶高）

游戏步骤：

1. 把纸放入玻璃瓶底。
2. 把乒乓球放置在盆内的水面上。
3. 把玻璃瓶倒置，扣住乒乓球，然后把玻璃瓶用力往下压，直到瓶口接触到盆底。

发生了什么呢？

水没有进入玻璃瓶内，而乒乓球在盆底静止不动，几乎还是干燥的。

原因解答：

玻璃瓶内的空气阻止了水进入玻璃瓶内，所以玻璃瓶里的纸没被弄湿。如果把玻璃瓶垂直向上提出水面，你会看到，玻璃瓶内的纸几乎没有变湿，玻璃瓶内仍然保持干燥状态。

4. 把玻璃瓶再次浸入水中。
5. 当玻璃瓶口接触到盆底的时候，稍微倾斜一点点。

发生了什么呢？

一串串空气泡从玻璃瓶里跑出来，冒出水面，然后破裂。水进入了玻璃瓶，乒乓球在玻璃瓶内向上漂浮，最后水把纸浸湿了。

原因解答：

玻璃瓶里的空气找到了跑出玻璃瓶的路径，并且向上升。现在，水进入瓶内占据了玻璃瓶里空气所占据的空间。

真空包装的产品

如果你仔细阅读咖啡瓶包装纸上印刷的信息，你可能会看到"真空包装"的字样。真空包装是一种特殊的制作程序，它把瓶里的空气抽走，使咖啡的香味能够被更好地保留。当玻璃瓶盖被打开的时候，你可以听到一声轻响，就好像是呼吸声。这是空气重新占据了咖啡瓶内的空间而发出的声音。

水中的空气

空气也存在于水中，我们可以通过一个小小的实验来验证这一点。

把一个装满水的透明玻璃杯放在一个热源旁边。当水开始升温时，你会看到一个个充满空气的小气泡聚集在玻璃杯的杯壁上。尽管水中存在空气，但是人类却不能直接从水中呼吸空气。在水下，我们需要用吸管从水面呼吸氧气，或者用装满氧气的氧气瓶来维持呼吸。

空气有重量吗？

称量空气

你需要准备：

- 2 根塑料棒，1 根长 15 厘米，1 根长 30 厘米
- 2 个大小相同、颜色不同的气球，稍微充气
- 2 罐饮料
- 1 卷胶带
- 1 支铅笔

游戏步骤：

1. 用铅笔在 30 厘米长的塑料棒的中心点处做一个记号。

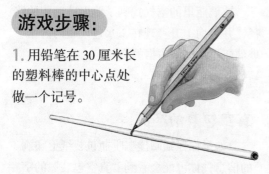

2. 用胶带把两个气球分别套在塑料棒的两端。

3. 把 15 厘米长的塑料棒两端分别粘在两个饮料罐上，然后把 30 厘米长塑料棒的中心点放在 15 厘米塑料棒上。

发生了什么呢？

30 厘米的塑料棒仍然保持着平衡。

原因解答：

塑料棒两端的两个气球重量相等。

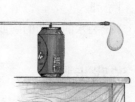

4. 把一个气球取下来，打满气，然后把它再套在 30 厘米塑料棒的一端，把塑料棒的中心点放在 15 厘米塑料棒的上面。

发生了什么呢？

充满气的气球的那一端往下压。

原因解答：

充满气的气球里的空气质量比另一端的气球里的空气质量大。

房间里的空气

你需要准备：

- 1 把米尺（或 1 把软尺）
- 1 支笔和一张纸
- 1 个体重计

游戏步骤：

1. 以米为单位，测量房间的大小，分别测量房间的长、宽、高。

2. 将测量得到的数据相乘，得出房间的体积（体积＝长 × 宽 × 高）。

3. 科学家们经过计算得出，1 立方米空气约重 1.2 千克。因此，如果用房间的体积乘以 1.2，你就可以得出房间里空气的质量。

4. 现在用体重计称你自己的体重，与房间中的空气质量相比，哪一个更重呢？

发生了什么呢？

你会发现，房间中空气的重量比你还重。

原因解答：

一个中等大小的房间里的空气重量跟一位成年人的体重大致相等（约为 70 千克）。

用气泡来吸引猎物

乒乓球从水底浮出来的时候，你可以看到它在水面上快速旋转，因为它比水轻。这也是水里的气泡浮出水面的原因。

巨头鲸会利用这种现象（气泡）来捕捉猎物：它在一大群鱼的下面不断转圈，制造出很多浮上水面的气泡。这些气泡会把鱼吸引过来，而巨头鲸只要坐等美食送上门来就行了！

空气的压力

大气层是指包裹着地球的厚的空气层（约为1000千米厚），它对人体和物体产生巨大的压力，但是却没人注意到它——尽管压在每个成年人身上的空气达15吨！虽然我们在自己身上感觉不到空气的巨大压力，但我们可以发现并测量到它，还能人为地增加空气的压力，并利用空气的压力来操纵机器，克服重力。

空气能产生力吗？

无形的力

你需要准备：

- 1把尺子
- 1大张白纸
- 1块木板

游戏步骤：

1. 把尺子放在木板上，使它的1/3露在木板的外面。
2. 把白纸放在尺子的上面，并使白纸平摊在木板上。
3. 用力向下击打露在木板外面的尺子部分，使纸跳到空中（注意不要用力过猛把尺子打断）。

发生了什么呢？

纸阻止尺子跳起来。

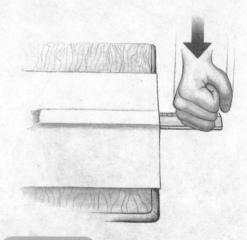

原因解答：

空气向下压着白纸。因为白纸的面积很大，所以尽管向下击打的力量很大，但是纸面上的空气重量足以阻止它跳起来。

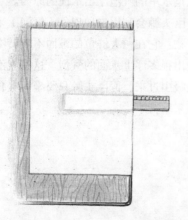

空气使水上升

你需要准备：

- 1个盆
- 1个玻璃杯
- 清水

游戏步骤：

1. 把玻璃杯放进盛满清水的盆中，使杯底朝上。

2. 把玻璃杯向上提，但是不要使杯口离开水面。

发生了什么呢？

玻璃杯中的水面上升了，比玻璃杯外的水面要高。

原因解答：

盆里水的表面上的空气压力把水推进了玻璃杯里。如果玻璃杯的杯口离开盆的水面，空气就会进入玻璃杯，并把玻璃杯里的水向外推出，玻璃杯就会变空。

空气只会向下压吗？

比水更强大的力量

你需要准备：

- 1个杯口光滑的透明玻璃杯
- 1张风景明信片，或者1张明信片大小、表面光滑的卡片
- 少量清水
- 1个用来做实验的水池

游戏步骤：

1. 将玻璃杯装满清水。

2. 小心地把明信片光滑的一面放在玻璃杯的杯口上。

3. 用手指按住明信片，将玻璃杯倒过来。
4. 把手从明信片上拿开。

发生了什么呢？

明信片仍然附着在玻璃杯口，而且玻璃杯中的水也没有流出来。

原因解答：

明信片下方的空气压力比玻璃杯中的水的重量更大，这就是明信片能承受住水的重量让水无法流出来的原因。

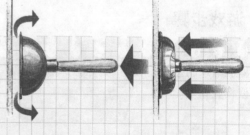

吸盘的力量

把吸盘用力按在物体表面上时，吸盘里的空气就被挤压出来了。由于吸盘外的空气压力，吸盘紧紧地附着在物体的表面，造成完全密封。但是，如果你把吸盘的边缘稍稍抬起，空气就会进入吸盘里面，吸盘就无法再吸在物体的表面了，因为吸盘里面的空气压力和吸盘外面的空气压力是一样大的。关于这一点，你还可以通过测试哪些物体表面吸盘可以吸住，哪些物体表面吸盘不能吸住的实验来证明。你会发现，吸盘只会吸附在那些表面非常光滑的物体上。而当吸盘按在表面很粗糙的物体上时，空气从外面挤压吸盘，同时迅速地从吸盘和物体表面之间的空隙钻进吸盘。

环绕地球的空气会压垮我们吗？

气压痕迹

你需要准备：

- 橡皮泥或雕塑黏土
- 1个装满水的、用软木塞封口的玻璃瓶

游戏步骤：

1. 把橡皮泥弄软，然后把它捏成一个很厚的、与玻璃瓶底形状相同的圆形底座。
2. 把玻璃瓶放在橡皮泥底座上，使它保持直立。
3. 把玻璃瓶拿起，然后把它颠倒，再竖立在橡皮泥底座上。

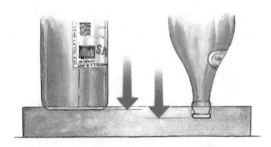

发生了什么呢？

玻璃瓶正放在橡皮泥上留下的痕迹比倒着放留下的痕迹浅。

原因解答：

正放的玻璃瓶底座占用的面积大，可以分散玻璃瓶的重量。相反，当把玻璃瓶倒放的时候，相同的重量集中在一个更小的面——瓶嘴上，产生了比之前大得多的压力，因此留下的痕迹自然也就更深。人体所产生的压力同样有赖于接触面的大小，这就是为什么雪橇能够防止滑雪者陷入雪里的原因。

压力的平衡

大气压力由两个方面的因素决定：一是我们头顶的大气的质量，另一个则是大气施加压力的对象——地球表面上的每个物体。为什么大气压力没有把我们压垮呢？这是因为人体有很多不同的面，可以向不同方向分散空气压力。同时，最重要的一点是，在我们人体内部，跟其他所有动物和物体一样，存在着向外压的空气，以平衡身体内部和外部的压力。由于这种平衡，我们可以承受压在我们身上的大气重量。

压力的变化

高山上大气的压力比海平面的大气压力要小：越往上走，空气越稀薄，因此产生的压力也就小。在水下也是同样道理：在水下潜得越深，你会感觉到水越来越重。空气的压力同时还随气温的变化（热空气比冷空气轻）而变化，还会受到湿度（含蒸汽水滴的空气比干燥的空气重）的影响。由于空气压力的这些变化，我们需要使用仪器来测量大气压力，比如，气压计和高度计等等。

> 气压计被用来测量大气压力，以预测天气状况的变化。

空气可以被压缩吗？

挤压空气

你需要准备：

● 1 个去掉针头的注射器

游戏步骤：

1. 把注射器的活塞拉起，使注射器里充满空气。

2. 用一个手指堵住注射器的口，用力向下推活塞，然后放开活塞。

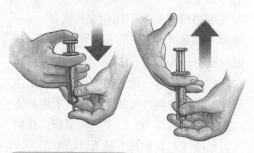

发生了什么呢？

活塞仿佛被一种看不见的力量推挤，向上弹起，然后停住。你会感觉到有一股强大的推力挤压着你堵住注射器口的手指。把你的手指拿开，活塞就会回到最初的位置。

原因解答：

空气被压缩了，因为活塞压得空气只占据了一个很小的空间。压缩增加了空气的压力——挤压容器内壁和你的手指的那股力量。活塞回到最初的位置是因为被压缩的空气膨胀并从注射器口流出，随后，空气压力减小，然后活塞下落。

压缩空气的力量

轮胎里的压缩空气可以支撑整个自行车、轿车甚至自动列车的重量。由于轮胎的表面柔韧而富有弹性，因此，当车辆行驶到颠簸的路面或遇到不平的物体时，轮胎就会像一个软垫子一样起到缓冲的作用。

直升飞机和降落伞都利用空气压力工作。直升飞机的螺旋桨旋转时，把空气向下推，挤压空气，最终获得一股力让直升机起飞并升上天空。

降落伞的形状就是为了在伞下聚集和压缩大量的空气而设计的。这些空气向上产生足够强大的力，抵消下降的力，并延缓下降的速度。

气垫船是一种悬置在气垫上，并能在陆地和水面行驶的交通工具。

不论是眼药水滴瓶这么简单的东西，还是飞机引擎那么复杂的机器，都利用了将空气压缩至一个更小的空间而产生更大的力的原理。当你放飞一个充气的气球，目送它升入天空时，你也利用了被压缩的空气的力量。

"喷气式"气球

你需要准备：

- 1根绳子
- 1卷胶带
- 1个中号气球
- 1根吸管

游戏步骤：

1. 将绳子穿过吸管，在房间内寻找两个相同高度的点，并把绳子拉直，将两端紧紧系在这两个点上。

2. 将气球充气，并用手指夹紧气球嘴。
3. 用胶带把气球粘在吸管下方，然后把气球拉到绳子的一端。

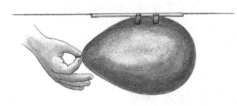

4. 用手指拉住气球嘴，然后松开。

发生了什么呢？

气球带着吸管飞快地向前滑去。

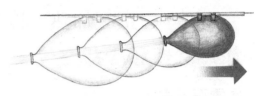

原因解答：

当充气的气球封闭时，气球里面的空气压力均匀地作用于气球内壁。当气球被松开以后，气球内部的空气膨胀，在后部产生一个推力，推动气球向前。

反作用力的力量

游泳运动员每一次划动手臂，小船划手每一次划桨，都向我们表明，对于每一个作用力，都有一个反作用力。手臂向后划动，或者桨在水面划动，在相反的方向都会有一个同样大小的力，使游泳运动员或小船划手向前移动。这也告诉了我们喷气式飞机的工作原理：它的反应器引擎向外喷射出很热的废气，而由此产生的反作用力十分强大，足以推动飞机向前移动。

热空气和冷空气

在大气中有大量的冷空气和热空气移动，气象卫星将这些情况拍成照片，供气象学家们进行分析，以便预报降雨和台风。这些大量的空气就像风一样，依靠大气的反应和太阳的热量，围绕着地球持续流动。

空气加热、冷却会发生什么？

加热空气和冷却空气

你需要准备：

- 1个气球
- 1个空小口玻璃瓶
- 1个装满热水的盆（注意别被烫伤）

游戏步骤：

1. 将气球稍微充气，并将它套在玻璃瓶口上。

2. 握着玻璃瓶，将其竖立在热水中1～2分钟。

发生了什么呢？

气球发生了膨胀。

原因解答：

跟其他物质一样，空气也是由分子构成的，而分子是由微小的、运动的粒子组成。热量使得这些分子分开了，这意味着玻璃瓶内的空气发生了膨胀，因此需要更多的空间，所以瓶内空气进入了气球，并且使气球膨胀。

3. 打开水龙头，用凉水冲玻璃瓶。

发生了什么呢？

气球慢慢地缩小了。

原因解答：

因为遇冷，空气收缩了，分子之间相互靠近了。因此，空气占据玻璃瓶内的空间变小，使气球内的气体进入玻璃瓶，气球变小。

神奇的玻璃杯

你需要准备：

- 1 个玻璃杯
- 1 本书
- 1 块表面光滑的木板
- 冷水和热水

游戏步骤：

1. 将木板轻轻地斜靠在书上，用凉水清洗玻璃杯，然后将玻璃杯底朝上倒放在木板的最高点。

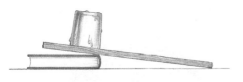

2. 用热水冲洗玻璃杯，再把它杯底朝上倒放在木板的最高点。

发生了什么呢？

用冷水冲洗过的玻璃杯沿着木板慢慢向下滑行，最后停住。而用热水冲洗过的玻璃杯会很快地向下滑行，然后跌落。

原因解答：

玻璃杯内的空气被热水加热后，发生膨胀，使得玻璃杯非常轻微地从木板上面抬升，因此它能够不受阻力地很快滑下木板末端。

小心空气膨胀

在每一个气体喷雾剂上，你都会发现这样一个警告："避免阳光直接照射，避免温度超过50℃。"通过我们之前的实验，你会知道这些警告的原因：喷雾剂里的压缩气体跟空气一样，如果受热，压缩气体就会膨胀，使喷雾剂瓶炸开！

冷空气和它受热时质量相同吗？

螺旋

你需要准备：

- 1 张正方形的纸（边长至少为 13 厘米）
- 1 支铅笔
- 1 把剪刀
- 1 根大约 20 厘米长的绳子
- 1 个热源，比如一个很热的散热器，或者一个电锅（在成年人的监督下使用）

游戏步骤：

1. 如图所示，用铅笔在纸上画螺旋图形，然后用剪刀沿着螺旋形的线将纸剪开。

2. 在螺旋形的中心穿一个小孔，用绳子穿过小孔并打一个结固定住。

3. 将螺旋条悬挂在热源上。

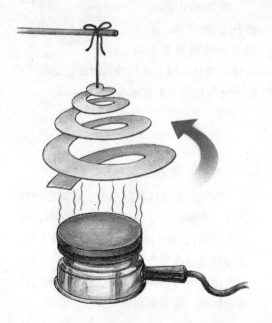

发生了什么呢？

螺旋条开始自己旋转起来。

原因解答：

空气被热源加热并上升，当上升的空气接触到螺旋的时候，会从螺旋条中间穿过，挤压螺旋条并使之旋转。

热气球

热气球中的热空气比大气层中相对较冷的空气的密度低。因此，只要热气球中的空气保持受热，热气球就能保持飞行。发明出利用热空气让物体上升到空中的方法的是两个法国人——艾丁尼·孟高菲尔和约瑟夫·孟高菲尔兄弟俩，在 18 世纪，他们利用防油纸制造了第一批热气球模型，并通过燃烧稻草来加热气球内的空气。1783 年，另外两个法国人——让·弗朗索瓦·德·罗兹尔和马奎·德·阿兰德，成为了最先乘坐孟高菲尔兄弟制作的热气球邀游天空的两个人。

滑翔机

　　滑翔机（没有引擎的飞机）的飞行叫做滑行。这也许是由于空气中存在着上升的暖气流，所以滑翔机可以在空中滑行——暖气流的上升速度比滑翔机下降的速度要快。

　　滑翔机通过带引擎的飞机或绞盘的牵引升空，然后利用暖气流盘旋上升，最后开始滑行（也就是无动力飞行），直到遇到另一股暖气流。飞行员的技巧在于要很清楚地了解暖气流在何种情况下形成和发生变化，并以此来寻找滑翔机可以利用的下一股暖流，继续保持飞行。

　　由于利用了空气中的暖气流，这种飞行有时候也被称作"暖气流翱翔"。

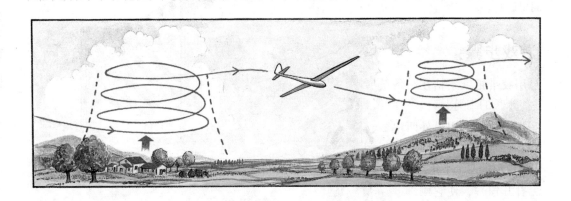

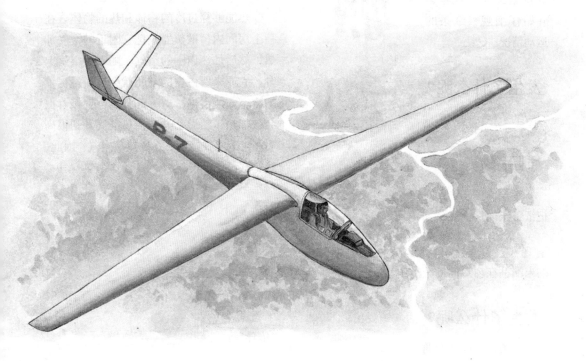

热量如何在空气中传导？

空气循环

你需要准备：

- 薄纸条
- 1 把剪刀
- 1 根细绳
- 1 卷胶带

　　注：这个实验必须在冬天一间温暖的房间里进行。

游戏步骤：

1. 用胶带把纸条粘在一条至少 1 米长的细绳上。

2. 如图所示，用另外两块胶条把绳子的末端固定在窗户的两个下角。

3. 打开窗户，使它刚好拉紧绳子。现在，开始仔细观察纸条的运动情况。

发生了什么呢？

　　纸条朝房间内弯曲。

原因解答：

　　冷空气进入房间，把纸条压向房内。

4. 现在，重复这个实验。这一次，把绳子的末端粘在窗户的两个上角。

发生了什么呢？

　　纸条朝房间外弯曲。

原因解答：

　　冷空气从窗户的下部进入房间的同时，热空气从房间的上部向外逃逸，把纸条压向房外。

加热房间

　　热能够穿过冷的物体和热的物体。在一个房间内，散热器先把它附近的空气加热，然后加热周围的空气。随着热空气上升，它原来所占据的空间就会被质量更重的冷空气所占据。这一部分冷空气接着也会被加热，然后上升，当热空气升到很高后，与冷空气接触，并加热冷空气。因此，热空气又会变冷，然后下沉。这个热空气—冷空气—热空气的循环周而复始，这种空气由下到上，再由上到下的运动被称作对流（意思是"传导"）。

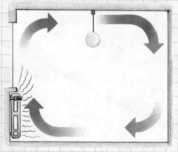

保存热量

你需要准备：

- 3 个一样的带盖玻璃瓶
- 羊毛巾
- 几张报纸
- 1 个与三个玻璃瓶一样深的盒子
- 热水
- 可以在水里使用的温度计

游戏步骤：

1. 将第一个玻璃瓶用羊毛巾裹起来。把第二个玻璃瓶放在盒子里，并用揉皱的报纸把它包起来，第三个玻璃瓶则不用任何东西包裹。

2. 将三个玻璃瓶都装满热水，然后测量出每个玻璃瓶的水温，盖上盖子。

3. 把三个玻璃瓶放在一个寒冷的地方（如阳台上或一个寒冷的房间）30 分钟。

4. 用温度计测量哪个玻璃瓶里的水的温度下降最少。

发生了什么呢？

水温下降最多的是没有包裹的那瓶水，而水温下降较少的则是盒子里围着皱报纸的那瓶水和用羊毛巾包裹的那瓶水。

原因解答：

羊毛巾和报纸能保存热量，并且使瓶子与冷空气隔绝了，这延缓了水温的下降。

保存热量

热的导体有很多种，其中一种是金属，因为它受热后可以立即把热量传导出来，这就是为什么水壶的金属柄很快就变热的原因！自由流动的空气向四周传播热量，金属会保存并吸收热量，这就是金属成为优良导体的原因。

同时，我们也利用双层玻璃窗来阻止房间内的热量向外逃逸。玻璃窗的两个窗格间的间隙可以保存空气，成为一道热空气和冷空气之间的屏障。羊毛衣物、填料、鸟类的羽毛、以及很多动物的皮毛都以同样的方法来保存热空气。即使是雪也能成为隔热层，保护动物和植物的种子不受危害性霜冻的侵害。

热空气和冷空气产生的压力相同吗？

谁在挤压塑料瓶？

你需要准备：

- 1 个有盖的 1.5 升空塑料瓶
- 热水

游戏步骤：

1. 将塑料瓶装满热水。
2. 等待几秒钟后，将塑料瓶里的水倒空，并迅速盖上瓶盖。

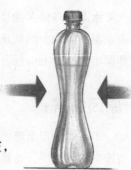

发生了什么呢？

你会发现，塑料瓶变扁了，就好像有一双手在挤压瓶身！

原因解答：

塑料瓶里的空气因为受热膨胀变轻，因此对内壁产生的压力比瓶外空气对外壁的压力小，所以，塑料瓶外的空气挤压瓶子，使之变扁。

高空俯瞰图

地球周围环绕着无数的对流气流，它们是由太阳的热量引起的。空气持续不断地从温度较低、空气质量较重的高气压区（如南极和北极地区）流向温度较高、空气质量也较轻的低气压区（如赤道地区）。这些大量空气的运动形成了风，温度也不断发生变化。这就是气象学家和气象预报员认真研究它们的原因。在低气压区，我们可以预测到降雨天气，因为空气上升，聚集在一起形成云朵；在高气压区，我们可以预测到干燥的天气，天空晴朗，阳光灿烂，因为风把云推向该区域的外部。

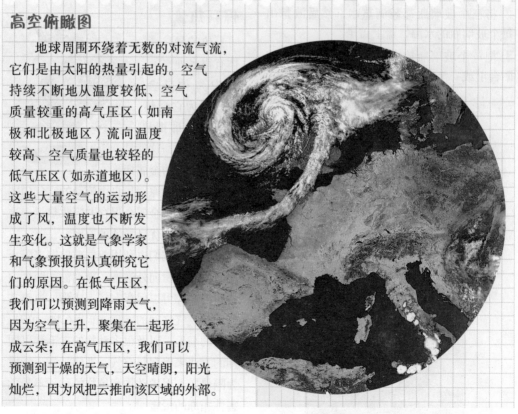

∧欧洲的一张卫星云图显示：英国上空有一个气旋。

风有多大的力？

空气的推力

你需要准备：

- 1 张卡片
- 1 支铅笔
- 1 把剪刀
- 1 个图钉
- 1 根小木棍

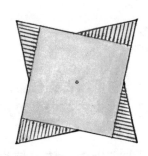

游戏步骤：

1. 如图所示，把纸剪成图中的形状。

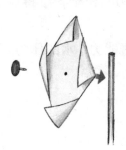

2. 把图中的阴影部分折起来，做成风车。

3. 把风车的中心点用图钉钉在小木棍上。

4. 确保风车能够自由地旋转。拿着小木棍，使风能吹到风车。

发生了什么呢？

风车飞快地旋转。

原因解答：

空气吹到卡片上时，就会对着卡片聚集在一起，但是被卡片的 4 个角阻挡了。风对卡片的 4 个角的推力让风车不断旋转。风车房和风力农场里风力机器的工作原理与此相同。风吹在可以被推动的阻碍物——帆的表面，可以使它转向。在风力农场里，风能被转化为电能。

龙卷风

低气压区，也被称为气旋，比高气压更多变，并且能形成旋风。根据产生地的不同，旋风也被称为台风或飓风。热带气旋是地球上已知的破坏力最强的气象现象，它能够造成彻底的毁灭，摧毁任何挡在它前进道路上的东西。在旋风里，风围绕着叫做"旋风眼"的中心点以高达 500 多千米的时速飞快旋转，而在旋风眼中心，气压较低，天空晴朗，空气平静。

水的力量

水是如何运动的？为什么水珠是圆形的？为什么一些物体能浮在水面上而另一些却不能？为什么天会下雨？物质溶于水中时会发生什么？

水

水同其他液体一样，本身没有形状，它可以占据任意能容纳它的空间。

水往低处流，这是地球引力的作用。当水下落时，能产生巨大的能量，可以用来发电。

水还能通过植物根系被慢慢地、一点点地向上传遍植物的枝干，维持植物的生命。

接下来的几个游戏将展示水的许多其他特性：水的渗透能力、水的压力，以及水受热时的运动情况。

水是如何运动的？

水往高处流

你需要准备：

- 1 根约 20 厘米长带叶子的芹菜
- 1 个玻璃瓶
- 水
- 蓝墨水或红墨水

游戏步骤：

1. 把水倒入玻璃瓶内，滴入几滴墨水给水上色。
2. 把芹菜放入染上色的水中。然后将玻璃瓶置于温暖的地方。

发生了什么呢？

　　几小时后，芹菜梗及叶子呈现出墨水的颜色。

原因解答：

　　如果你切开芹菜梗，你就会发现它是由很多"小管子"组成的。水通过这些小管子流到芹菜叶子上，就像被吸上去一样。这种现象就叫做毛细作用。植物就是利用这一作用用其根系从土壤中吸取水分，然后将其一直运送到叶片上。用类似的方法，你也能将白色的花朵染上颜色。

水中绽放的纸花

你需要准备：

- 1 张白纸
- 水彩笔
- 剪刀
- 装上水的水盆

游戏步骤：

1. 先用水彩笔在纸上勾勒出下图的图形，描出上面的线，然后把它剪下。

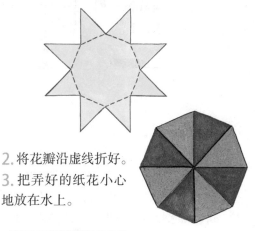

2. 将花瓣沿虚线折好。
3. 把弄好的纸花小心地放在水上。

发生了什么呢？

　　慢慢地，花开了。

原因解答：

　　水通过毛细作用渗入纸内部的纤维中，这使纸内部纤维膨胀。折线部分渐渐张开，纸花就绽放了。

你能增强水的力量吗?

水的重量

你需要准备:

- 2 个塑料瓶
- 1 个钉子
- 胶带
- 水

游戏步骤:

1. 如图所示,用钉子在一个瓶子上竖着钻一排小孔,在另一个瓶子上横着钻一圈小孔(在成年人的监护下进行)。

2. 用胶带封住两个瓶上的孔。

3. 给两个瓶子装上水,撕下瓶上的胶带。

发生了什么呢?

水从横着打有一圈孔的瓶子中向四周喷出,而且喷出的距离相同。但从竖着打有一排孔的瓶子中,水喷出的距离不同,离瓶底越近的孔里喷出的水越远。

原因解答:

装在瓶里的水对瓶内壁产生很大的压力,所以当它从孔中喷出时,力量很大。这种力量因为靠近底部的水的重量增大而加大,喷出的水就更远。

深海探险

深海潜水器是可下潜的水下船只,用于深海探险和研究。深海潜水器船身内装有发动机和蓄水箱,当深海潜水器下潜时,这些蓄水箱逐渐地装满水,使船内压力和外部海水压力保持平衡。深海潜水器船身下是一个圆球,用于船员在里面对深海进行观察,它由能承受深海巨大水压的钢板做成。在 1960 年,雅克·皮卡尔(深海潜水器发明者奥古斯特·皮卡尔之子)与美国海军少尉沃什乘坐"德里雅斯特 3 号"深海潜水器下潜到水下 11022 米的太平洋海底。

简易喷泉

你需要准备：

- 1 个橡胶管
- 胶带
- 眼药水瓶滴嘴
- 漏斗
- 水

游戏步骤：

1. 用胶带将漏斗缠在橡胶管一头，将眼药水瓶滴嘴缠在另一头。

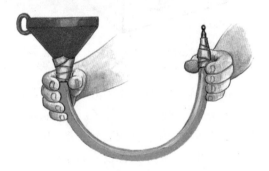

2. 用手指捏住滴嘴，同时将水从漏斗中灌入橡胶管中（在水池上进行）。

3. 放低有眼药水瓶滴嘴的一端橡胶管，松开手。

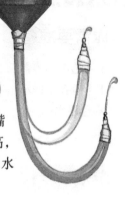

发生了什么呢？

水从眼药水瓶滴嘴喷出。漏斗那端抬得越高，眼药水瓶滴嘴喷出的水越高。

原因解答：

漏斗处的水受到的大气压力大于橡胶管中水的重量，这使橡胶管中的水从眼药水瓶滴嘴喷出。漏斗抬得越高，水也喷得越高，这是因为管内水的落差变大。同理，把一个物体抬得离地面越高，它的势能就越大。

水的天然力量

几个世纪以来，人们一直利用水来驱动水车。水的这种力量源于水的落差或是水下暗流的作用。水电站就是利用水从高山上流下时产生的能量发电。

为何热量能使水运动?

水和热量

你需要准备:

- 1 个透明的容器
- 1 个有盖子的小瓶
- 彩色墨水
- 水

游戏步骤:

1. 往容器内加水。
2. 在小瓶中滴入几滴墨水,然后再倒入热水(在成年人的帮助下),盖上瓶盖。
3. 把小瓶放入冷水中,置于容器底部。去掉瓶盖。

发生了什么呢?

染了墨水的水跑到容器中水的上部,在水面上散开。过一会儿后,这些有颜色的水开始下沉,并同其余的水融合。

原因解答:

和其他物体一样,水是由微小的可移动的粒子构成,它们就是水分子。热量会加速水分子的运动,使它们相互分散开。随着水分子的分散,它们不再像以前那样密集地排列在一起,水因此也变得更轻。这就是染了色的热水漂在冷水上的原因。随着热量的传播,冷水和热水的温度开始接近,染了色的热水逐渐下沉,并开始同冷水混合。

在汤锅中,水是如何被加热的

汤锅一般是用铝或铁做的。铝和铁都是很好的热导体,能很好地聚热和散热。被加热时,锅底的水最先受热,开始上升,较冷的水降到锅底受热后也开始上升。这种上升和下降运动使热量在锅内的水中传导,这种运动就叫做对流。空气中,热量也以相同的方式实现流动。

潜水员为何穿潜水衣

水同空气一样，不是很好的导热体，不能很好地聚热和散热。潜水员的潜水衣中有含水夹层，其他的水接触不到潜水员的皮肤，潜水员就不会丧失身体的热量。潜水衣是用不导热的材料制作的，能保存热量，避免其散发。

洋流

帆船在冷暖洋流中航行。这些水流穿流于大海中，影响着海洋的状态和整个世界的气候。风和海水间的温度差，以及含盐量的不同都能产生洋流。寒流（密度大、质量大）来自地球南北两极地区的海域，在海水下部流动；暖流（密度小、质量轻）来自热带和赤道地区的海域，在海水上部流动。洋流与海水混合，把氧气带到海洋底部，并把矿物盐均匀地带给海中生物。洋流还影响它流经的沿岸地区的气候和温度，比如，从加勒比海流向欧洲的墨西哥湾暖流使沿岸地区气候温暖；来自加拿大北部的拉不拉多寒流使美国大西洋沿岸气候变冷，冬季更加严寒。

寒流

暖流

水的表面张力

水是液体，能流动，并能让物体沉入其中。水分子使水运动，但水分子不会完全分开，它们每时每刻都相互吸引。

水面的水分子没有其他水分子从其上方吸引，因此结合得更加紧密。水面的这种张力使一些小动物能在水面行走，我们能吹肥皂泡泡也是得益于此。

为什么水珠是圆形的？

水上漂浮

你需要准备：

- 镊子
- 针
- 杯子
- 水

游戏步骤：

1. 往杯中加满水。
2. 用镊子夹住针，将针轻轻地放在水面上。

发生了什么呢？

针漂浮在水面上（针也可能沉入杯底，多试几次，你必须将针轻轻地水平放下）。

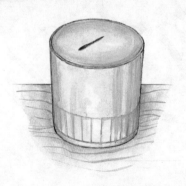

原因解答：

水面的水分子会形成一种膜，能够支撑住较轻的物体。这种使水分子联结在一起的力量叫水的表面张力。当你倒了满满一杯水，仔细观察水面，你会发现，沿着杯口，水面向上微微鼓了起来，构成一个曲面，这正是水的表面张力的作用。它紧紧拉拽着水面，就如同一个袋子般装着水。如果水很少的话，水的表面张力就使水形成圆圆的水滴。

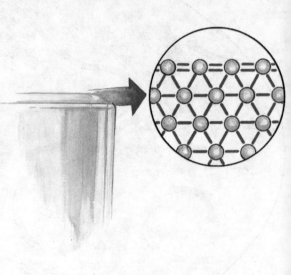

隔水膜

你需要准备：

- 手绢
- 皮筋
- 杯子
- 水

游戏步骤：

1. 把手绢浸入水中，然后拧干。
2. 往杯中倒满水。
3. 把手绢充分展开罩在杯口上，用皮筋紧紧地扎住。
4. 把杯子快速翻转过来。

发生了什么呢？

杯中的水被手绢挡住，就好像手绢不透水似的。

原因解答：

手绢被弄湿后，纤维间都充满了水。水的表面张力使湿手绢变成一层不透水的隔膜。类似的例子还有：湿头发会粘在一起；湿沙子可用来雕塑却不会坍塌。这都是因为纤维或颗粒间的空隙被水填满，并相互联结在一起。

在水面行走

水虿和水黾生活在水塘中，它们柔软细长的腿上长满了细茸毛，使它们能在水面跳跃、滑行、搜寻猎物而不会沉下去。水面的张力使它们脚下形成一个向水面下方弯曲的膜，这个膜足以支撑这些小昆虫的体重。

肥皂对水的影响

水中的小孔

你需要准备：

- 滑石粉
- 水
- 肥皂水
- 1个水池或水盆

游戏步骤：

1. 在水池或水盆中灌入水。

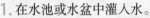

2. 把滑石粉撒在水面上。

3. 将手指插入水中，就像在水面上打孔一样。

4. 将指尖沾上肥皂水（注意别让肥皂水滴入盆里的水中），将沾上肥皂水的手指靠近水池或水盆边缘插入水中。

5. 用沾了肥皂水的指头在撒了滑石粉的水面钻孔。

发生了什么呢？

你第一次将沾了肥皂水的指头伸入有滑石粉的水中时，水面的滑石粉会散开。但从第二次开始，手指就能在水面留下小洞。

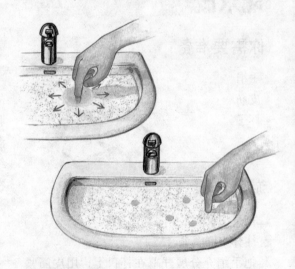

原因解答：

肥皂水会降低你手指钻入处水的表面张力，而水面其他地方张力仍会很强，紧紧地吸住滑石粉。水面上产生的小孔不会合上，因为小孔处的肥皂水使水分子不能结合，水面也无法恢复到以前的状态。如果你想重复实验，你需要把水换掉。

发生了什么呢？

滑石粉会体现水的表面张力。因此，当你将手指插入水中时，水的表面张力会使"小孔闭合"。

原因解答：

水的表面张力很强，当你将手指插入时，水面只是暂时被穿破。

肥皂船

你需要准备：

- 1 个水盆或水池
- 1 张卡片
- 剪刀
- 肥皂水
- 水

游戏步骤：

1. 往水盆或水池中加水。

2. 用剪刀将卡片剪成三角形。当水面平静后，把剪好的三角形放在池角或盆边，朝向水面中心。

3. 将指尖沾上肥皂水，把指头轻轻放入三角形后面的水中。

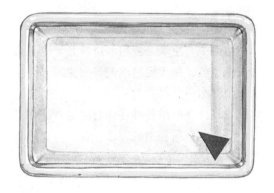

发生了什么呢?

三角形向对面漂了过去。

原因解答：

开始三角形不动，因为它四面都受到水分子的吸引。肥皂水降低了三角形后面的水的表面张力，三角形前面的水的表面张力仍然很强，因此就能将三角形拽向前方。(若想重复实验，先换掉盆中的水)。

肥皂的工作原理

仅靠水很难清除衣物、碗碟和皮肤上的污垢——尤其这些污物很油腻时。在清除污垢方面有两种主要类型的分子，一种可以吸附污垢；另一种溶于水，并阻止水分子相互结合——这就是肥皂为什么能在水中将脏东西分解并洗去的原理。之后，污垢就扩散到水中并被倒掉。

肥皂泡是怎么形成的？

同心半球

你需要准备：

- 肥皂水（最好在冰箱中放 1 小时）
- 吸管
- 1 个光滑的面板（如玻璃板、塑料或钢板）

游戏步骤：

1. 首先，擦湿面板。
2. 然后，用吸管沾上肥皂水，吹一个泡泡，并将它慢慢放在面板上，肥皂泡会变成一个半球形。

3. 将吸管沾上肥皂水（外部吸管的表面也要沾上肥皂水）小心地将吸管插进第一个肥皂泡，慢慢地在里面再吹一个泡泡。

4. 用同样的方法吹第三个泡泡（注意：别让泡泡相互重叠粘住）。

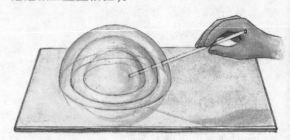

发生了什么呢？

每个新泡泡都出现在上一个的中心，并使之前的泡泡变得更大。

原因解答：

泡泡中有空气。新泡泡挤开上个泡泡内的一些空气，由于肥皂泡的表面伸缩，所以上一个泡泡会变得更大。多做几次这种实验，你就发现你能吹出各种各样的泡泡。试着将一个泡泡放在另一个的表面，看看会有什么变化。

泡泡水的配方

想吹持续时间最长的泡泡，你就要试试以下的配方，看看哪个最好。

* 600 克水 + 200 克清洁剂 + 100 克甘油。

* 600 克蒸馏水 + 300 克甘油 + 50 克去污剂 + 50 克氨水。配好的液体需先放上几天，过滤然后再放入冰箱 12 小时才能使用。

* 300 克水 + 300 克洗洁剂 + 2 勺糖。

* 4 勺肥皂渣加入 400 克热水中（最好能使肥皂完全溶解）。把配好的溶液放 1 周，再加 2 勺糖。

蹦蹦跳跳的泡泡

你需要准备：

- 1件毛衣或羊毛围巾
- 肥皂水（最好能在冰箱里冰镇一下）
- 1个吸管
- 乒乓球拍（托盘或硬皮书也行）

游戏步骤：

1. 把毛织品缠在拍子上。
2. 吹一个肥皂泡，让它落到拍子上。
3. 轻轻移动球拍，使肥皂泡弹起来。

发生了什么呢？

肥皂泡安然无恙地的落在拍子上，并弹了起来。

原因解答：

泡泡的表面由水和肥皂构成，十分有弹性，并可曲伸，落在毛织物上能悬在它表面而不会破裂。如果你想在冷天做这个实验，把上面用到的东西拿到户外，这时泡泡会被微微冻住，看上去像一个水晶球。

有方形的泡泡吗？

肥皂泡表面的张力使它能向外伸展到最大程度。但泡泡表面总趋向闭合，使泡泡内壁接触的空气比外表面的少，也就使泡泡表面成球体。所以，要天然地吹一个其他形状的泡泡是不可能的。但利用铁丝，可以吹出奇形怪状的泡泡。如果泡泡弹性足够的话，吹出方形、金字塔形的泡泡都是有可能的。

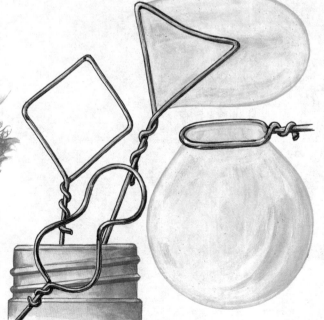

光影游戏

影子是怎么形成的？为什么光能让我们看见物体？透镜是如何工作的？我们的眼睛是怎么看见物体的？

光线

宇宙中没有任何东西比光的速度快，光以 30 万千米 / 秒的惊人速度传播！但是，光是怎么从光源（不论是太阳还是电灯）到达它照射的物体上呢？光能照亮物体的每个面吗？影子到底是什么？影子是怎么形成的？影子能改变形状吗？

要回答这些问题，我们必须了解有关光的一些真相，比如光从哪里来，什么东西会阻挡它的传播，以及它可以穿透哪些事物。

光如何传播？

沿直线传播

你需要准备：

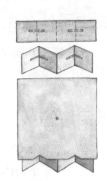

- 2 张正方形纸板
- 1 个手电筒
- 2 张长方形纸板
- 几本书

游戏步骤：

1. 首先，分别在两张正方形纸板的中心钻一个孔。如图中所示，通过折叠长方形纸板和在长方形纸板上剪切口来支撑正方形纸板。

2. 把正方形纸板竖立起来，并使两个小孔对齐。把手电筒放在书上，使手电光对准 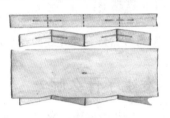 第一块正方形纸板上的小孔。你可以蹲下或坐下，以使你的视线与第二块纸板的小孔平齐。

发生了什么呢？

你可以看到光线穿过了两个小孔。

3. 移动一块纸板，使两块纸板不再对齐。

发生了什么呢？

你看不到光线了。

原因解答：

光沿直线传播。如果光找不到传播路径的终点，就无法穿过那个小孔。

照在地球上的光

你需要准备：

- 1 个地球仪
- 1 盏可以移动的灯
- 1 间黑暗的房间

游戏步骤：

1. 把光直接对准地球仪。

2. 把地球仪向下移，从上到下，然后从一面到另一面，始终使它处于光的照射中。

发生了什么呢？

只有朝向光源的那一部分地球仪被照亮了，而且不管你怎么拿，这一部分的反面总是处于黑暗中。

原因解答：

光线沿直线传播，它们不能绕过一个物体并弯曲，照亮我们看不到的那一面。这就是为什么太阳只能照亮地球朝向它的那一半，而背向太阳的另一半则是黑暗的。

影子是怎样形成的?

挡住光线

你需要准备:

- 1 个手电筒
- 1 盏台灯
- 1 张黑色的卡片
- 1 把剪刀
- 1 卷胶带
- 1 个小棍子
- 1 间黑暗的房间

游戏步骤:

1. 把黑色的卡片剪成你喜欢的任意形状,然后用胶带把它粘在小棍子上。

2. 把卡片举着放在手电光和墙壁之间。

3. 首先,把卡片靠近手电光,然后使它向墙壁靠近。

发生了什么呢?

卡片离手电筒越近,墙上的影子越大卡片离手电筒越远,墙上的影子越小。

原因解答:

当一个物体阻挡了光线直线传播的路径,就会在那个物体的后面形成一个影子。物体离光源越近,它阻挡的光线就越多,因此它的影子也就越大。相反,如果物体离光源越远,它阻挡的光线就越少,那么它的影子也就越小。

4. 打开台灯,使光线照在卡片上。

发生了什么呢?

与开始相比,影子的轮廓变得更加模糊。

原因解答:

当光源比物体大的时候,形成的影子中间黑、四周淡,因为只有部分光线能够到达四周。影子里最黑的部分叫做本影,而较淡的部分则叫做半影。

> 当太阳、月亮和地球处于同一条直线上时,就会出现日食或者月食,即太阳或者月亮变得全部或部分模糊。当月亮处于地球和太阳之间时,就会出现日食;如果地球处于太阳和月亮之间时,就会出现月食。

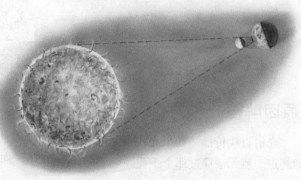

花园日晷

你需要准备：

- 1个直径约为20厘米的圆形纸板
- 1根长为10~15厘米的小棍
- 1把剪刀
- 1支铅笔
- 1只手表
- 1条整天都有太阳照射的小路

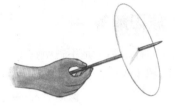

游戏步骤：

1. 在纸板的中心钻一个小孔，把小棍的1/3穿进小孔。把小棍插在土里，使纸板固定在地面。

2. 随着时间的变化，每隔一段时间都用铅笔在纸板上标记出阳光在纸板上投下的影子，并在每条线旁标明时间。

3. 每隔1小时做一个标记，记得写下每个影子的时间。

发生了什么呢？

每隔1小时小棍子投下的影子的位置都不相同；铅笔所画的线从小棍子向纸板的四周发散。

原因解答：

小棍子的影子的位置看起来随着太阳的位置的变化而变化。但是事实上，是因为地球在匀速转动——要么是朝向太阳，要么是远离太阳。

在这个实验中，你制作了一个日晷。日晷曾经被当作测量时间的工具。现在，在一些老房子的墙上或者古老的广场和花园的地上，我们仍然可以看到日晷。

树的影子

在一天的时间里，太阳相对于地球的位置不断变化（这是因为地球在绕着地轴自转）。因此，太阳光线的方向也不断发生变化。这就是影子不断"移动"的原因。当太阳距地面很高的时候，它投射出很短的影子；而当它离地平线很低的时候，则投射出很长的影子。

一切物体都有影子吗？

穿过或不穿过

你需要准备：

- 1 个手电筒
- 1 本书
- 1 个不透明杯子
- 装有一点点水的玻璃杯
- 1 片薄玻璃片
- 1 张薄纸
- 1 张手帕
- 1 张面巾纸
- 1 间黑暗的房间

游戏步骤：

1. 把所有物品都排放在墙壁前。
2. 用手电按顺序照射这些物体。

发生了什么呢？

在杯子和书的后面形成了影子，而在玻璃杯和薄玻璃片的后面，墙壁被照亮了。在面巾纸和手帕的后面，则形成了一个模糊的光晕。

原因解答：

杯子和书是不透明物（看不透），所以阻挡了光的传播。薄玻璃片和水都是透明物（能够看透）。像薄纸和手帕这一类的东西都是半透明物（可以让一些光线通过），所以它们只是阻挡一部分光线，而没有被阻挡的光线则向外发散，微微地照亮墙壁。

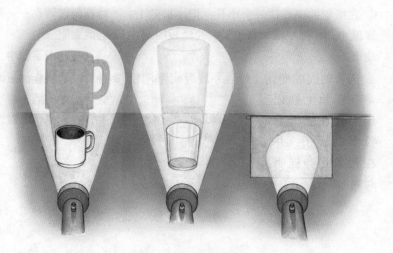

月晕

环绕地球的大气层有时候也会变得半透明。当地球表面海拔很高的地方形成冰晶时，冰晶会把来自月亮的光折射回去并发散，使月亮看起来好像被一个光晕环绕着。

物体的透光性

你需要准备：

- 1 张白纸
- 几滴油
- 1 个吸管
- 1 个手电筒
- 1 间黑暗的房间

游戏步骤：

1. 用吸管在纸上滴几滴油。
2. 把纸放在手电筒和墙壁之间。
3. 打开手电筒，照射纸上有油的区域。

发生了什么呢？

当你把手电照射在有油的区域时，光线穿透这个区域，并照射在墙上，该区域比其他部分更明亮。

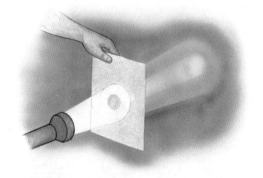

原因解答：

纸阻挡了大部分的手电光。油穿透了纸的纤维，造成了一些透明的（可看透的）小缝隙，让光线能够通过。但是如果用水，情况就不一样了，因为水很难穿透多数纸的纤维。

为什么我们能够透过某些物质看到东西？

人的眼睛可以看见被光线照亮的物体。如果在眼睛和被光线照亮的物体之间有透明的物体，比如说，一块玻璃或者一个橱窗，甚至是少量的水，我们都可以很清晰地看到那个物体。但是，光线能否通过或者是否被阻挡并不仅仅取决于该物体的类型，同时还取决于该物体的厚度。举例来说，海水在一定深度上是不透明的——就算海水表面有阳光照射。同样的道理，厚度仅为几毫米的玻璃是透明的，但是几米厚的玻璃就不透明了。

半透明的物体只让一定数量的光线通过，让我们只能模糊地看到物体的轮廓。比如说，透过薄窗帘或者纸，我们只能看到物体很模糊的形状。

反射

为什么人在黑暗中什么都看不到？阳光为什么能照亮我们周围的每一件事物？人的眼睛利用了光线反射的原理，我们能够看到所有光照亮的物体，是因为我们的眼睛利用了被物体反射回来的光线。如果我们的眼睛能够充分接收这些被反射光线的话，就能产生与真实物体完全一样的图像。

为什么光线能使我们看见物体？

闪亮的白纸

你需要准备：

- 1 张白纸
- 1 张黑色的纸
- 1 个手电筒
- 1 面镜子
- 1 间黑暗的房间

游戏步骤：

1. 在黑暗的房间中，打开手电筒，站在镜子前。
2. 把手电筒举到你的脸部侧面，使手电光线照射在你的鼻子上。

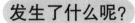

3. 用另一只手举起黑纸在脸的另一侧，然后再举起白纸。在这个过程中要一直看着镜子。

发生了什么呢？

如果只用手电筒，手电光只能照亮你的鼻子。而加上黑纸的话，你的脸部反射几乎完全模糊。如果用白纸的话，那么几乎你的整个脸部都被照亮了。

原因解答：

只用手电筒的时候，光线只从它所碰到的物体——你的鼻子反射回来。而有了纸的帮助，反射的效果则取决于纸的颜色：黑色的纸几乎不反射照在自己上面的光线，而白色的纸则反射大量的光线。因此，照在白纸上的光线被反射回到脸部，把几乎整个脸都照亮了。

从黑暗到光明

你需要准备：

- 1 间装满各种东西的房间（比如储物间）

游戏步骤：

1. 进入这间黑暗的房间，向房间四周看看。

2. 把门打开一点点，稍稍放进来一点灯光，然后向四周看看。接着，慢慢地把门缝开大，直至门完全打开，再看看房间四处。

发生了什么呢？

当房门关闭时，你的眼睛看不到房间中的物体。把房门打开一条缝，借助一小束光，你开始能够分辨房间里的物体。渐渐地，随着越来越多的光线进入房间，你最终可以看清房间内所有的东西了。

原因解答：

物体只有通过光的反射才能够被看见。也就是说，我们只有通过反射到我们眼中的光线才能够看见物体。明亮的物体反射大量的光线，而暗色的物体吸收大量的光线，只反射很少的光线。所以我们需要很多光线才能看清楚暗色的物体。

镜子是怎么工作的？

真实的反射

你需要准备：

- 1 张硬的黑色纸板
- 1 面正方形或长方形的镜子
- 1 把剪刀
- 1 个手电筒
- 1 间黑暗的房间

游戏步骤：

1. 如图所示把纸板折起来，然后在其中的一面上剪 3 条缝。
2. 在黑暗的房间内，打开手电筒，把它放在 3 条缝的后面。
3. 如图所示，把镜子放在纸板的另一端。

发生了什么呢？

当光线照射在镜子上时，每一道光线都以特定的角度反射回纸板。

原因解答：

镜子以跟光照射镜子的相同方式和相同角度（入射角）把光反射回去了。如果光线垂直照射在反射面的话，就会沿着原来的路径反射回去。如果光照射在一个光滑的面，那么它将以平行的方式反射——也就是说，所有的反射光线都沿相同的方向反射。如果反射面十分粗糙，那么光线的反射就会互相交错。

镜子对镜子

你需要准备：

- 2 面平面镜

游戏步骤：

1. 看着镜子，挥动手臂。

发生了什么呢？

你在镜子中的映像完全相反：如果你挥动的是右手的话，那么镜子里的映像看起来是在挥动左手。

2. 把两块镜子按一定角度放在一起，然后站在两块镜子中间。
3. 挥动手臂。

发生了什么呢？

现在你在镜子中的映像就对了：你挥动右手，那么镜子中的映像也是挥动右手。

原因解答：

当从你身体发出的反射光线碰到你面前的镜子后，会直接反射回来，造成了一个相反的图像。但是，当你面对两面镜子时，每一面镜子都反射来自另一面镜子的相反的反射，因此最后的反射图像变正了！

做一个潜望镜

你需要准备：

- 1 张 32 厘米 ×50 厘米的硬纸板
- 1 把剪刀
- 1 卷胶带
- 2 面小手袋镜，6 厘米 ×10 厘米
- 1 把尺子
- 1 支铅笔
- 2 张边长为 6 厘米的正方形纸板

游戏步骤：

1. 用尺子把长方形纸板分成四个相等的长方形，宽均为 8 厘米。然后再如图所示，画两个边长为 6 厘米的正方形。最后，把这些图形都剪下来。

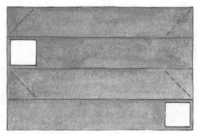

2. 把边长为 6 厘米的正方形沿对角线剪成两个直角三角形。

3. 如图所示，把三角形放在最上面的纸板上，用铅笔沿三角形的对角线划一条线，并沿这条线剪一个切口，然后在其他几张纸板上重复这些步骤。最后，把纸板折叠成形，并把几条边用胶带粘起来。

4. 把两面镜子穿过两个切口。

5. 站到一个障碍物（比如一堵墙，或者一个窗台）后面，让潜望镜高于障碍物，然后从潜望镜下方的正方形开口往里看。

发生了什么呢？

在潜望镜里面的镜子里，你可以看到障碍物后面所有物体的反射图像。

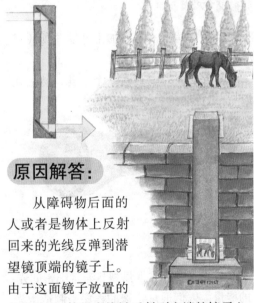

原因解答：

从障碍物后面的人或者是物体上反射回来的光线反弹到潜望镜顶端的镜子上。由于这面镜子放置的角度关系，使得光线被反射到底端的镜子上。你可以利用你的潜望镜来观看那些看不到的东西——就像潜水艇中的船员一样，他们不用浮上海面就可以观测到海面的情况！

光线可以弯曲吗?

光线 "反弹"

你需要准备:

- 1 个四面平滑的透明容器
- 清水
- 少量牛奶
- 1 个手电筒
- 1 张黑色纸板
- 1 把剪刀
- 1 卷胶带
- 1 本书
- 1 间黑暗的房间

游戏步骤:

1. 将容器装满水,然后加上几滴牛奶(牛奶使光线更容易看清)。

2. 在黑色纸板的中心钻一个小孔,然后用胶带把纸板粘在手电筒的镜片上。

3. 在黑暗的房间里,打开电筒,并如图中所示,使灯光落在水面上(你可能会发现,如果把容器放在一本书上会有些帮助)。

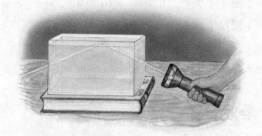

发生了什么呢?

当光照射在水面时,会发生弯曲并从容器的另一面射出,这样光线便形成了一个角度。

原因解答:

光线沿直线射入容器。水面充当了镜子的作用,反射了光线。反射改变了光线进入容器的直线路径。而光线为了保持沿直线传播,改变了方向。

激光

激光是一种非常强烈、非常细密的光线,携带着巨大的能量。人们通过特殊的程序来制造激光,并用两面镜子来回反射这些光线,增加激光的强度。当激光达到了人们所需的强度,激光则穿过其中一面镜子——它只能反射部分激光。由于激光含有巨大的能量,精确度非常高,而且非常容易控制,因此运用领域非常广泛,比如切割材料(从切割纤维到切割钢材)、融合铁块、进行精确计量、医疗手术、在户外制造激光美景、制作和使用光碟、阅读代码、在商店中制造和阅读货物条形码,以及其他许多领域。

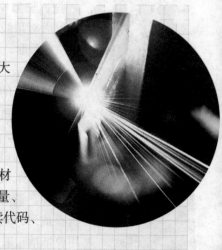

发光的"喷水机"

你需要准备：

- 1个透明的软塑料瓶
- 1根透明的薄塑料管
- 1个碗
- 一些黏土
- 1卷胶带
- 1块厚的暗色布料
- 1间黑暗的房间
- 清水
- 1把剪刀

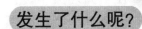

游戏步骤：

1. 将塑料瓶装满清水。
2. 请一位成年人用剪刀在塑料瓶的瓶盖上钻一个小孔，然后把塑料管穿进去，最后用黏土把塑料管固定住。
3. 用胶带把手电筒粘在塑料瓶的瓶底，打开电筒，然后用厚布把它们整个都裹起来，只把塑料管露在外面。
4. 在黑暗的房间里，小心地放置塑料瓶，使瓶子里的水顺畅地流入碗里。

发生了什么呢？

一股发光的水从塑料瓶里喷了出来。

原因解答：

光线顺着水穿过了弯曲的塑料管。在塑料管里，光线无法弯曲，但是不断被管壁反射。由于被困在塑料管中，所以光线以之字形的路线向前前进。这种现象叫做"全内反射"。

光纤

光纤是一种非常细的透明细丝。光从光纤的一端进入，从另一端出来。由于全内反射的作用，光线被困在光纤中，并被光纤弯曲。在医学上，光纤被用来检查人体，因为它们非常有弹性，并且十分细，所以能到达人体的很多部位（如胃和动脉等等），然后把这些部位照亮，并向人体外的医生传送图像。医生则通过镜头观看图像。光纤同时被应用于电话和电视通信，以及计算机系统的数据传输。

磁的世界

磁铁能吸住任何东西吗？是什么使指南针里的指针动起来的呢？任何物体都能被磁化吗？电磁体是怎么做成的呢？

磁 铁

磁铁具有能吸引钢铁质物品及能吸附在金属表面的力量，它的这一特性几百年来一直让人们着迷。为了了解这些神奇的力量，我们必须首先了解磁铁的结构和特性。在下面几页中，我们会把大块的和小块的磁铁都拿到实验中，观察和发现它们怎样中断和阻隔彼此的磁力，同时还会利用磁铁制作的玩具做游戏。

磁铁能吸住任何东西吗?

哪些东西能抵抗吸引力?

你需要准备:

- 不同材质的物品:铁、木头、玻璃、塑料、钢、布料、纸
- 不同材质的表面:电冰箱门、衣柜门、墙、玻璃
- 1块与绳子连接在一起的磁铁

游戏步骤:

1. 把准备的所有物品分成两组:金属制品和非金属制品。

2. 用磁铁依次靠近第一组的物品。

3. 按照第一组的做法,用磁铁依次靠近第二组的物品。

4. 用磁铁靠近电冰箱、衣柜、墙壁和玻璃等表面。

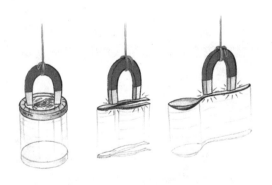

发生了什么呢?

准备的金属物品被磁铁紧紧地吸住了,所有的非金属物品都没有被磁铁吸住。同样,磁铁吸住了有些材质的表面,但是对其他材质的表面并不起作用。

原因解答:

磁铁是一种钢片或铁片,它拥有一种特殊的能力吸引由钢、铁、镍、钴、铬制造的金属或者材料中包含有少量任意一种上述金属的东西。相反,木头、玻璃、塑料、纸和布料则不会被磁铁的这种力量吸引。磁铁对大体积钢质物品表面也有吸引力,而且可以在这些物品的表面移动。

磁力的发现

早在2000多年前,古希腊人就发现了一种能吸住钢铁的矿石,这种矿石就是磁铁矿(有磁性的铁矿石)。磁铁矿因为在古城马格内西亚(即今土耳其境内城市马尼萨)被发现而得名。

磁铁矿的碎片被称作天然磁石。现在,人们可以通过一种特殊的程序——磁化,将钢片或铁片制造成磁铁。

磁铁能隔着物体产生吸力吗?

水下的磁力

你需要准备:

- 1块磁铁
- 1个水壶
- 1个回形针
- 水

游戏步骤:

1. 把水倒入壶中,把回形针扔下去。

2. 把磁铁放在水壶外面,挨着回形针那一侧。当回形针被磁铁吸住的时候,慢慢地把磁铁向上移。

发生了什么呢?

回形针跟着磁铁移动起来,直到磁铁上移的高度超出了水面。用这个方法,你不用弄湿手就能把回形针拿出来了!

原因解答:

因为磁铁透过这杯水同样能发挥它的磁力作用。如果水壶是铁质的或者钢质的,回形针仍然会被磁铁吸住,但是磁力的强度会稍弱一些,因为一部分磁力已经被钢铁质水壶吸收了。

磁铁被用在水中

因为磁铁的磁力在水中仍然存在,所以磁铁广泛应用于水下装置的建造和维修。比如,工程师们用磁铁将工具和设备安装在安全的地方,在操作中运用磁铁安装机器零部件。

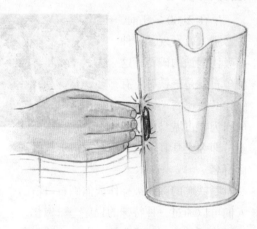

赛车游戏

你需要准备:

- 1 张卡片
- 1 把剪刀
- 1 卷胶带
- 几支彩笔
- 1 张大的硬纸板
- 2 根小棍子
- 2 块磁铁
- 2 块小钢片
- 4 本厚书
- 1 张桌子

游戏步骤:

1. 画 4 个等大圆角的长方形,并把它们剪下来,然后在其中的 2 张上画 2 辆不同形状的汽车的俯视图,并给它们上色。

2. 用胶带把 2 块钢片分别固定在 2 张汽车图与另 2 张汽车图之间。

3. 在硬纸板上画出 2 条跑道,在每条跑道上都画上起点和终点,并且上色,然后像图中那样,把硬纸板架在书上。

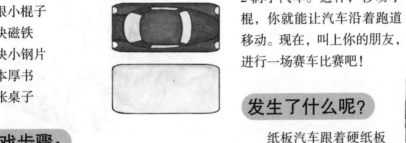

4. 把 2 辆纸板汽车放在起点上。

5. 用胶带把 2 块磁铁分别紧紧地绑在 2 根小棍上。

6. 把系着磁铁的 2 根小棍放在硬纸板下面,分别对应着 2 辆小汽车。这样,移动小棍,你就能让汽车沿着跑道移动。现在,叫上你的朋友,进行一场赛车比赛吧!

发生了什么呢?

纸板汽车跟着硬纸板下磁铁的移动,在跑道上奔跑起来。

原因解答:

磁铁的磁力透过硬纸板,吸住了粘在纸板汽车里的小钢片。所以系着磁铁的小棍一动,小汽车就跟着跑了起来。

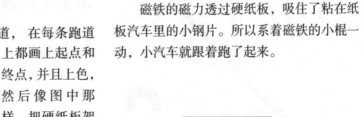

磁铁能否在一定距离之外发生作用？

龙舟赛

你需要准备：

- 2 根大约 40 厘米长的木棍
- 2 块磁铁
- 2 根大约 30 厘米长的细绳
- 一些针
- 彩色的卡片
- 1 把剪刀
- 4 个软木塞
- 一些牙签
- 1 卷胶带
- 1 个盆
- 水

游戏步骤：

1. 在木棍的末端系上细绳，细绳的另一端拴着磁铁。按这种方法，做 2 根"钓鱼竿"。

2. 造一艘"龙舟"：如下图所示，用 1 根牙签把 3 个软木塞穿在一起。

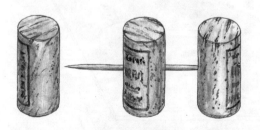

3. 把 2 根针插在中间的软木塞上，作为小船的桅杆，然后从卡片中剪 2 个正方形作为帆，用胶带把它们粘在针上。

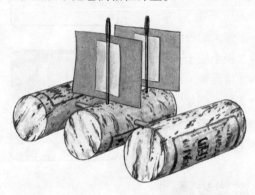

4. 往盆里装满水，并把"小船"放在水中。提起你的"钓鱼竿"，让它悬在小船的上面，请你的朋友拿起另一根"钓鱼竿"。

发生了什么呢？

悬挂在盆上面的鱼竿没有触碰到小船就使小船移动了。

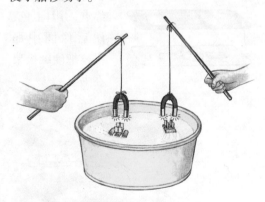

原因解答：

虽然磁铁和针没有碰在一起，但是磁铁的磁力牵引着针，带动了小船移动。

磁力的对比实验

你需要准备：

- 3块大小不一的磁铁
- 一些钢质或铁质的东西（比如硬币）
- 1张桌子
- 1把尺子

游戏步骤：

1. 把大小不一的磁铁放在桌子上，彼此相距大约10厘米。

2. 把硬币也按步骤1的方式摆放在桌上，让它们对着磁铁，但是保持一定的距离。

3. 用尺子把硬币逐渐往磁铁的方向推，使硬币与磁铁越来越靠近。

发生了什么呢？

有些硬币几乎立刻就被磁铁吸过去了，而有的硬币只是当离磁铁很近的时候才被吸了过去。

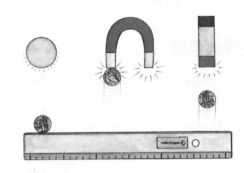

原因解答：

磁铁对一定距离之外的东西仍产生磁力：磁铁越大，磁力越大，能吸引物体的距离也越远。

用磁铁搅动

由于磁铁可以在较远的地方发挥磁力，而且能够穿透物质，因此它的这一特性被运用于医学研究中。在化学实验室，科学家们经常需要混合一些很小量、很精细的物质，但是又不能让它们接触任何没有彻底消毒的东西。借助磁铁的帮助，科学家们可以轻易地实现这一点：他们把一个很小的、表面经过消毒处理的金属盘放在试管的底部，而在金属盘下面安放一个磁铁。当那些精细的物质放进试管时，磁铁就开始有规律地转动。它转动金属盘，让其中的物质混合，这种装备叫做"搅拌器"。

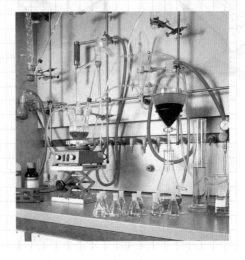

哪些东西可以阻隔磁力？

"裹住" 磁力

你需要准备：

- 几张报纸
- 几张铝薄纸
- 一些布料
- 1块大号磁铁
- 1件铁质的东西

游戏步骤：

1. 用报纸把磁铁包裹起来，然后去吸铁质物品。

2. 换其他材料包住磁铁，按照步骤1，依次去吸引那件铁质的东西。

3. 现在，让我们用相同的材料给磁铁再裹上一层，一层一层往上加，使磁铁的吸力越来越弱，直到消失为止。

发生了什么呢？

隔着一层薄的材料，磁铁照样把东西吸住了。但是随着一层一层的增加，材料变厚，磁力逐渐消失了。

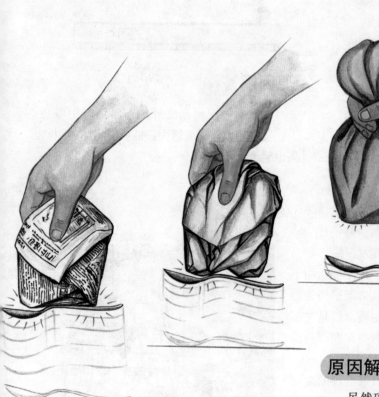

原因解答：

虽然磁力可以透过一层薄的材料，但是它并不能透过很厚的材料。这个实验证明，我们可以把磁铁隔离起来，以使那些需要防磁的物体免受磁铁的影响。

磁力大小取决于什么？

磁力强度测试

你需要准备：

- 一些不同形状（比如马蹄形、条形、圆形）和不同型号的磁铁
- 一些钢质或铁质的东西（比如回形针、硬币、钉子）
- 几个硬纸盒

游戏步骤：

1. 把钢质和铁质的物品按种类分别装在不同的盒子里。

2. 拿着不同形状和不同型号的磁铁轮流在这些盒子上吸，然后分别数一数每种东西被吸住的数量。

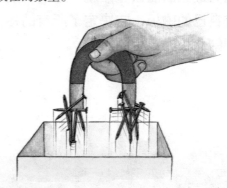

发生了什么呢？

有的磁铁吸的东西比其他磁铁多。

原因解答：

磁铁的形状影响了磁铁的磁力：马蹄形的磁铁比条状的磁铁磁力大，而条形磁铁的磁力比圆形磁铁的磁力大。形状相同的磁铁，体积越大，磁力越强。

录音机里的小磁铁

录音机里使用的带子就是磁带，这些带子上布满了很容易被吸住的金属氧化物。磁带上不同的磁场类型在机器里的录音磁头上经过。录音磁头由一块磁铁做成，通上电就能开始工作，它将磁带按特定的顺序磁化，因此当磁带经过放音磁头时，就被转化成电子信号，通过扬声器转变成声音。

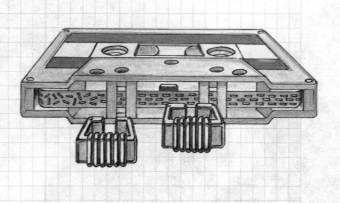

磁 极

　　你是否曾经试图抗拒紧紧吸在一起的两块磁铁之间无形的力量呢？那几乎是不可能做到的！在下面几页中，你将会明白这是为什么。并且你会发现，磁力最强的磁铁竟然就在你的脚底下——地球。就像一块磁铁一样，地球也有自己的磁极，它决定了所有的指南针里指针的方向，而且它们还是神奇壮观的北极光产生的原因。

磁铁每一部分的磁力都相同吗?

磁力线

你需要准备:

- 一些铁碎屑 (能在工厂车间弄到，或者从一块铁上面锉下来)
- 1 块条形磁铁
- 1 块马蹄形磁铁
- 2 张明信片

游戏步骤:

1. 把 1 张明信片放在条状磁铁上面。
2. 逐渐把铁屑撒在明信片上，用你的手指轻轻敲一敲卡片。

3. 在马蹄形磁铁上进行相同的操作。

发生了什么呢?

大部分的铁屑围绕着磁铁的外围，另外少部分则分散在四周。

原因解答:

因为磁铁的磁力集中在磁极，也就是磁铁的两端。远离了磁极，磁性就没那么强了。

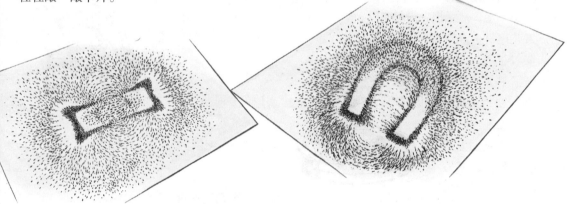

磁场

磁铁上的铁屑是围绕着磁铁，依照磁力线分布的，这样我们可以看出磁力活跃的区域，而这个区域就被称作磁场。被磁铁吸住的物体就是被拉进了磁场。磁力按特定的方式分布在磁铁的周围，在上面的实验中，我们撒铁屑的时候是在与地面平行的平面进行的，在与地面垂直的平面同样可以进行这项实验。

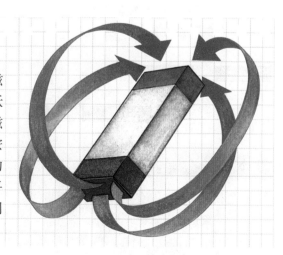

为什么两块磁铁的同极会相互排斥？

"浮动"的磁铁

你需要准备：

- 2块条形磁铁
- 红色、蓝色和透明的胶带
- 1个指南针
- 2个相同大小的硬纸盒
- 剪刀
- 2支铅笔
- 1根细绳

游戏步骤：

1. 如右图所示，在磁铁上系一根细绳，然后把它提起来悬在指南针上方，等待它停止旋转。接着，对比磁铁的位置和指南针指针的位置，在指南针指着的那一端贴上红胶带，在另一端贴上蓝胶带。然后，在另一块磁铁上进行相同的操作。

2. 把颜色相同的磁铁两端相互靠拢，然后把不同颜色的磁铁两端也相互靠拢。

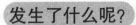

发生了什么呢?

颜色相同的两端没有互相吸引，而颜色相异的两端紧紧地吸附在一起。

3. 在每个盒子里都粘一块磁铁，然后盖上盒子。在盒子外面，根据盒子里磁铁两端的胶带颜色，粘上对应的、同样颜色的胶带。

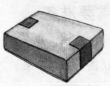

4. 在一个盒子的上面摆上两支铅笔，接着把另一个盒子放在铅笔上，让两个盒子两端对应的颜色相同。

5. 用透明胶带把两个盒子绑在一起，再抽走铅笔，用手向下压上面的盒子。

发生了什么呢?

上面的那个盒子就像浮在另一个盒子上一样。

原因解答：

每一块磁铁的两极都有着不同的磁极（南极和北极）。同极相斥，异极相吸——这就是两个盒子相互排斥的原因。因为相同的两极的作用，使两个盒子相互推开。你克服它们之间的抗力把它们压到一起后，只要一松开手，上面的盒子就又回到了原来的位置。

远距离推车

你需要准备：

- 2 块有相反两极的条状磁铁（参看上个实验）
- 1 辆玩具卡车
- 1 卷胶带

游戏步骤：

1. 用胶带把磁铁绑在卡车上。

2. 用另一块磁铁把卡车吸过来。

发生了什么呢？

当你用相同的两极靠近卡车的时候，卡车被推动了。当你把不同的两极相互靠近时，卡车朝你的方向移过来。

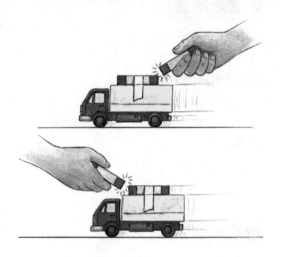

原因解答：

卡车的移动是由磁力决定的，它让卡车指向了两个方向——朝着你手中的磁铁的方向（因为异极相吸）和另一个相反的方向（因为同极相斥）。你可以使用这个实验和你的朋友做游戏。

磁悬浮列车

一些高速列车没有车轮，而是在原本应该有车轮的位置安装了一系列靠近铁轨的磁铁。这些磁铁靠电力工作，同性的两极互相排斥，这样，当磁铁互相排斥的时候，列车就在铁轨上"浮动"起来。也就是说，列车的移动没有任何摩擦，因此它们能达到相当快的速度。

是什么使指南针的指针转动起来的?

找到北方

你需要准备:

- 1个盆
- 水
- 1块条形磁铁
- 1个浅的聚苯乙烯塑料盘(必须要比碗小,在水面上移动的时候不会碰到碗壁)
- 彩色胶带

  注:检查周围,确定没有钢或者铁做的东西。

游戏步骤:

1. 把盆装满水,在塑料盘的中央粘上磁铁,然后把盘子放在盆里的水面上。

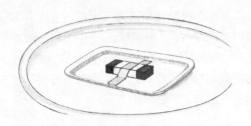

2. 转动盘子,然后等着它停下来。

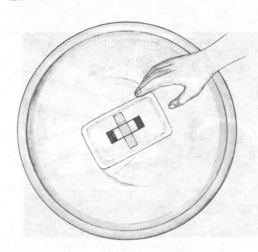

3. 在磁铁两极指着的盆沿上贴上胶带,红的那端贴上红色,蓝的那端贴上蓝色。

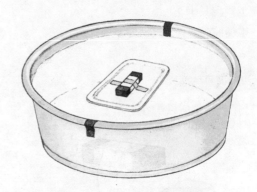

4. 然后再转动盘子。

发生了什么呢?

当盘子停下来的时候,磁铁两极还是指着与胶带标注的相同的方向。

原因解答:

地球的磁力太强大了,它使所有能够移动的磁铁一端指向南极,另一端指向北极。

地球的磁力

地球就像一个超大型的磁铁，它制造了一个磁场，使指南针的指针和磁铁的磁极都指着其磁极的方向。人们认为，这种现象是因为地球内核由钢和镍组成，而地球的转动致使指南针指针旋转。

右图这些线条画出了地球从一极到另一极的磁场，指南针的指针就是随着这些线条运动的。磁北极指向指南针指针的南极点，并不指向我们地图上看到的地理学上的北极。磁北极在加拿大的巴瑟斯特岛，它距离地理意义上的北极还有 1900 千米。而磁南极指的那个位置在大海上，

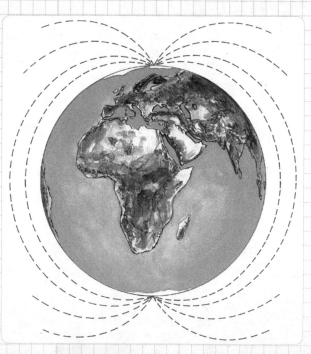

距地理学上的南极 2600 千米。但是，这些磁极并不固定，它们会变换所指的方位，尽管这些变换的发生有时候需要经过几千年。

指南针

最先发现可以利用地球的磁力来指路的是中国人。他们把条形磁铁搁在一块木板上，让木板在水上漂浮，然后观察木板的移动。指南针在欧洲的使用始于公元 1200 年，可能由阿拉伯人传入。世界上有很多种不同的指南针，但是最为人们所熟知的是磁罗盘。在磁罗盘里，磁针被安装在一个表盘中心的支轴上，以便其旋转。受到地球磁场的影响，磁针指向南方或者北方，这样 4 个主要的方位（东、南、西、北），还有居中的方位（东北、西南等等）就确定了。这些主要的方向和居中的方向都被标示在盘面上，而被涂上颜色的针尖则一直指着北边。

电的魔力

闪电是什么？电流是从哪里来的？电灯是怎样点亮的？

静 电

"电"(electricity) 这个单词起源于"电子"(electron) 这个词，"电子"是古希腊人给琥珀这种矿物起的名字。古希腊人发现，用羊皮摩擦过的琥珀能够吸引如羽毛和木屑之类的轻小物体。17 世纪末，人们发现玻璃也能带电，只是它和琥珀的带电方式不同。从那时起，科学家们就开始努力探索电的奥秘，其研究一直追溯至原子。在这一章里，你将会了解静电，明白你在手上、衣服上、头发上感觉到的微弱的电击是产生于何处，闪电怎么形成。本章的实验都是安全的，不过某些工具要在成年人的帮助下才能使用。

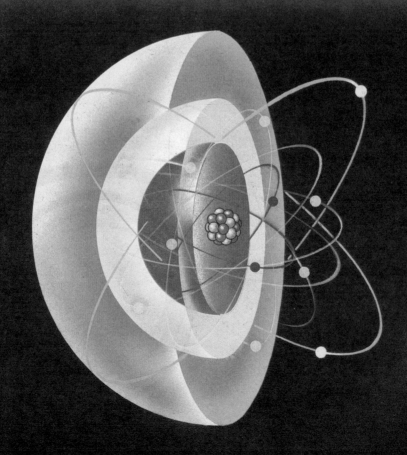

为什么有些东西会带电？

特殊的力量

你需要准备：

- 1 个气球
- 一些碎纸屑
- 1 面墙
- 水龙头
- 1 块羊毛质的布料

游戏步骤：

1. 把气球吹大，用布料用力摩擦气球表面。

2. 将气球靠近碎纸屑，但不要接触到。

发生了什么呢？

碎纸屑跳起来，并粘在气球上了。

3. 再用布摩擦气球，并将球靠近墙。

发生了什么呢？

气球贴在墙上了。

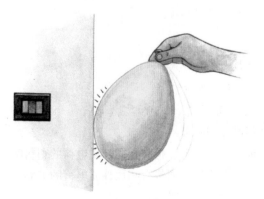

4. 拧开水龙头。再次摩擦气球并将气球靠近水流。

结果怎样？

水流弯曲并跟随气球运动。

原因解答：

当我们用羊毛材料摩擦气球时，气球就会带电，能够像磁铁一样吸引物体。你还可以将气球靠近自己的头发，头发会像被施了魔法一样立起来。

电子的传递

所有的物质都是由原子这种微小的颗粒组成的。原子内部包含更小的粒子，叫做质子和电子，质子和电子带电，质子带正电荷，用符号"＋"表示；电子带负电荷，用符号"－"表示。电荷具有异性相吸、同性相斥的性质。每个原子内部所包含的质子和电子数量相同，正电荷与负电荷平衡。一些原子内部还有中子，中子不带电。质子和中子保持静止并组成了原子的原子核，电子围绕原子核不断运动。当我们用羊皮摩擦气球时，羊皮原子内的一些电子进入气球的原子，此时气球的原子内部含有更多的电子，所以气球就带电了。

为什么有的带电物体吸引其他物体，而有些则排斥其他物体？

"浮动"的磁铁

你需要准备：

- 2个气球
- 线
- 1块羊毛布料
- 1张纸

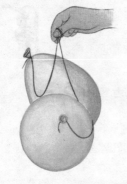

试验步骤：

1. 吹大气球。如图所示，用绳子将气球绑在一起。

2. 用布分别摩擦两个气球。

3. 捏住绳子中间，将两个气球提起，让气球垂向地面。

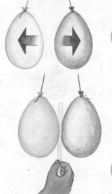

发生了什么呢？

两个气球互相排斥。

4. 在气球中间放一张纸。

发生了什么呢？

两个气球靠在一起。

原因解答：

同样的物体拥有相同的电荷，并且同性电荷相斥，两个气球都带有负电，所以相互排斥。那张纸有相同数量的电子和质子，不带电，因此，纸张中的正电吸引了气球中的负电。

会动的吸管

你需要准备：

- 4根塑料吸管
- 1根玻璃棒
- 1块羊毛布料
- 1张桌子

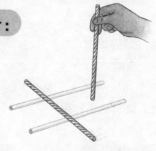

试验步骤：

1. 将两根吸管平行放在桌子上，相距5厘米。

2. 用布料摩擦另外两根吸管，如图所示，将其中一根放在前两根之上，然后用第四根吸管接近这根吸管，先从左至右，再从右至左移动。注意不要接触到这根吸管。

发生了什么呢？

放在两根平行吸管上的吸管向前向后滚动，好像被第四根带电吸管推动一样。

3. 用布料摩擦玻璃棒并重复这个试验。

发生了什么呢？

吸管滚向玻璃棒。当你抽动玻璃棒时，吸管跟随其运动。

原因解答：

塑料吸管带负电，而用布料摩擦过的玻璃棒带正电。带有相同性质电荷的塑料吸管相互排斥，而带有相反性质电荷的玻璃和塑料吸管相互吸引。

魔棒

你需要准备：

- 1 根吸管
- 1 张正方形的薄纸
- 1 根牙签
- 1 块羊毛布料
- 1 块橡皮
- 1 把剪刀

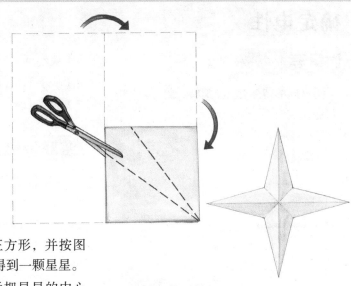

游戏步骤：

1. 将纸对折成 4 个相等的正方形，并按图示裁剪折过的纸。打开后就得到一颗星星。

2. 将牙签插在橡皮上，然后把星星的中心放在牙签的顶端。

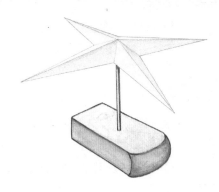

3. 用布料摩擦吸管，之后拿着吸管在星星上转动，就好像在画圈圈。

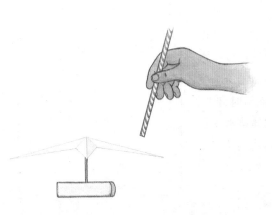

发生了什么呢？

星星跟着吸管转动。

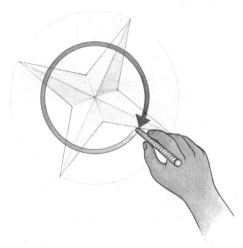

原因解答：

用羊毛摩擦吸管会使吸管带负电，所以吸管可以吸引纸张的正电。这就是为什么星星会跟随吸管转动的原因。

如何确定物体中的电荷的性质？

确定电性

你需要准备：

- 不同材质的待测物体（塑料、金属、木材、纸张）
- 1支塑料笔
- 1根玻璃棒
- 1段绳子
- 1块棉布
- 1块丝绸
- 1块羊毛布料
- 1块皮毛

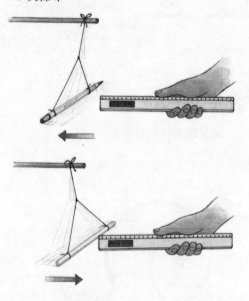

游戏步骤：

1. 将塑料笔和玻璃棒如图中所示分别用绳子系在棍子上，两者之间保持一定距离。

2. 用布料摩擦塑料笔和玻璃棒。

3. 用布料摩擦每一块待测实验物品，之后将它们分别靠近塑料笔和玻璃棒。

发生了什么呢？

每一件物品都因为摩擦而带电，这些物品会排斥或者吸引带电的塑料笔和玻璃棒。

原因解答：

已知塑料笔带负电，玻璃棒带正电。根据同性相斥，异性相吸的原理，我们可以知道吸引塑料笔而排斥玻璃棒的物体带正电，反之则带负电。

感应与接触

有时候物体会带中性电荷，也就是说不带电。在中性的物体内部，正负电荷最初是均匀分布的，如左图上部，之后正负电荷便会分开，因为有带电物体吸引相反的电荷，如左图下部。当两物体分开时，中性物体的电荷又会重新平均分布。因此，中性物体会因感应而暂时带电。

如果我们用带电物体，比如带正电的物体接触中性物体，该物体会吸引中性物体并中和中性物体的负电。所以正电荷会出现在这两个物体中。但是这种通过接触产生的电不会持续很长时间。

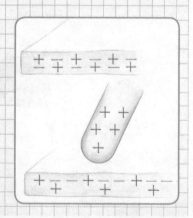

制做验电器

你需要准备:

- 1个玻璃瓶
- 1个合适的木塞,用来封瓶口
- 1段铁丝
- 1片锡纸
- 1个玻璃棒和一个塑料棒
- 1块羊毛布料

注意:一旦试验开始,不要用手接触铁丝,以免电荷流失。

游戏步骤:

1. 将铁丝穿过瓶塞,上下各留出一部分,将瓶塞下部的铁丝弯曲,如右图所示。

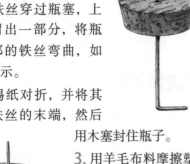

2. 将锡纸对折,并将其挂在铁丝的末端,然后用木塞封住瓶子。

3. 用羊毛布料摩擦塑料棒,然后使塑料棒接触铁丝上端。

发生了什么呢?

对折的锡纸的"两翼"展开了。

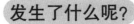

4. 用羊毛布料摩擦玻璃棒使其带电,然后用玻璃棒接触铁丝顶端。

发生了什么呢?

锡纸的"两翼"闭合了。

原因解答:

塑料和铁丝接触时,塑料中的负电荷通过铁丝传到了锡纸的两片叶子上。因为两片叶子都获得了负电荷,所以它们相互排斥。当你再用玻璃棒靠近锡纸时,玻璃的正电荷中和了负电荷,叶子就合起来了。如果先用玻璃棒接触铁丝,然后用塑料棒中和,也会出现同样的效果(两者都带电)。

这样你就做成了一个验电器,它可以用来检测正负电荷。你可以重复实验,先通过接触塑料或玻璃棒使验电器带负电或正电,接着测试通过摩擦而带电的不同材质的物体。当锡纸闭合时,物体带正电荷,反之,则带负电荷。

带电现象何时结束?

在做这个实验时你会发现,物体所带电荷一会儿就会消失。这是因为物体中的原子能从空气,或者支撑它的物体比如手、架子中获得电子,从而改变电荷的平衡。

闪电是什么？

人造闪电

你需要准备：

- 1 个足够大的平底铁盘
- 1 大块橡皮泥
- 1 块塑料布
- 1 个硬币
- 1 间黑暗的房间

游戏步骤：

1. 将橡皮泥捏软，并将其粘在盘子中央。橡皮泥要粘得很紧，以便抬起铁盘时仍能粘住。

2. 将盘子放在塑料布上，然后握住橡皮泥，用力在塑料布上转圈摩擦盘子约 1 分钟。

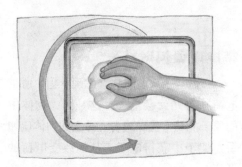

3. 抓住橡皮泥，提起盘子。注意手不要碰到盘子。

4. 在黑暗的房间内，用硬币接近铁盘的一角。

发生了什么呢？

硬币和铁盘接触时会产生火花。

原因解答：

铁盘子在塑料布上摩擦后带负电。当你把硬币靠近盘子时，多出的电荷会通过空气迅速地传到硬币上，再传到你手上（你会感到轻微的电击）。电荷在空气中传递表现为火花，这个实验实际上制造了微型的闪电现象。

天空中的电

暴风雨天气时，云的下部由于被大量空气摩擦而带负电。云层中负电荷的积聚会吸引地面上（树木、房屋、高大的建筑物等）的正电荷。当云层中的负电荷过高时就会产生闪电——电荷在地面与云层、云层与云层之间短时间的转移。闪电看起来像光线的瞬间变亮，闪电后也会听到雷声——由于空气中热量积聚导致的空气突然膨胀而产生的巨大的隆隆声。

避雷针的发明

避雷针是美国人本杰明·富兰克林在 1752 年发明的。富兰克林确信闪电实际上是一股巨大的电流，因此一根金属针就能吸收这些电量。为了证明自己的理论，富兰克林做了一个带有金属片的风筝，并在风筝线的末端系了一把钥匙。有一天雷电大作，富兰克林把自己的风筝放上了天。这次试验证明了金属片可以吸收电荷，并通过潮湿的风筝线将电传到钥匙上。事实上，当富兰克林触摸钥匙时，他遭到了电击。根据这个实验，富兰克林建造了世界上第一个避雷针——一个很高的金属杆，他将避雷针设在了自己的花园里，出现暴风雨天气时，金属杆顶端会产生很多火花。金属杆在大量的电荷到达地面之前将其吸收，避免给房屋和其他建筑造成损害。现代避雷针有金属丝和地面相连，可以将电荷安全地导入大地。

电 流

电的另一个特性就是流动，电能够在事先设计好的线路——电路——中流动。但电是如何从一个物体中移动到另一个物体中的？什么是闭合线路？用什么材料可以做成电路？电可以流过任何物体吗？我们为什么把点亮灯泡的能量叫做电流？在接下来的实验中，通过使用简单的电池，你将了解人们是如何控制电这种威力无比同时又非常危险的力量供日常使用的。

电流是如何产生的？

电路

你需要准备：

- 1 个 4.5 伏电池
- 2 条绝缘电线（有塑料皮包裹的）
- 1 个小灯泡
- 1 把钢丝钳

游戏步骤：

1. 用钢丝钳剥掉电线两端的塑料皮（请一位成年人帮你）。注意不要剪到金属线。

2. 如左图所示，将两条电线的裸露部分拧在电池

的两触点上。

3. 如右图所示，将两条电线的另外一端放在灯泡上，一

条电线要接触螺旋灯口底端的电触点，另一条则要接触灯泡螺旋灯口的侧面。

发生了什么呢？

灯泡亮了。

原因解答：

我们看到的传到灯泡的能量就是电流——电池产生的流动的电荷，通过电线传给灯泡。这一路线就叫电路。

电在什么情况下会流动？

当带电物体中过多的电子自由流向带电较少的物体时就会产生电流。两物体所带电量的差别叫做电位差。电池能够在电路的两端保持一定的电位差。

连续的线路

你需要准备：

- 1 个 4.5 伏的电池
- 3 根绝缘电线
- 1 个小灯泡
- 钢丝钳
- 1 个灯座

游戏步骤：

1. 请一位成年人帮你将绝缘电线两端的塑料剥掉 (小心不要剪到内部的铜线)。

2. 将灯泡放在灯座上，这样就不用用手扶着灯泡了。

3. 如右图所示，将电池、电线和灯泡连接起来。

4. 将两条电线裸露部分相连，之后再分开。

发生了什么呢？

当电线相连时，灯泡亮；当电线分开时，灯泡不亮。

原因解答：

电路（电流从电池流出的路径）必须在连接的时候才能工作。如果电路断开，电流就不能通过。

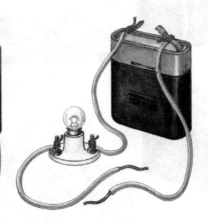

电能否在所有物质中流动？

电导体

你需要准备：

- 1 个 4.5 伏的电池
- 带灯座的 5 伏灯泡
- 3 条绝缘电线（同上两个实验一样，电线两端铜线露出）
- 2 个金属质托架
- 2 个螺丝
- 1 块木板
- 一些待测物品：1 个钉子、1 块橡胶、1 根牙签、1 张锡纸、1 个玻璃棒、1 根皮革质鞋带、1 根吸管

游戏步骤：

1. 将两个金属托架固定在木板上，彼此相距 2 厘米。

2. 如图所示，将灯座放在托架旁边，然后用三条电线将电池、灯座和托架连接起来。

3. 将待测物品分别放在托架上。

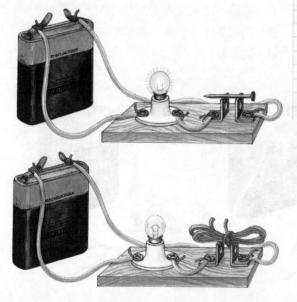

发生了什么呢？

放在托架上的钉子和锡纸可以使灯泡发光，而其他的物品则不行。

原因解答：

只有当金属质的物品放在托架上时灯泡才会亮。金属物品使电路闭合，电流便能够通过。橡胶、木头、玻璃和皮革质鞋带都是绝缘体，这意味着这些物质的电荷被封住了，不能向外逃逸，因此阻碍电流通过。这些绝缘体可以保护我们不受电击。比如电线外面包裹的塑料皮，它让我们能够接触电线而不用担心被电击。

绝缘体和导体

在能导电的物质中，电子并不是被紧密地吸附在原子里，它们可以自由地移动。所以这样的电子能够将电从一个地方传到另一个地方。相反，绝缘体的电子被紧密地吸附在原子里，不能自由移动，所以不能导电。这种能够阻碍电流流动的倾向被叫做电阻，物体的电阻越小，其导电能力就越好。

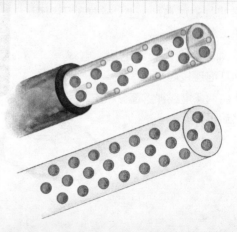

获取畅通电路

你需要准备：

- 1 张硬纸板
- 1 张纸
- 10 个铜制装订扣
- 1 段电线
- 1 把钢丝钳
- 1 个 4.5 伏的电池
- 1 个带灯座的灯泡
- 1 瓶胶水
- 1 支铅笔
- 1 把剪刀

游戏步骤：

1. 从纸中剪出 10 个长方形，然后在上面写下 5 个国家及其首都的名字，并将它们打乱顺序贴在硬纸板上。

2. 在硬纸板上每个名字旁边打一个孔，将装订扣固定在孔上。

3. 请一位成年人帮你剪 5 段电线，并露出电线末端的铜丝。在硬纸板的背面，用这些电线将国家和首都的名字按正确的顺序相连——将电线与装订扣后端的扣片相连。

4. 用另一根电线，将一端与电池一极相连，另一端连接灯座的一个接线端。然后再取两根电线，一根连接电池的另一极，一根连接灯座的另一个接线端——这两根电线的末端都不连接任何物品。

5. 请一个朋友用两

根电线空出的一端分别连接国家的名称和其首都的正确名称，并试着正确的匹配。

发生了什么呢？

如果匹配正确，灯泡就会亮。

如果匹配错误，灯泡就不亮。

原因解答：

装订扣由黄铜制成，是导体。如果将纸板后对应的装订扣相连，电路就闭合，电流可以通过，灯泡就会亮。如果国家和首都名称搭配不对，电路仍然是断开的，所以灯泡不能发光。

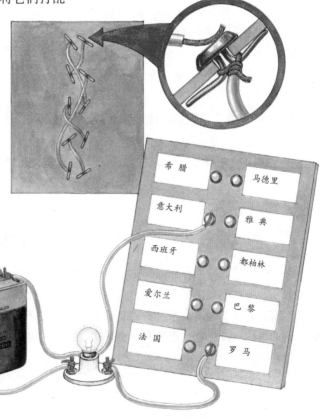

水能导电吗?

不同的反应

你需要准备:

- 1 个玻璃或者塑料容器
- 2 个接线端(夹子)
- 电线
- 1 个 4.5 伏的电池
- 1 个灯泡
- 蒸馏水
- 盐
- 钢丝钳

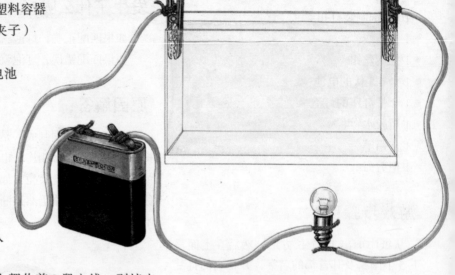

游戏步骤:

1. 将蒸馏水倒入容器。

2. 请一位成年人帮你剪 3 段电线,剥掉末端塑料。然后把其中两根电线的一端分别接在电池的两极上,其中一根的另一端连接接线夹子。第三根电线的一端连接另一个接线夹子。

3. 把接线夹子夹在容器两端,接触到水。

4. 将两根电线空出的两端接在灯泡上,一根接触灯口底端,一根接触灯口的侧面。

发生了什么呢?

灯泡没亮。

5. 在水中加些盐。重新连接线路。

发生了什么呢?

灯泡亮了。

原因解答:

蒸馏水是绝缘体,阻碍电荷自由流动。但是如果加入盐就变成了导体。当盐溶解后,其粒子带电,使电池和接线端的电荷相通,电路闭合,电就可以通过了。

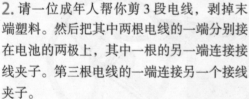

电的危险

当你的手是湿的或者你赤脚站在湿的地面上时,绝对不要接触开关和运行中的电器。家里的水不是蒸馏水,所以是一种良好的的导体,如果电流通过水,会带来严重的电击。

为什么电池的安放方法很重要？

注意电池上的标志

你需要准备：

- 2 节 1.5 伏电池
- 1 个小灯泡
- 2 根末端裸露的电线
- 1 根尺子
- 胶带

游戏步骤：

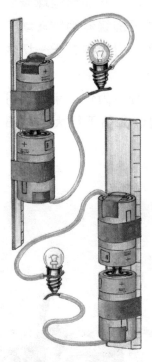

1. 用胶带将电池绑在尺子上，让电池的正极（有"＋"标识）对着另一节电池的负极（有"—"标识）。

2. 用胶带将两根电线的一端分别粘在电池两端。对接电池，然后将两根电线的另一端连接灯泡，如左上图。

发生了什么呢？

灯泡亮了。

3. 现在掉转电池，使两节电池的正极相接触。

4. 重新连接线路，然后用电线接触灯泡。如左图。

发生了什么呢？

灯泡不亮。

原因解答：

电子从负极不断地流向正极，从而产生电流。当两节电池相接时，电子同样可以从一节电池的负极流向另一节电池的正极。如果电子都从负极流出，电子的流动方向相反，电流就无法流动。这就是为什么你把手电或玩具的电池装反了，手电就不会亮，玩具就不能玩的原因。

亚历山德罗·伏打的发明

世界上第一块电池是意大利科学家亚历山德罗·伏打在 18 世纪末发明的。这块电池由锌片和铜片组成，每片锌片和铜片之间都夹有被硫酸浸泡着的材料。锌片和铜片以及被浸泡的材料竖直叠放，紧紧挨在一起。锌片和酸性物质产生化学反应，而伏打用一根铜线将最上面的锌片和最下面的铜片相连，电流便能循环流动。当酸性溶液被耗尽时，电流的流动就会停止。

伏打还发现，每次他安装两个不同的导体时，只要它们之间接触正确，就会产生电流。

运动是什么

为什么物体会向低处掉落？什么是摩擦力？人能不能仅用小小的力气就抬起重物呢？什么时候物体处于平衡状态？当运动着的物体碰撞静止的物体时，会发生什么呢？

从高处到低处

物体落地、雨水自天而降、河水向低处流动……是哪种神奇的力量吸引着一切物体都向着地表运动呢？答案是：地心引力——地球施加给地球表面一切物体的吸引力，这种力量吸引着大气层，并且使月亮围绕着地球转动。正如伟大的英国科学家伊萨克·牛顿创立的定理所指出：引力存在于一切物体之间，规范着宇宙内所有的运动。

接下来你会懂得：为什么人在月球上要比在地球上轻？为什么宇航员可以飘浮在太空中？你也将会明白：为什么陨石碰撞地球会留下巨大的陨石坑？怎样做才可能使物体下落的速度减慢？

为什么物体会向低处掉落？

下落实验

你需要准备：

- 2 张同样大小的纸
- 一些扑克牌
- 1 把椅子

游戏步骤：

1. 把其中一张纸搓成球。

2. 站在椅子上，在同一高度使纸团和纸张同时自由下落。

发生了什么呢？

纸团更快到达地面并直线落地，而摊开的纸张则慢慢地、路线曲折地飘落。

3. 在同一高度使两张扑克牌以不同的状态同时自由下落（如右图所示）。

发生了什么呢？

牌面平行于地面的要比牌面垂直于地面的下降得慢。

原因解答：

如果没有空气，所有的物体都会在地心引力的作用下以相同的速度直线落地。然而空气阻碍了它们的下落：物体的表面越大，受到的空气阻力就越大，下降得也就越慢，下降路线越不呈直线。

降落伞

地球引力吸引着降落伞向地面下落，然而聚集在伞盖下的空气却阻碍并减缓了它的降落：降落伞的伞盖越大，受到的空气阻力就越大，但同时张开的伞盖又能够让空气从伞盖下流出。事实上，如果空气不能够从伞盖旁流出，降落伞就会由于聚集的空气过多而飘浮在空中。

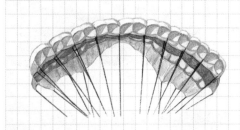

在真空中的降落

在伽利略的研究之前，人们认为物体的质量决定其下落的速度：物体越重，就会越快到达地面。但是，意大利物理学家伽利略在比萨斜塔上经过多次试验，证明了不同质量的物体同时落地——仅仅是因为物体的形状不同，因而受到的空气阻力不同，才使它们不同时到达地面。

什么是物体的重力？

弹簧秤

你需要准备：

- 1 块薄木板（规格：30 厘米 × 40 厘米）
- 1 段细绳子
- 1 张白纸
- 胶水
- 1 个酸奶杯子
- 1 根钉子
- 1 根橡皮筋
- 1 支记号笔
- 1 把剪刀
- 一些小物件

游戏步骤：

1. 在大人的帮助下把钉子钉在木板上方，把木板挂在或靠在墙上，并使其保持垂直状态。
2. 把橡皮筋挂在钉子上。
3. 用剪刀在酸奶杯杯口处剪 3 个小洞，并在每个孔中穿入长约 10 厘米的细绳，把绳子的末端如上图所示打上结。

4. 把白纸贴在木板上，并使其位于橡皮筋后面，用记号笔在白纸上标出橡皮筋位置。

5. 把小物件依次装进酸奶杯时，用记号笔逐次标出橡皮筋静止时的位置。

发生了什么呢？

随着杯子渐渐被装满，橡皮筋逐渐向下拉伸。

原因解答：

你制作的实际上是一个弹簧秤。橡皮筋在逐渐伸长的过程中，测量出了物体所受到的重力——地球对物体施加的向下的引力。物体的重力根据地球引力的变化而变化：引力越大，物体重力越大，橡皮筋也就越长。

测力计的原理

物体的重力可以用测力计测量出来。这个工具中有一个弹簧，在弹簧下挂着物体，弹簧根据物体的重力而拉伸，重力的大小就可以从秤上的刻度中读出。

重量和质量

重量和质量这两个词常常在日常用语中被混淆。重量既是现在所说的重力，是指物体所受到的引力，大小取决于它所处的地方的引力。例如，月球引力是地球引力的1/6，就是说一个在地球上体重60千克的人在月球上只重10千克！而在木星上，引力是地球引力的2.65倍，也就是说重60千克的人到了木星，体重就会变成159千克。

质量是指物体中所包含的物质的量，是不会发生变化的量。人的身体无论在地球上，月球上还是木星上，质量都是一样的。

测量单位

因为质量相同的物体也许重量不同，所以质量和重量的测量单位不同：重量与其他力的单位一样，是牛顿（N）。日常使用的秤称出物体的重力然后直接转化，用质量的单位表示，即千克（kg），秤上的刻度是千克单位的倍数或约数。

∧ 即使在地球上，引力也不是处处相等的：由于地球的两极扁一些，离地心更近一些，所以引力稍强一些；赤道地带稍弱一些。

< 地球与其他天体之间的引力随它们球心的远离逐渐减弱；由于天体相距太远，在太空中就没有引力，就像宇航员那样，会因失重而飘浮。

物体掉在平面上会有什么发生？

反 弹

你需要准备：

- 1个小皮球
- 1个铺着沙子的平面
- 其他的平面：大理石的，木质的，铺着毯子的……

游戏步骤：

1. 测试皮球从同一高度落在不同平面上的效果，观察皮球弹起的次数和反弹的高度。

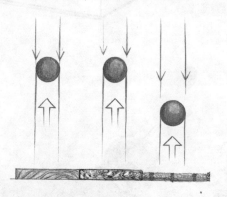

2. 让皮球从不同的高度落在铺着沙子的平面上。

发生了什么呢？

皮球在木质的或大理石的表面反弹效果好；在铺着毯子的表面弹起很少；在沙子中静止并形成坑，从越高处落下，皮球形成的坑就越深。

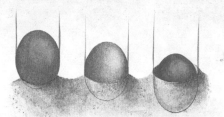

原因解答：

皮球在下降过程中积累了重力势能，在与平面相碰撞的时刻释放，使小球弹起，但这只会在坚硬的表面上发生。在坚硬的表面上，因为重力势能的作用，皮球会被压扁，所以会反弹，恢复原来的形状。如果表面不是坚硬的，球的重力势能会被表面吸收，用来使自身发生位移：球从越高的地方落下，速度越快，沙子吸收用来位移的能量也就越大。

> 打桩机是一种用来往土地中打入桩子的器材，它有一个抗打击能力很强的物体——一般是差不多与桩子同样重的铸铁。这块铸铁在导轨上利用重力势能敲打桩子，使桩子发生位移，沉入土中。

水 车

你需要准备：

- 1个卷筒
- 1支记号笔
- 光面的硬纸板
- 剪刀
- 胶水
- 盥洗池

游戏步骤：

1. 把硬纸板裁成4个长方形，长方形与卷筒同高，长是宽的2倍，用笔标出长边的中线。

2. 沿标记线折起纸板，把折起来的一面粘在卷筒上，另一面垂直于卷筒

表面。

3. 用笔沿轴穿过卷筒，然后拿着这个小水车置于水流下，使叶片垂直于水流。

发生了什么呢？

水流使小水车转起来。

原因解答：

由于引力的作用，水流的重力势能在碰到叶片的时候发生转化，使粘在卷筒上的叶片运动。水车叶片获得了水的重力势能，因为水车不是坚硬且固定的，因此，重力势能发生位移，使叶片绕着固定的轴（笔）转动。

一次碰撞的结果

1891年，在美国亚利桑那州的温斯洛发现了地球上有史以来最大的陨石坑——巴林杰陨石坑，它可能是5万年前太空中的一颗陨石与地球表面相撞形成的。这颗陨石在太空中的运行速度差不多是20千米/秒。这个陨石坑直径1200米，深175米，坑的外延突起，高出地面50米。这颗直径60～80米的陨石的重力势能使陨石能够撞出这个大坑，自身也成了碎片。

运动和静止

我们周围的一切事物都在不断地运动中。大自然中其他物体的运动都只遵循由高到低移动，而人却不断挑战地心引力，学会了使用力向各个方向移动其他物体。然而要做到这些，必须先发现运动的规律。

接下来的实验会帮助你明白哪些因素允许运动，哪些阻碍运动，哪些有助于运动；让你懂得为什么急刹车很危险，并了解什么是速度。

不受影响的硬币

你需要准备：

- 1 个水杯
- 1 张扑克牌
- 1 枚硬币

游戏步骤：

1. 把扑克牌放在水杯上，再把硬币放在牌中央。
2. 用指尖干脆地弹出扑克，使其不跃起地水平弹出。

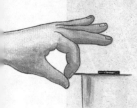

发生了什么呢？

扑克飞了出去，硬币却没有跟着扑克一起运动，而是掉进了杯子里。

原因解答：

硬币比纸牌更重，有着更大的惯性——物体保持其原来静止或运动状态的趋势。你指尖的力量使纸牌克服惯性并且运动，而硬币因惯性较大则保持不动，但因为没有了承托而掉入杯子。

惯性和交通工具

乘坐速度很快的交通工具，乘客会感觉被向后拽，就好像身体想要保持原来静止的状态，而不是跟着交通工具一起运动。因此如果急刹车，乘客的身体又会向前甩出，就好像想要继续前进。这种身体不受外力影响而依然保持静止或匀速直线运动状态的趋势就是惯性。惯性会造成交通工具上乘客的安全隐患，这就是要采用安全设施的原因，例如：车内的扶手、安全带和婴儿椅。

生的还是熟的？

你需要准备：

- 1 个盘子
- 2 个鸡蛋
- 1 口锅
- 水

游戏步骤：

1. 请大人帮助把一个鸡蛋煮熟（差不多 8 分钟的时间）。等它冷却下来，你可以考验一个朋友，让他从两个中挑出熟的。

2. 让两个鸡蛋在盘子里打转。

3. 用指头按住蛋让它们暂停，再突然松手。

发生了什么呢？

一个保持不动，另一个又开始打转。

原因解答：

又开始打转的那个是生的。由于惯性作用，尽管蛋皮被停住，生蛋里面的蛋清和蛋黄还在继续转动，所以一松手，生蛋就又被带动转起来。

什么是摩擦力？

用滚轴来移动

你需要准备：

- 1个测力计（弹簧秤）
- 结实的细绳
- 1本厚重的书
- 4支圆柱状的笔
- 1张实验桌

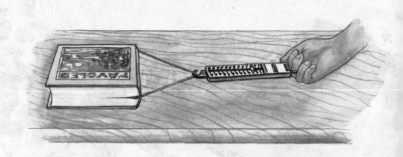

游戏步骤：

1. 把书放在桌子上，用弹簧秤钩着它（如上图所示）。

2. 用弹簧秤拉书，直到刚好能使它移动。读出用了多大的力。

3. 在书下面垫上4支圆柱状笔重复步骤2，读出在这种状态下用了多少力。

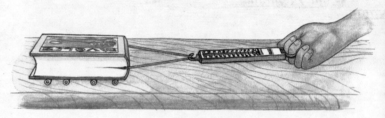

滚珠轴承

使用轴承可以减小机器各部件间的摩擦。轴承内部的小球相互滚动几乎完全消除了滑动摩擦，而代之以摩擦力非常小的滚动摩擦。旱冰鞋、汽车轮胎中都使用了滚珠轴承。

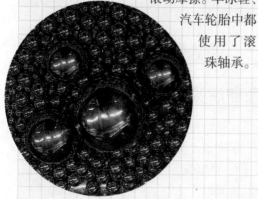

发生了什么呢？

弹簧秤显示：在书垫着笔的情况下，用的力更小。

原因解答：

当一个平面在另一个平面上滑动时产生了摩擦力——一种阻碍运动的力。第一种情况下，书放在桌子上——一个平的表面上滑动，产生的摩擦力（拖动摩擦和滑动摩擦）最大。第二种情况下，因为圆柱状笔与桌子的接触面可以滚动（滚动摩擦或转动摩擦），使得阻碍滑动的力变小。

省力地移动

你需要准备：

- 1个圆柱状的桶（例如水果罐头或番茄罐头的罐子）
- 1张桌子

游戏步骤：

1. 把桶正着立在桌子的一端。
2. 用指头给它几次推力，直到把它推到桌子尽头。

3. 再次把桶放到桌子一端，这次让桶的侧面接触桌面。
4. 像步骤 2 一样，也把它推到桌子尽头，比较所施推力的次数。

发生了什么呢？

当桶立着放置时，推它的次数要比当它侧着放时的次数多。当它倒下，并用桶侧面在平面上滚动时，每推它一下，都可以移动一大段距离。

原因解答：

桶的底部是平的，在桌上产生滑动摩擦。而桶的侧面是曲面，所以产生的是滚动摩擦，摩擦力显然要小很多。

相对于第一种物体受到推力几乎不怎么动的情况，第二种情况下我们用相同的推力可以使物体移动的距离更长。因此，对于推此类的沉重的桶，我们最好让它滚动。

日常生活中的摩擦

如果我们的鞋底和地面之间没有摩擦，我们就不可能走，不可能跑。如果没有汽车轮胎与沥青路面之间的摩擦，汽车就不可能停在路面上；如果车轮完全光滑，我们的自行车也不可能静立于地面上，而可能滑向远方；如果没有我们笔的摩擦，我们就不可能在纸上留下字迹（就像在玻璃上写字一样）。我们也要感谢我们手指上的摩擦，它使我们能够抓得住东西而不至于从手中滑出去。正如你所看到的，摩擦非常有用，但很多时候，我们会想消除它或减小它。例如：机械的齿轮在涂过润滑油之后运转得更好；齿轮表面涂上薄薄的一层润滑油能够防止齿轮相互磨损；汽车、飞机和轮船的流线型外观使它们与空气或水的摩擦降到最低，以达到更快的速度；滑雪板底部的蜡有利于在滑雪道上滑得更加顺畅。

为什么物体会改变速度或方向呢？

重力和运动

你需要准备：

- 1 辆玩具卡车
- 1 张桌子
- 长约 1 米的绳子
- 不同重量的小物品：弹球、硬币、螺钉、苹果……
- 1 个塑料杯
- 1 支笔
- 剪刀

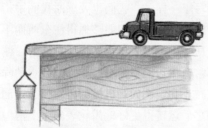

游戏步骤：

1. 在杯口处两个相对的位置上剪两个小孔，并在孔中穿入细绳，打好结（如上图）。

2. 把绳子另一端拴在卡车的前部，然后把卡车放在桌子上，使杯子挂在桌沿边。

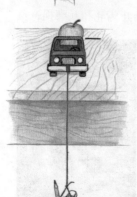

3. 标记出卡车的起始位置。

4. 在杯子或卡车里装入准备好的小物品：全部装在卡车里，或全部装在杯子里，或杯子和卡车里各装一部分。验证哪种情况下卡车在桌子表面运动得最快。

发生了什么呢？

卡车的速度随着杯子重量的增加而增加，随卡车承载重量的增加而减小。

原因解答：

物体运动的速度随着使物体发生运动的力的增大而增加。地心引力吸引杯子向下运动，同时它还受到卡车的拉力。卡车承载的物体重量增加，所受的摩擦力增加了，抵消了杯子的重力，所以杯子给卡车的拉力减小了，使它速度减慢了。

速度纪录

速度，即所用时间与经过距离的关系，可以用米/秒这个单位或千米/小时单位来测量。以下是自然界的速度之最：

地面上跑得最快的动物是猎豹，它可以在 2 秒钟内把速度从 0 提高到 70 千米/小时，奔跑时最快速度可达 120 千米/小时（尽管坚持的时间不长）。飞得最快的是楼燕，速度可达 180 千米/小时。在水中由于水巨大的摩擦力，水中动物速度的纪录比陆地动物的低：箭鱼的速度可以达到 80 千米/小时。那么人类呢？田径跑道上的纪录是男子 43.37 千米/小时；女子 39.56 千米/小时——在百米跑中达到的速度。

方向的改变

你需要准备：

- 1 辆玩具汽车（铁质）
- 1 块磁铁

游戏步骤：

1. 选择一段路径放置好你的车，确保车不会遇到障碍，可以做直线运动。推它一下，一直观察到它停下来。

2. 在汽车将要经过的路径旁放置一块磁铁，并确保磁铁在车经过时距车有几厘米的距离。

3. 再次推动车。

发生了什么呢？

当车行驶到离磁铁很近的地方时，方向改变了（如果两者之间的引力过大它们会吸在一起——那就把磁铁放得再远些）。

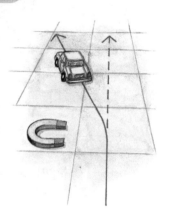

原因解答：

磁铁给车施加了一个引力，所以车被迫改变了运动的初始方向。如果没有外力的介入，车会继续直线运动直到摩擦力将初始的推力耗尽，车才会停下来。

运动的停止

你一定有过几次骑自行车下坡不用蹬的经验，但不可避免的，在坡底，车速会越来越慢，为了不让它停下，你不得不又重新蹬它。力是物体运动所必需的，同样，摩擦力也是使车子减速所必需的。由于路面和空气的摩擦，车子减慢了，如果没有其他外力，比如下坡路上的引力、人蹬车的力，它会停下。但是，使一个正在运动的物体停下来不总是这么简单的，事实上，很重的东西惯性也很大，因此就很难让它停下来。

物体可以在运动起来之前积蓄能量吗?

能量的转换

你需要准备:

- 有盖子的圆柱形铁罐（例如装粉末状东西的罐子）
- 细绳
- 1 颗大钉子
- 锤子
- 2 根小棍子
- 1 个铁螺母
- 1 根结实的橡皮筋

游戏步骤:

1. 请大人帮忙用锤子在罐子的盖子和底部的中心打两个小洞。

2. 用细绳把螺母和皮筋绑在一起。

3. 用皮筋分别穿过底部和盖子上的小洞，然后用小棍穿过露在外面的皮筋形成的小扣，当罐子盖上以后，悬在罐子中的皮筋应该保持紧绷的状态，螺母自由地挂在皮筋上。

4. 把罐子平躺着放在地上，推它向前滚动(不要用太大的力)。

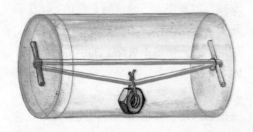

发生了什么呢?

罐子向前滚了一小段，越来越慢，随后又滚了回来。

原因解答:

螺母较重，它并没有跟着罐子一起滚动，皮筋在滚动过程中由于螺母的运动而拧在一起，同时积蓄了能量。初始的推力被消耗完后，罐子中的皮筋为了恢复原来的状态，使用积蓄的能量使罐子又滚动起来。

上发条

为了使某些钟表走起来、某些玩具例如会走路的玩偶、钟琴、玩具车动起来，都需要扭转它们的小轮子或是连着内部弹簧的小机关给它们上发条。用这种方式给内部的弹簧，或者说这个物品提供了能量，让它们可以慢慢地（例如钟表或玩偶）或很快（玩具车）消耗，物体的运动会一直持续到弹簧恢复它原来的状态。在另一些情况下，为了利用它们恢复原状的趋势，弹簧被拉伸（即使不是完全伸展开）——例如在一些玩具枪中，弹簧被向后拉伸并被固定，直到扣动扳机那一刻，然后伴着射击声，弹簧被放开并收缩回原状。

第二章
魔术中的科学

搞笑小魔术

简单的聚会魔术，却能增加聚会的热闹气氛。有些聚会魔术着重于力度、速度和灵活度的表演，叫人目瞪口呆；有的则是用来制造笑声、娱乐和惊讶。若能在魔术表演中添加聚会魔术，不仅能使表演更有活力，也能使观众参与到表演中。

从背上脱下的衬衫

叫穿着衬衫和外套的观众坐在面前，让他解开袖口和上面的几个纽扣。然后你就能拉出他的衬衫，而且外套依旧在他身上！要完成这个魔术，你需要一位助手。像在聚会这种不正式的场合里，你可以找个朋友当你的助手，让他事先穿好衣服。

1. 助手穿衬衫的方法特殊：先将衬衫像帽子一样套在肩膀上，扣上上面的4个纽扣；再将袖口绕着手腕扣上。

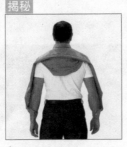

2. 这是后视图。尽量整平衬衫，不要使它皱成一团，不然就会被人发现的。

3. 最后，让他套上外套，整理着装，不要让人看出异样。

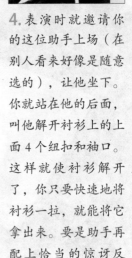

4. 表演时就邀请你的这位助手上场（在别人看来好像是随意选的），让他坐下。你就站在他的后面，叫他解开衬衫上的上面4个纽扣和袖口。这样就使衬衫解开了，你只要快速地将衬衫一拉，就能将它拿出来。要是助手再配上恰当的惊讶反应，就会非常有趣。

表演前，你可以先谈谈最近看过的电视节目（关于扒手如何趁你不注意时偷走你身上的衬衫），也可以跟"领带'穿'脖子而过"串起来表演，以达到更好的效果。

钩破了

你假装是要帮朋友拿掉领带上松脱的线头，然后使领带拍动，就像是拆开了他的领带。此招术快速有效，但你不要小题大做，要假装什么事都没发生过，就会更有趣。聚会场所、办公室或者学校，都是人们会戴领带的地方，在这些场所用这个魔术就再适合不过了。

1. 用左手拿住他人领带的末端。注意：拇指在上方。

2. 右手假装拉线，左手指快速上下拍动领带。领带的末端便会疯狂地摆动，就能立即引来笑声。

纸币加倍

这个折纸技艺很精巧，能让一张纸币看起来像是有两张。只要随身带着这张折好的纸币，你就可以随时表演，并能让人信服。注意：不能让别人碰到纸币，不然就会露馅的。

1. 先将纸币从长边中间对折。

2. 接着展开纸币，从短边中间对折。

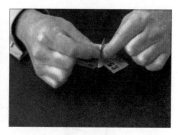

3. 再展开纸币，用拇指和食指捏紧折痕交汇的部位。

4. 然后将纸币压平，使其边缘成直线，这样就折好了。

5. 随便扫一眼的话，纸币就像是两张的。

不会爆炸的气球

我们都知道将气球戳破它就会爆炸，可在这个魔术里你用尖棍子戳入气球，气球却没爆炸。这个魔术可以跟"针'穿'气球"一起表演。

揭秘

揭秘

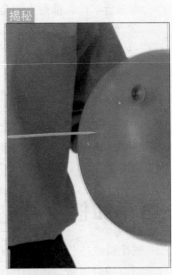

1.表演前将气球吹好，在气球上粘两段交叉的透明胶，如图。然后同样在对面也粘上交叉的透明胶。

2.表演时一手拿尖烤肉叉，一手拿气球。

3.慢慢地并小心地将烤肉叉从透明胶交叉点插入气球。

4.然后将烤肉叉从另一透明胶交叉点插出来。

5.要是你多粘几处透明胶，就可多戳进几根棍子。

听话的手帕

　　用这个魔术你可以使手帕遵照你的命令移动，再配合相应的表演就更为好玩。已故的英国魔术师鲍勃·瑞德最擅长表演这个魔术，他经常让观众忍俊不禁。

1. 表演时先用双手拉开一块手帕，再用左手将它握住，手帕向上伸出的 10.0 ~ 12.5 厘米会很容易立住。

2. 接着用右手将手帕往上拉高一点再放手，并假装很努力地使手帕保持直立。

3. 就这样一直将手帕一半以上的部分都拉到上面并使之直立。

4. 接着用右手朝手帕做个催眠手势，并让它倒下来，就如同使之入睡了一样。

5. 之后将手帕对折再将它握住，使一小部分立于上面。

6. 然后假装拔头发，并装作很痛的样子。

7. 再用这根无形的头发将手帕的上部捆起来，然后拉一下这根实际上不存在的头发。同时，拇指往上推，手帕便倒向左边。

8. 再反向拉头发，并用拇指将手帕往下拉，它便倒向另一边。

擤鼻子

用这里讲的方法，你可以在擤鼻子时使手帕飞向空中。做这种即时恶作剧的时候，你最好不要先刻意地去引起人们的注意，只要随意地做出，就能得到很好的效果。

揭秘

1. 将手帕拿到脸上时，在手帕下偷藏一根铅笔。

2. 放好手帕，准备擤鼻子并翘起铅笔。

3. 接着假装擤鼻子并翘起铅笔，手帕就会莫名其妙地飞起来。擤好鼻子后，就将铅笔放下。最后收起手帕，且不要让人看到铅笔。

断臂

当你跟人握手时，可以使手臂发出骨折的声音，定能使毫无防备的人们惊慌失措。做这个魔术时你只要用点演技，就很好了。但不要太过火，只要在杯子被压扁时假装有点痛的样子就可以。由于杯子的声音越大，效果就越好，故最好事先尝试用不同的杯子。

揭秘

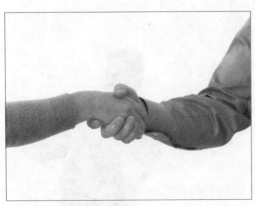 

1. 在与人握手前先将一个一次性塑料杯偷偷放在你右手腋窝下。

2. 然后与人握手，并在握手的同时将杯子压扁，就会发出恐怖的骨折的声音。

断鼻

现在的主题是制造身体部位折断的幻象，而这个听觉幻术可以制造鼻子折断的假象。

1. 正对观众，双手掌对掌，遮住鼻子，就可开始魔术。

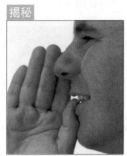

2. 在双手的遮盖下，将拇指指甲伸到上排牙齿后面，双手向左弯曲，假装在推鼻子。同时，让指甲"喀嚓"一声弹离牙齿，听起来就像是鼻梁骨裂了。

使关节"劈啪"作响

现在的主题是制造身体部位折断的幻象，而这个听觉幻术可以制造鼻子折断的假象。

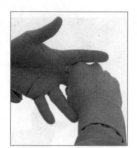

1. 如图，右手握住左手上的一根手指，将它慢慢往后掰几次。

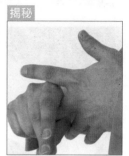

2. 接着再掰这根手指时，将右手的拇指和中指在下面对弹一下，就能发出很响的声音，似乎关节脱白了。

你也可以用别人的手来做这个魔术，有点难以置信吧。试试吧：叫他们伸出手，在他们的手指下，弹你的拇指和中指，只要不打到他们就可以。

麻木的手指

用这个特技可以让人的手指变得麻木，真是又奇怪又可怕。这是因为你们的手指只有正面贴在一起，而手指的背面并不敏感，几乎没有感觉。亲自试试吧，就可知有多奇怪。

1. 如图，两人一起举起手，食指都伸直。

2. 食指相对贴在一起，并捏住这两个食指，就会感觉到麻木了。

被撕破的壁纸

只要学会做一个简单的隐具，你就可以随时表演这个魔术。表演前可以先用不同大小的纸张尝试。准备时最好不要让人看到，等人们看到它时再观察他们的（尤其是屋主的）表情。

1. 表演前先拿出一张白纸，用力将它对折，使折痕清晰。

2. 从白纸的折边上撕下一块三角形，使它的边缘越粗糙越好。

3. 将这块三角形的纸展开，将其中一半往上翘。接着弄湿下面那半张的背面，并将这弄湿的半张粘到一个平坦的表面，如贴着壁纸的墙上或图画上。

4. 这张纸粗略一看时，就像是被撕坏的壁纸。注意：粘的时候使白纸的开口向下，这样就不会让人看到折边。

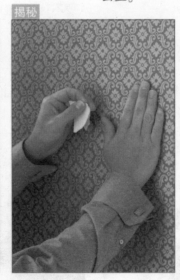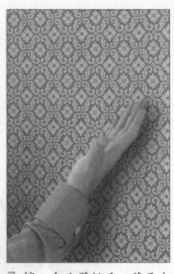

5. 当有人发现它时，你就说你能补好，然后用双手遮住那张纸（右手平放，左手准备偷偷拿走纸）。

6. 然后右手擦壁纸，左手偷偷将纸移走（将纸藏在左手里）。

7. 擦一会儿壁纸后，移开右手，显示壁纸已被补好，这时就可以结束表演了。

没有底的杯子

这个招术很简单，能使杯子看似无底，又快又好玩。这个魔术虽简单却很有效果，易吸引注意力，还可用相同的道具做其他魔术。

   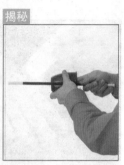

揭秘

1. 表演时左手拿一个杯子，掌心朝上，杯口朝右。右手则拿着魔杖、棍子或刀子。

2. 用魔杖、棍子或刀子（食指沿之伸直）从里面敲几下杯底，让人们知道杯底没有孔。每敲一次都拔出魔杖，再插进去。

3. 敲第三或第四次的时候，将魔杖从杯子后面插入，而将右手食指则伸入杯内。此为前视图。

4. 这幅图揭开了真相。魔杖一"穿过"杯底，就将它拉回，并将杯子交给人们检查。

再次点燃

这个魔术展示了即使不让火焰碰到蜡烛芯，也可将已吹灭的蜡烛再次点燃。因为烟是易燃的，火焰就会点燃烟，并顺着烟往下而点燃蜡烛芯。

1. 将一支普通的蜡烛放在烛台上，并点燃。

2. 几秒后将蜡烛吹灭。

3. 立即将点燃的火柴放在蜡烛上冒起的烟上——烛芯上方约 2.5 厘米处。蜡烛芯就像被施了魔法一样，重新燃烧起来。

假伤疤

这里有两种造伤疤的简单方法，可用于化装舞会或跟朋友开玩笑。这里用到了胶水，所以要在合适的表面（如旧布或报纸）上做。

1. 在皮肤上涂些黏合剂。

2. 再用指尖轻轻地将黏合剂涂薄。

3. 等黏合剂干了，它就会变成透明的。然后压几下就形成一个假伤疤了。

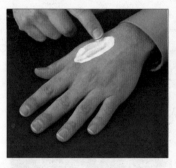

4. 还可以做出另外一种疤，首先同样涂上黏合剂。

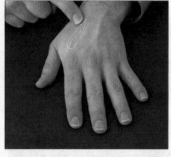

5. 等它干了，就将它的边沿往内卷起。

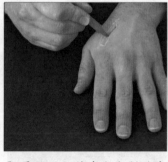

6. 最后用红笔在黏合剂的中间涂上红色。

7. 这样就做成逼真的伤疤，过后将伤疤搓掉或用水冲洗即可。

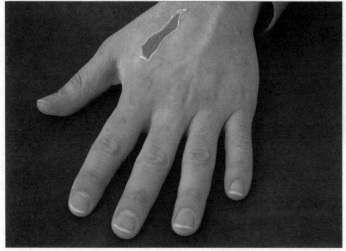

做伤疤前要先等黏合剂变干变透明。这样的伤疤可以做在许多不同的部位，但不要做在眼睛或嘴巴旁。

抓住无形的硬币

在此魔术里你右手拿一开口的纸袋，然后用左手将一无形的硬币抛入纸袋内。人们虽看不到硬币，但能听到它落到袋子里的声音。这是英国戏剧演员托米·库珀最喜欢的绝技之一。

揭秘

1. 展示空纸袋后，用右手拿着它。此时，右手食指必须放在中指的上面。

2. 接着用左手抛起一枚无形的硬币，你的视线也随之移到袋子这边。

3. 等你的视线到达袋子时，将左手放在耳朵上，暗示观众注意听。

揭秘

4. 紧接着右手中指弹开食指，手指便会弹在纸袋上，发出的声音就如硬币掉入袋子里的一样。

之后若想展示出真的硬币，就可在开始时将硬币藏于右手指和袋子之间。等展示完空纸袋后，再让硬币轻轻地滑入袋内。之后就继续表演，最后再叫人伸入袋内，将硬币取出。

火柴搞笑地立起

当你打开火柴盒时，你可以使一根火柴搞笑地立起来，就能使大家哄堂大笑。你还可以在盖子上画些有趣的图画，以配合立起的火柴。

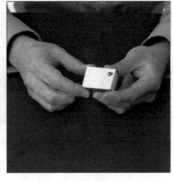

1. 用打孔器在火柴盒盖子底部距侧边约6毫米处打个孔。

2. 合上盒子，将一根火柴从孔插入，只剩火柴头在外面。

3. 用手指推开盒子，火柴便搞笑地从孔里立起来。

领带"穿"脖子而过

先故意引起别人来注意你的领带，再将领带快速一拉，它就穿过脖子，而你的脑袋却安然无恙。这个魔术可以跟朋友一起做，并接着表演"从背上脱下的衬衫"。

1. 不要将领带套住脖子，并将本应套住脖子的领带环折起弄平成两片。

2. 接着将这两片卡在衣领上，再折下衣领固定住领带。

3. 整好衣领后，就能使领带看似无异。要演示时指指领带，并将它往下快速一拉。

4. 领带就似乎"穿"脖子而过了。

啤酒钱

用倒置的酒瓶压住纸币后，你能在既不碰到瓶子又不使它倒下的情况下拿出纸币。要做到这点并不容易，且只能在光滑的表面上做才会奏效。

1. 将空瓶子倒立在纸币上。

2. 从一边小心卷起纸币。

3. 一直卷，瓶子就会慢慢地从另外一边滑出。

4. 瓶子一滑出，就捡起纸币，放入口袋。

视错觉

这部分主要介绍视错觉，包括扰乱思维的二维图片，还有需要人的参与才能发生的幻术。视错觉可以作为理想的聚会魔术，也可串入站立表演中，效果都很好。这部分的内容定能使你惊讶不已。

普遍视错觉

视错觉有好几种，有些是自然存在的，其他的则是人们创造出来的。某些视错觉会欺骗大脑，使人觉得本来是一样的两个物体大小不一。另外的图画可用不同方式来看，都使人没法理性思考。

哪一根更长

虽然上面的线看起来比下面的短，事实上他们却是一样长的。这就叫做缪勒—莱尔错觉，首创于 1889 年。

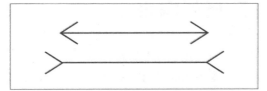

小，中，大

看这三个图像，哪一个最高呢：1，2还是 3？其实他们一样大。相交线会扰乱我们看到的图像，线越密，图像仿佛越大。

多少层架子

架子有 3 层还是 4 层？看到的层数取决于从左边看还是从右边看。

收缩的薄雾

若盯着灰色薄雾中间的点看，便会觉得薄雾开始收缩。

连接线

这幅视错觉图相当奇妙，要推断出下面的两条线中哪一条才是连着上面的那条线是很难的。用尺子检查一下，就可以知道答案了。

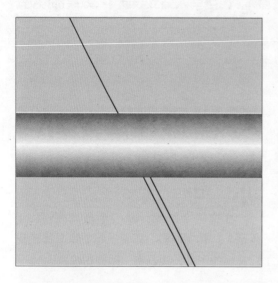

与帽檐同长

下图中帽子是高度长于宽度，还是宽度长于高度呢？事实上，高与宽等长。也许你不会相信，拿尺子检验一下就会心服口服了。

标准正方形

下图中正方形的两对边平行吗？四边皆直的还是向内弯曲呢？不管你信不信，四条边都是直的。图中的同心圆似乎将正方形的四边向里拉，让人觉得四边向内凹。

奇怪的圆形

这个视错觉类似于"标准正方形"。图中的小圆圈虽是标准的圆形，却看似不圆。中心点散发出来的射线歪曲了小圆的外形，使人觉得它不是规则的圆形。

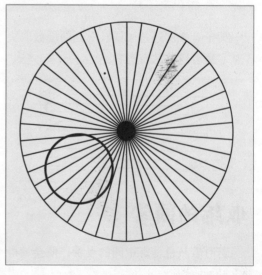

直的还是弯的

下面这些线虽看似射向两个方向，事实上却是完全平行的！若愿意，你可用尺子检查一下。

闪烁错觉

看几秒这幅图画，有没有看到方格交叉点有黑点在闪烁？这个效应叫做闪烁效应，是在 19 世纪初被观察到和报道的。

平行线

这些线是平行的，还是倾斜的？事实上它们完全平行，只是黑色方块让人觉得线相交或凸出。这种效果有时也可在瓷砖墙壁或地板看到。

因纽特人还是武士

从这幅图中你看到了什么？提示：美国当地的武士朝左，因纽特人朝右。

年轻妇女还是老年妇女

看着这幅著名的视错觉图，你观察到了什么？提示：老妇人的鼻子是年轻妇女的脸颊。

兔子还是鸭子

你看到的是哪一个，兔子还是鸭子？这是幅有名的错觉图，据说是心理学家查斯特罗于1899年画的。

朝内还是朝外

这本书是面朝里还是朝外呢？这幅错觉图虽简单，却没有确定的答案。

伸缩的钢笔

　　这是神奇的视错觉，能使钢笔或铅笔伸缩变化。对镜自赏，你就知这有多棒，且正面效果最佳。这个幻术又快又简单，易组合到魔术表演里，也可只在聚会上表演。注意：钢笔的颜色最好与你上衣的颜色不相同。

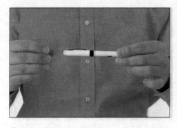 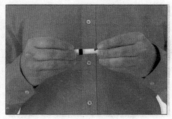 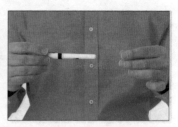

1. 左手捏住钢笔，遮住钢笔的 1/3。

2. 现在，将钢笔换到右手，用右手将它捏住。

3. 右手跟左手一样的拿法。每秒换 4 次，反复地换，前面的人就会觉得钢笔在伸缩。

飘浮的香肠

　　这个有名的幻术，属于立体错觉。当两个景物（各用左右眼看）在大脑中错误地结合，便会有这种效果。就像此例中，手指中间便产生飘浮的第三个手指。

两食指相距约 1 厘米，放在眼睛前方 20 厘米处。盯着手指，并慢慢将它们移向鼻尖。你就会看到手指间飘浮着香肠状的东西，而这东西实际上并不存在，它是手指反向影像（因视线交叉）重叠而产生的。

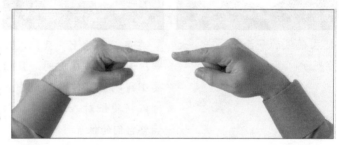

手中的洞

　　用纸或硬纸，就可马上产生 X 射线照射效果：通过纸管往前直看，手中就好像有洞。

将一张纸或硬纸（备用）卷成管子后，用右手将它拿到右眼，并睁着双眼。现在，左手举到管子旁边，掌心朝向你的脸，你就会看到左手掌心有洞！这也是三维错觉。大脑将两个景象（各用左右眼看）混合，便会产生结合的单个影像。

瓶中的船

在一张硬纸的一面画上一条船，另一面画一个瓶子。通过旋转硬纸，便可看到瓶里有船的景象。因为不同的景象快速运动，在脑子里只停留几分之一秒，便会混合成一个图画。也可尝试其他的图案，如笼中的小鸟或碗中的金鱼。

1. 你需要一张硬纸（备用），大小为7.5厘米×5.0厘米，一支钢笔、一把打孔器和两根橡皮筋圈。

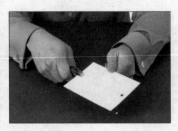

2. 在硬纸两端的中间各打一个洞。

3. 分别将橡皮筋圈穿入这两个洞中——圈的一端套入另外一端系住，如图。

4. 在硬纸的一面上画一个大空瓶子。

5. 在另一面画上一条船。注意：图案都画在中间，且船要小得刚好可以放入瓶中。可以将硬纸对着灯光看，以调整它们的位置。

6. 双手各拿一根橡皮筋圈，将其扭在一起，尽可能扭多圈，然后放开硬纸，硬纸旋转时便可看到小船出现于瓶内。

爱米莉幻术

此例很好地证明了眼睛比思想慢。跟"瓶中的船"一样，这里也是将看到两个景象混为一体。

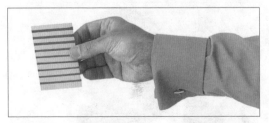

1. 在硬纸（备用）上画几条横着平行的粗线，然后用指尖捏住硬纸。

2. 接着将硬纸抛向空中，尽量使其快速旋转，你就能看到线往两个方向发散，构成格子状图案。

手臂变长

　　用这种方法可以使手臂奇怪地变长。实际上手臂并没有变长，但效果却相当惊人，也可反向移动使手看似缩短了。

1. 你要穿长袖衬衫，身体左侧面面对观众站立，然后将左手前举，肘部稍微弯曲。注意：袖口要刚好盖到手腕。

2. 接着用右手将左手臂稍往前拉。注意：袖子位置不变，手臂往前移。

3. 快速重复第二步，做动作时将左肩膀稍往前移。

小手指短了

　　这个幻术可以让左手小手指缩短到极致，做得越慢就越令人惊讶。美国魔术师梅厄·叶蒂德就曾经在表演时使手指一个个地缩小并消失。

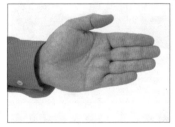

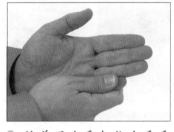

1. 表演时伸平左手，使掌心对着观众。

2. 接着用右手包住左手背，用右手拇指捏住左手小手指，并使左手小手指只露出约 6 毫米。

3. 将右手往回滑到底，同时弯曲左手小手指关节，但小手指始终与其他手指平行，这样小手指就看似缩短了。再反向移动右手，使左手小手指伸长回去。

揭秘

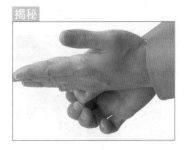

4. 此为仰视图。

拇指变长

用牙齿咬住拇指尖，可以使拇指拉长为原来的3倍。这个魔术很快，只半秒钟就可看到效果，只是只能正对观众表演。

1. 将左手拇指放入嘴里，轻轻咬住拇指尖。

2. 抬起右手，将右手拇指指尖插入嘴中，与左手拇指易位，并将左手拇指插入右拳头。

3. 拉出右手拇指，并痛苦地呻吟一下，再拉出左手拇指，拇指就伸长了。

4. 从侧面就可看到真相。接着就反向移动手指，使之回到初始位置并结束表演。

拧断拇指

用这种方法可以拧断拇指上部，而后又将它拧回。这是现存的最古老也最受欢迎的魔术之一，可能你以前就看过。这个视错觉魔术相当精彩，但能做得很好的人不多。

  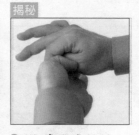 

1. 将右手拇指和食指围成圈，左手拇指插入此圈内。

2. 前后扭动左手，并跟观众说你要拧断拇指。

3. 接着快速摇动双手，并使两个拇指往内弯曲，然后用右手食指遮住拇指相靠的区域。这幅画揭示了真相。

4. 记得正对观众表演，效果极佳。然后摆动右手拇指尖，人们会以为它是左手拇指。

5. 再将右手沿左手食指滑回。

6. 最后再快速摇动双手，使双手回到第二步的位置，就似再拧回拇指，并结束表演。

不可能

　　你可以折出一张有三个缺口的硬纸，而在别人看来单用一张硬纸是不可能构成这样的形状的。这个魔术十分巧妙，很多人第一次做出时都惊叹不已。

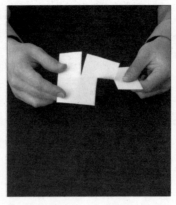

1. 拿出一张空白的硬纸（备用），约12.5厘米×7.5厘米，竖着对折，再展开，然后从一边的中间剪到折痕，再在这个切口的两侧从另一边剪到中间。

2. 稳稳拿住右半张硬纸，将左半张翻转180°。

3. 下折中间部位，于是就形成了这个看似不可能存在的形状，十分有趣。

4. 也可用粗毡头笔在硬纸的外沿画上边线，再折起中间部位，越过缺口也画上边线，就更令人信服。

5. 做完后就是这样的，真叫人难以置信。

飞去来卡

　　将两张飞去来器形状的硬纸并排放置，明显可以看到一张比另一张长。可交换位置后，这两张硬纸似乎也交换了大小，小的变成更长，反之亦然。试试看，就可知有多令人信服。

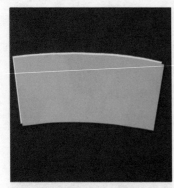 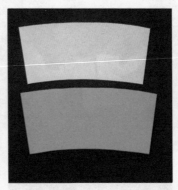 

1. 剪出两张等大的形状一致的硬纸，如图所示。若喜欢，可用不同的颜色。

2. 将一硬纸往下弯曲，并放在另一张上面。下面的看起来就会大一点。

3. 上面的硬纸被移到下面后，却看似比另一张更大。

4. 你也可以试着在每张硬纸上都画木棍人，就可将人们的焦点移到画上。

5. 之后再慢慢交换硬纸的位置，效果如前。

消灭它

用这个视错觉魔术能使玻璃杯下的邮票消失，使用的是折射原理（或说是光线的弯曲）。自己试一下吧，你就不得不惊叹这种视错觉的神奇。

1. 你需要一小壶水（大水罐）、一个玻璃杯（越高越好）和一张邮票。表演时先将邮票放在杯子底下。

2. 再慢慢地用水倒满杯子，并一边观察邮票，便会看到它消失了。

3. 但从正上方还是可以看到邮票，所以倒完水后再盖上盘子，就不可能看得到邮票了。

　　在表演前可以在邮票表面粘上双面胶，便能将邮票粘到杯子上。最后你就捏住底部举起杯子，邮票就真的从桌子上消失。

东西相遇

在纸上画上一个箭头，你可以在不接触纸的情况下改变箭头的方向，但怎么做到呢？这就要利用光线在水中的折射，可见有时大自然真的很神奇。

1. 对折硬纸后将它展开，在其一面上画上一个大箭头，并将硬纸立于桌上。

2. 再在硬纸前面放一杯水，并通过玻璃杯看箭头。

3. 只要往杯里倒水，就可看到反向的箭头了。

合二为一

拿出两杯液体，问观众它们是否可以倒为一杯。这看似不可能，实际上却是可以的。

1. 你需要两个相同的圆锥形玻璃杯。将一杯倒满液体，再将这杯里的液体倒一半到另外一杯。这样，它们显然可以倒为一杯，但看起来却是不可能的。

2. 慢慢将液体全倒到一个杯子里。

3. 恰好倒满一杯，令人惊讶。这里的视错觉是由杯子的形状造成的，杯子上面宽一点的部分比同深度的下部装的液体更多，就会有这样的欺骗性。

夹住王后纸牌

　　这个魔术看似很简单，但当你将纸牌面朝下放在观众面前时，他们怎么都不能用曲别针夹住王后纸牌。就算他们知道真相，也很难将纸夹放在正确的纸牌上。这个魔术的道具很简单，随包带着这些道具就可即时表演。

1. 先将5张纸牌粘成扇形。注意：中间为王后牌，其余的为数字牌。

2. 将纸牌举向观众，叫人记住王后的位置，并给他一只曲别针。

3. 将组成扇形的纸牌翻转朝下，叫观众将曲别针夹在王后纸牌上，他们很可能就夹在中间的纸牌上。

4. 转回扇形纸牌时，曲别针没有夹在王后牌上，反倒离得很远。

5. 只有将曲别针放在预想不到的位置，才能夹住王后纸牌。第一次看到的人当然不会想到。

伸缩的魔杖

　　这个魔术可以使魔杖缩小到消失，而后却在一个小火柴盒里找到它。这个魔术可用于更大型的表演，而且包括大型的舞台幻术在内的许多魔术，都使用这种伸缩原理。

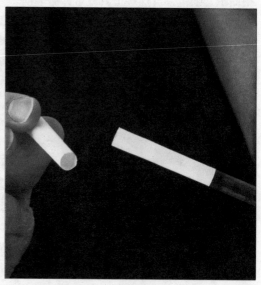

1. 先准备好一个火柴盒，在盒子底部切出一个矩形的洞，再将这个盒子放回盖里，并将这个火柴盒放入左口袋。

2. 接着准备魔杖：在魔杖的一端套上纸管，纸管与魔杖白色的两端等长。注意：纸管不可太紧，使之可以轻易地滑动。

3. 拿出魔杖，用手指尖捏住它两端的纸管，右手将纸管稍往左推，末端被手盖住。

4. 慢慢滑动双手，使之靠拢，用右手指将纸管沿着魔杖往左滑。

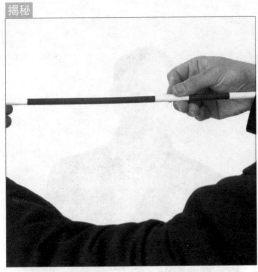

5. 接着将魔杖右端插入袖子里，如图所示，但不要被观众发现。

6. 从前面看会觉得魔杖在缩小，如果你再配上适当的表情，表演就更令人信服。

7. 当魔杖变得很短时，你就开始上下摇手，并偷偷地将整根魔杖推到袖子里面。双手大幅度的摇动会掩盖住这轻轻一推。

8. 举起空空的双手，展示魔杖已消失。

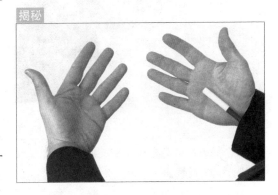

9. 其实魔杖藏于袖子里，其尾部则被你的手遮住。

10.接着是让魔杖重新出现：左手拿出事先预备的火柴盒。

11.将火柴盒移到右手，拉开（不要让观众看到底部的洞）。

揭秘

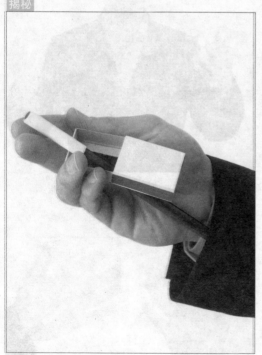

12.左手伸入火柴盒里，通过底部的洞抓住魔杖，并慢慢拔出。

13.这个幻术十分完美，似乎长长的魔杖就奇迹般地从极小的火柴盒里出来了。

特技和智力游戏

这部分测试的是横向思考和逻辑思考的能力。要解开智力游戏的答案，你既要有耐心，又要深入思考，等知道了答案以后，你就可以用它们来难倒别人了。有些惊人的绝技会使你显得更为聪明，有些则能帮助你赢得挑战或打赌。

浮起的手臂

这个特技很离奇，因为它的效果很好，要知这有多奇特就自己试一试吧。

1. 站在某个人后面，叫他（她）将双臂往外推45秒左右——你用手将其双臂压在他（她）的两侧。

2. 等你放手后，他（她）的双臂就会不自觉地往上升起，像是被无形的线往上拉起一样。

散去的胡椒粉

将少量胡椒粉撒到一杯水上，用牙签头一碰水，胡椒粉就以令人吃惊的方式远离牙签。之后叫别人尝试一下，但他们不会得到这样的效果。

揭秘

1. 表演前在牙签头上涂些肥皂水。

2. 表演时将少量胡椒粉撒到一杯水上。

3. 让胡椒粉铺满水面，用牙签头碰水面中心。

4. 可以看到胡椒粉远离牙签。接着拿出牙签，并擦干牙签头部的肥皂水。这样当别人尝试时，就没有这种效果。

硬币穿孔

　　这里的难点是让一枚大硬币穿过只有它一半大的孔。纸可以折，但不能撕。先让观众试试，你再表演。他们若没看过这个特技，是一定做不到的。

1. 先小心地在纸上剪出直径为 1.5 厘米的孔，再拿出一枚比这个孔明显要大的硬币。

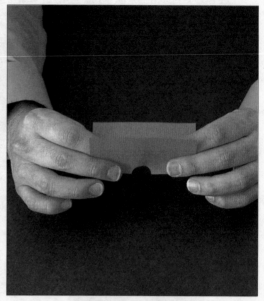

2. 将纸对折，使孔向下朝向桌面。

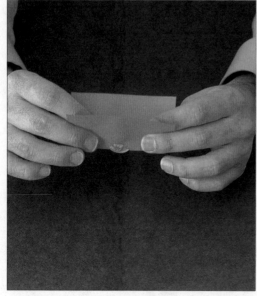

3. 将硬币放入折叠的纸内，使它位于孔中。

4. 现在，将纸往上弯折。这一动作会使孔伸展。

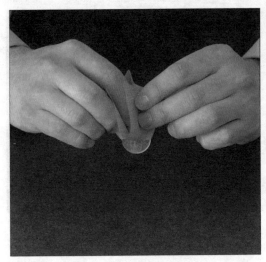

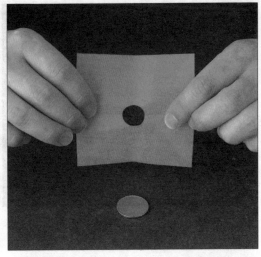

5. 这时，就可小心地挤出硬币，且不损坏纸。

6. 你需要先用不同大小的孔和硬币试验，再选出具有最佳视觉效果的组合。

升起管子的奥秘

用曲别针别住纸管后，将绳子穿入纸管。然后提起绳子时，纸管违背重力，不但仍旧挂着，且不可思议地往上爬。最后再将所有东西都交出给观众检查。

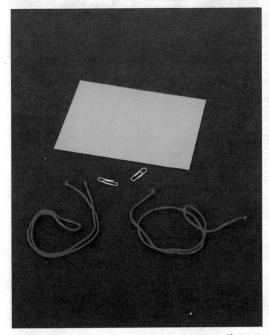

1. 你需要一张纸、两个曲别针和两段等长的绳子。

2. 绳子都对折，将其中一根的中间部位穿过另一根，形成一个小环。

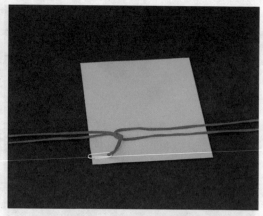

3. 用一个曲别针别在这个环上，并夹到纸张边缘。

4. 没做错的话，就该如图中以上几步完成后的效果。

5. 现在，将纸卷紧形成管子，绳子卷在管子里。

6. 一卷好就调整曲别针的位置，固定住管子。

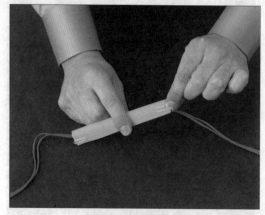

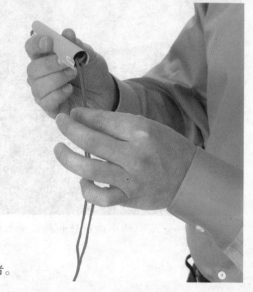

7. 将另一曲别针紧紧夹住另一端。注意：该曲别针只夹住纸，不夹到绳子。

8. 拉动绳子，使绳环刚好在管子顶部，准备就绪。

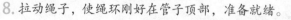

9. 表演时从一端提起绳子。

10. 抓住绳子底部，轻轻往下一拉。

11. 管子就会沿着绳子慢慢上升。

12. 当管子到达绳子顶部时，你就同时抓住绳子两端，解开绳子。

13. 取出曲别针，拿给观众看。

14. 松开纸管，将道具都拿给观众检查，甚至可以叫他们试试。

悬挂制作

　　将杯子从某一高度松手放下,你可以使杯子在快要撞到地板上时突然停下,悬挂在空中。跟许多特技一样,科学起着关键作用,这里便运用了物理原理。

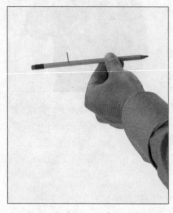

1. 开始准备时,在铅笔侧面钉一枚钉子。

2. 将一段长绳的一端系在杯柄上,另一端系在一个垫圈上。

3. 一手拿垫圈,一手拿铅笔,并将绳子挂在铅笔上。

4. 这个近景图展示了位于钉子旁边的绳子。

5. 放开绳子,杯子就会砸向地板。

6. 在杯子下落过程中,绳子自己会缠绕铅笔,防止杯子砸到地上而摔碎。

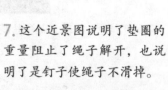

7. 这个近景图说明了垫圈的重量阻止了绳子解开,也说明了是钉子使绳子不滑掉。

吸管瓶

这儿的难点是如何用一根吸管提起一个瓶子。有好几种方法，如将吸管绕着瓶颈绑起来，但下面的方法更有趣，别人完全想不到，就更令人印象深刻。

1. 拿出一个瓶子，让观众来挑战只用一根吸管将瓶子从桌上提起来。

2. 方法很简单。将吸管折起约1/3后，插入瓶内。折叠部分在瓶内弹开而卡住瓶子，就能将瓶子提起。

逃脱的硬币

将一枚小硬币放入锥形杯的底部，再放上一枚大硬币，将小硬币盖住。既不碰到杯子，也不碰到硬币，怎样拿出小硬币呢？也许要多试几次，但最后还是能够做到。

1. 你需要一个锥形杯、一枚大硬币和一枚小硬币。

2. 将小硬币丢入锥形杯中。

3. 用大硬币盖住小硬币。

4. 在杯子旁边用力一吹，方向如图箭头所示。

5. 不管信不信，大硬币会翘起来使小硬币飞出。

平衡技巧

　　你可以使两支叉子在火柴头上令人惊讶地悬挂在杯子上空，并保持平衡。先叫观众试试，他们不可能做到，然后你再演示。

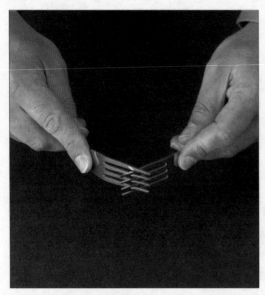

1. 给观众足够的时间尝试，然后你再将叉子叉齿卡在一起。

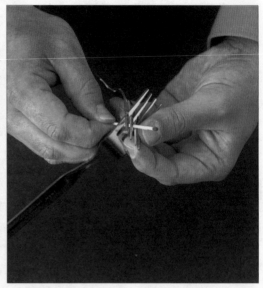

2. 将火柴插入叉齿的中间，如图使它们卡在一起。

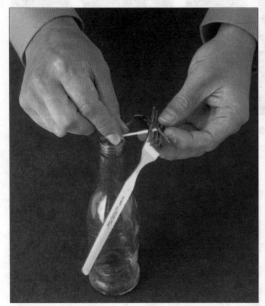

3. 小心地将火柴顶端（不燃火的头）放在瓶子边缘，不断调整其位置以使叉子平衡。

4. 火柴和叉子平衡后，你就可走开，让观众近距离欣赏这一奇妙的现象。

弹出纸牌

你有没有见过迅速抽掉桌布，而桌布上的杯子和刀叉都不移动吗？这是小型版本，虽不那样震撼人心，但稍微练习就能做到。

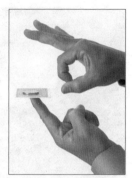

1. 先将硬币放在纸牌上，再将纸牌放到指尖上，使之平衡。

2. 准备弹出纸牌。

3. 够快的话，纸牌就会飞出去，而硬币则呆在指尖上不动。

提起米

只用一根筷子怎样提起一罐未煮过的大米呢？你也可用铅笔或刀子代替筷子，或是用其他类型的容器，但其罐子颈部下面必须有"肩膀"，这很重要。

1. 在罐子里装满短颗粒、生的大米。盖上盖子，用罐子撞击桌面，使米尽量往下塞紧。拿开盖子，插入筷子。

2. 上下戳动筷子30 ~ 50次，这会使米靠着罐身塞紧。戳越多次，就越难拉出筷子。

3. 等你觉得拉出筷子已经十分吃力的时候，就最后将筷子直插到罐子底部再慢慢地提起罐子。

罗宾汉碰到同伴

演示了这个巧妙的特技，你的朋友就会相信你的罗宾汉技术。看起来很难，其实不然，且令人钦佩。刚开始可能要离目标近一点，习惯了且能做得好再增加距离，就更令人印象深刻。

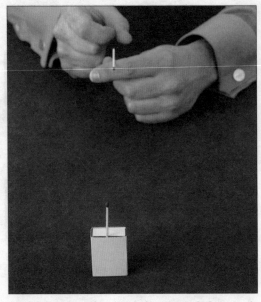

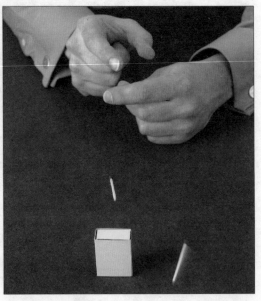

1. 拿出两根火柴，将其中一根的底部小心地插入盒中卡住。将火柴盒放在前面约 30 厘米处，另一根则放稳在左手食指和拇指上。

2. 用右手弹出火柴，就可将另一根火柴撞出火柴盒。因为火柴一飞出去就迅速旋转，快得无人能看清楚。

动不了

用这个魔术可以展示你超凡的力量：将食指指尖贴在一起，叫别人拉开。没有人能做到！若跟"试着站起来"一起做，效果更佳。开始可能要离目标近一点，习惯了且能做得好了再增加距离，这样会更令人印象深刻。

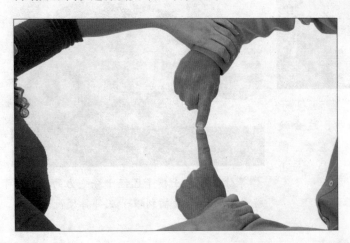

把指尖贴在一起，将手臂如图举着。只要挑战者是握着你的手腕，就不能拉开你的指头。就算他用尽力气，也无济于事。

若是小孩或更弱的人来挑战别人，就会更成功。

试着站起来

只用一只手指你就能使别人站不起来，好像你有巨人般的力气一样。要是小孩子将父母或别的成年人固定在椅子上，就特别有趣。

叫某个人坐在椅子上，用食指压住其额头。告诉他（她）不能移开你的手指，让他（她）试着站起。他做不到，因为他（她）的平衡点在大腿上，他1.1.（她）没法将头往前移，就没有力量站起来。

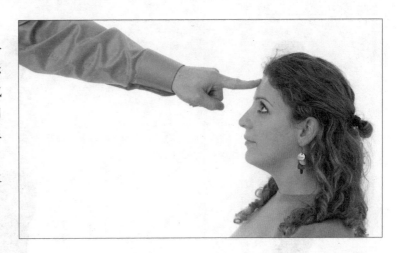

必赢的赌注

叫人背靠墙壁站着，再将一张大面额纸币放在他脚前，告诉他（她）要是他能始终碰到墙壁，并捡起纸币，那纸币就是他（她）的。别担心，他（她）是做不到的，钱必归你。

1. 让你的朋友站好，确保他（她）的脚后跟碰到墙壁。告诉他（她）脚后跟必须一直碰到墙壁，并将纸币就放在他（她）脚前。

2. 他（她）没法捡起纸币，否则就会失去平衡。改变重心会使他（她）跌倒，所以他（她）什么也做不了。

要是你可以，就将我举起

怎样才能一下子耗尽别人的力气呢？很简单，继续看下去就知道。若训练小孩做此特技，他们就能叫成年人吓一大跳。

1. 先站着，折起手臂，使肘部紧贴你身体的两侧。

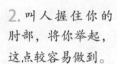

2. 叫人握住你的肘部，将你举起，这点较容易做到。

3. 接着就制造错觉使人觉得举你的人一下子没有力气，只要将肘部抬到图中所示位置。虽只是细微差别，却至关重要。

4. 他就根本不能将你举起，因为随着肘部的移出，重心也转移了。

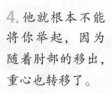

超人

这是展示超凡力量的另一魔术。你的双手握住扫把柄或竿子，就算再强大的人也不能将你推离原位。

1. 双手握住扫把柄或其他长棍子的中间，双脚分开，与肩同宽，两肘弯曲。挑战者会用双手握住扫把的两端，但不管他多用劲，都不能将你推离原地。

2. 要是你握着扫把两端，他便会握住扫把的中间，却依旧不能推动你。因为你的手臂弯曲，就使推向你的所有力量分散了。

围火柴

随着火柴的产生，火柴智力游戏也就产生了，这类智力游戏特别棒，因为随时随地都可以表演。这个智力游戏很典型，又不会很难。这里的难点是只移动2根火柴，如何能组成6个正方形。

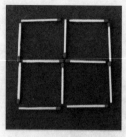

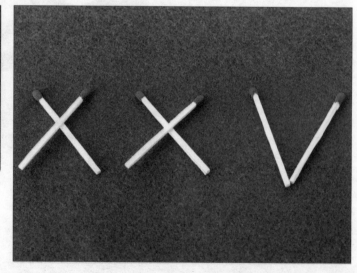

1.在桌上摆放12根火柴，组成4个正方形。

2.拿起左边中间的火柴，放到右上角的正方形内，将其二等分。

也可用铅笔、筷子、牙签等笔直物品来表演这些简单的火柴智力游戏。

3.移掉中间下部的火柴，放在刚刚那根火柴上，与之垂直即可。

增加数目

这里的难点是不能折断任何一根火柴，只有横向思考才能得到答案。要是你的朋友没法自己解决，就给他们一点提示。

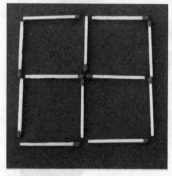

1.如何重新摆放这6根火柴，组成数目25。

2.图示中的摆放就用罗马数字组成了25。

鱼

　　能不能只动三次就使这条鱼掉转方向？即使知道答案，要移动火柴也是很难的。这很值得一试，需要的话在挑战别人之前自己练习一下。

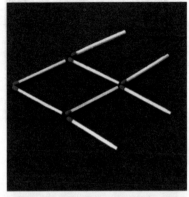

1. 用8根火柴做出鱼的形象。

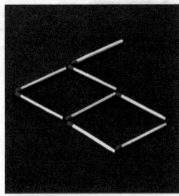

2. 拿掉最右边上面的火柴，放在图中所示位置。

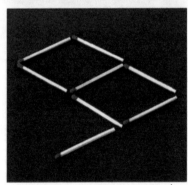

3. 将右上角的火柴移到左下角，如图。

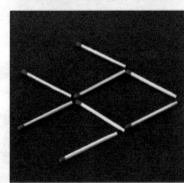

4. 最后，将左上角的那根移到图中所示位置。

鸡尾酒杯

　　只移动两根火柴怎样将樱桃从鸡尾酒杯中移出且不改变酒杯的形状？秘诀在于要改变酒杯的角度。

1. 将4根火柴摆成鸡尾酒杯的形状，在杯中放入硬币（代表樱桃）。

2. 将最下面的火柴移到图中所示的位置。

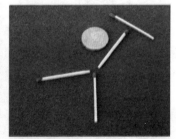

3. 如图移动硬币左边的火柴。酒杯虽然旋转了，形状却不变。

压不碎

这是个有趣的演示，展示如何使火柴盒的盒子不被压碎。不同大小和形状的火柴盒效果不一，故都尝试一下。

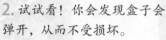

1. 若盒子放在盖子上面，用拳头直击下来，两部分都会被毁坏的。但若将盖子放在上面，同样击打下来，就不会压碎盒子。

2. 试试看！你会发现盒子会弹开，从而不受损坏。

悬架桥

这个难点是如何只用一张纸币将中间的玻璃杯悬在靠外侧两个杯子的中间，且不移动外边两个杯子。这里要用到折纸技术，以增加纸币的承受力。

1. 找来一张崭新的纸币和3个玻璃杯，将玻璃杯紧挨着排成行。

2. 水平对折纸币，用力多对折几次，越多越好。

3. 将纸币放在两个杯子之间，便能支撑住第三个杯子，因为第三个杯子杯口朝下，将重量分散到了更大的面积上。

硬币诡计

这个特技是要移出硬币下的纸，且使硬币保持不动。其方法跟"弹出纸牌"一样，多试几次，表演时就会更有把握。

1. 将一条小纸条放在两个玻璃杯上，将两枚硬币各放在杯沿上压住纸条。

2. 手指从纸条中间用力往下击到桌上。够快的话纸条就会被击下来，而硬币则纹丝不动。

金字塔游戏

只移动 3 枚硬币，能使这个金字塔颠倒吗？只要能找来足够的硬币，你就可以表演这个智力游戏。

1. 将 10 枚硬币（最好是同样大小的）在桌上摆成金字塔状。

2. 拿掉右下角的硬币，放到图中所示的位置。

3. 拿掉最上面的那枚，放到第一排的左边。

4. 移动底排最左边的那枚，放到最底下，金字塔就颠倒了。

解谜

给朋友出这个谜，看他们能不能推断出哪张纸牌是在哪里。在聚会或其他人们可能互不认识的场合下，提出这个简单的谜题就可以让人们产生互动，拉近陌生人之间的距离。

1. 谜题是："梅花的左边是 K，K 的右边是 8。方块不是 4，也不在 4 旁边。家是红心的所在。"

2. 这就是答案，你做对了吗？现在，试着考考你的朋友和家人。

画信封

不使笔离开纸，而且一条线不能画两次，你能画出第五步里的图案吗？虽然要尝试的次数有限，但都尝试的话，所花的时间将会惊人的长。

1. 从右下角开始画，连续画出图中所示的形状。

2. 如图，继续画，钢笔不离开纸张。

3. 如图所示，画完外框。

4. 最后，完成方框中间的对角线。多练习几次，再给别人出题。

5. 在给别人出题时记得给出要他们画出的形状。

靶心

　　或者尝试一下这个智力游戏：你能画一个中间有一点的圆圈，而笔始终不离开纸吗？
这是可能的，但有点投机取巧，会弄得别人哭笑不得。

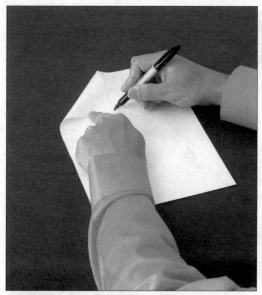

1. 轻轻将纸张上面一角折到中间，在纸角与纸张接触处画上一点。

2. 将笔往折叠处画，再返回到纸张的前部。

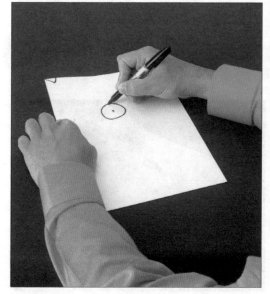

3. 放开折叠部分，围着中心点画圆圈。

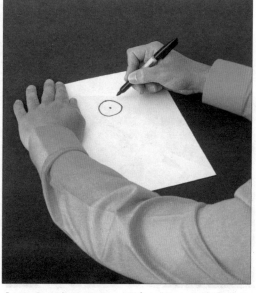

4. 这是画完的图画。现在，可以去挑战其他人，让他们也来试试。

计算总数

这个智力游戏很完美，可以拿给数学老师或会计师看。你也可自己试试，看看多能欺骗人。只要将下面的数字加起来，若算出的总数是5000，那就错了，需要再次尝试。

写下以下数字：1000，40，1000，30，1000，20，1000，10。加起来，看看你得到的总和是多少。

会得出总和为5000，是因为按着某种节奏计算，错误地预料了答案。

不可能的数字

尽快写下这些数字：11000，1100和11，加起来看看，很容易出错的。现在，叫朋友和家人试一试，你会大为惊讶，因为很少有人第一次就能做对。

1. 你写的是不是111111？如果是，那就错了，应该再试试。

2. 得到正确答案这么难，是报出数字的方式造成的。"1100"当然是1000加上100，但大多数人为了尽快写出，都会写下一连串1。

直觉推测

让人在 1 到 63 之间想一个数字。在 6 张硬纸（每张上都有一长串数字）的帮助下，魔术师就能指出观众想的是哪个数字。这是最古老的数学智力游戏之一，现在仍然很有效。

1. 用电脑做这 6 张用于推测的硬纸，各打上这些数字：

硬纸 1：1 3 5 7 9 11 13 15 17 19 21 23 25 27 29 31 33 35 37 39 41 43 45 47 49 51 53 55 57 59 61 63

硬纸 2：2 3 6 7 10 11 14 15 18 19 22 23 26 27 30 31 34 35 38 39 42 43 46 47 50 51 54 55 58 59 62 63

硬纸 3：4 5 6 7 12 13 14 15 20 21 22 23 28 29 30 31 36 37 38 39 44 45 46 47 52 53 54 55 60 61 62 63

硬纸 4：8 9 10 11 12 13 14 15 24 25 26 27 28 29 30 31 40 41 42 43 44 45 46 47 56 57 58 59 60 61 62 63

硬纸 5：16 17 18 19 20 21 22 23 24 25 26 27 28 29 30 31 48 49 50 51 52 53 54 55 56 57 58 59 60 61 62 63

硬纸 6：32 33 34 35 36 37 38 39 40 41 42 43 44 45 46 47 48 49 50 51 52 53 54 55 56 57 58 59 60 61 62 63

只要对应的数字写在同一张硬纸上，不管将硬纸做成什么形状都可以，但第一个数字总在左上角。

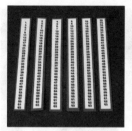

2. 叫观众在 1 跟 63 之间想一个数字。然后按任意顺序给他看硬纸，叫他（她）告诉你那个数字是否在硬纸上。若有你就记住最上面的数字。再继续给他们看其他硬纸，每次都问同样的问题。将观众说有的那几次的硬纸的最上面的数字都加起来。

3. 最后，总和就是那人想着的数字。

捉迷藏

你背对着观众，让别人将某物体放到 3 个杯子中的一个下面。你再转过身来，每次都能找出正确的杯子。这个魔术需要助手，但你不要明目张胆地看他，防止引起怀疑。你们两个够机灵的话，就能长时间迷惑观众。

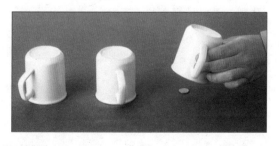

1. 将 3 个杯子口朝下放成一排后，你转过身去，让别人将一个小物体放在任意杯子下面，你再转回身来。

2. 你的助手要仔细观察，秘密地伸出相关数目的手指来指出正确的杯子。此例中，物体在第三个杯子下。

独演捉迷藏

你背对观众，让别人将一物体放在 3 个杯子中的一个并对调另外 2 个杯子。等你转回身来，就能指出物体在哪里。你可以重复表演，甚至还能愚弄最聪明的人。

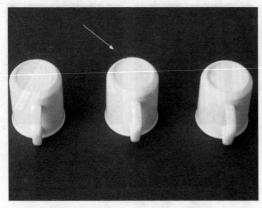

1. 你需要 3 个不透明的杯子或圆筒大杯，其中一个的底部有可辨认的特点，如一小点记号或痕迹。将这 3 个杯子口朝下排成一排，将有记号的那个放在中间。

2. 你转过身去，叫个人将一个物体（如硬币或手表）放在任意一个杯子下。

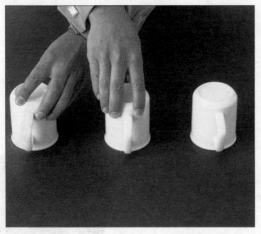

3. 在你还背对着杯子的时候，叫他交换空杯子的位置。

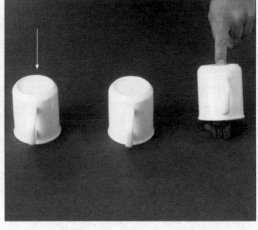

4. 你转回身来，找出有记号的杯子，若还在中间，物体就必定在它下面，若在一端，物体则在另一端那个杯子下面。

仔细观察的话可能就会发现借来的杯子就已有一些可识别特点，如缺口或者刮痕。若用自己的杯子，就只要做些记号，但不要太明显。

打乱的杯子

这是个典型的智力游戏，将 3 个杯子排成一排，其中一个口朝上，然后 3 次同时倒转两个杯子，就能使它们都开口朝上。可是别人却做不到，为什么呢？因为你作弊了。

1. 将 3 个杯子排成一排，两边的口朝下，中间的口朝上。这是起始位置。

2. 拿起左手边和中间的杯子，同时将它们翻转再放回。这是第一步。

3. 握住两端的杯子，也同时将它们翻转并放回。这是第二步。

4. 最后，将左边和中间的杯子翻转过来(即重复第一步)。这第三步即最后一步后，杯子都口朝上了。

5. 将中间的杯子翻转过去，让观众来做。这里有点小欺骗，因为所有的杯子杯口朝向与你做的时候完全相反。观众不会注意到这点小变化，还会对你只三步就把杯子都朝上翻而大惑不解。

X 射线视力

你先背对观众，让人将硬币放在杯子底下。等你转回身来，却能说出硬币的面额。这个魔术也需要助手，也就是要教一个朋友这个魔术，做你秘密的帮手。多多练习，就能次次成功。

1. 先将杯柄转向任一方向。拿出你所用的货币的硬币，每种面额的各一个，绕着杯子围成闹钟的形状。面额最小的放在 1 点钟的位置，其他的等距摆开。图中用 8 个不同的英国硬币。

2. 表演时你转过身去，让人在桌子上放一枚硬币。然后，叫人用杯子遮住硬币。这时，你朋友就拿起杯子，放到硬币上，使它的杯柄朝着代表该硬币的方向。要是把你朋友站的位置当作 12 点的位置，你就能正确推断出杯子的指向。此例中，是哪一种硬币呢？

3. 是 20 便士硬币。做对了吗？

夹起硬币

这里的难点是只用一只手如何同时拿掉杯口上的两枚硬币，且手不能直接碰到杯子。这也许需要些练习，但你很快就能利索地表演。

1. 在杯沿上（图示中的位置）放上的两枚硬币。

2. 拇指指尖放在一枚硬币上，食指指尖放在另一枚上。

3. 将硬币拖到杯子外表面上。注意：手指不要碰到杯子。

4. 手快速提起，将拇指和食指捏在一起。硬币立即卡在指间，就这样解决了这个难题。

活板门硬纸

　　这个出色的智力游戏是由美国的罗伯特·尼勒发明的，到现在已有好几个版本，让我们一起分享罗伯特的方法吧。

1. 你需要一些胶水、一块手帕、一把工艺刀和两张约12.5厘米×7.5厘米的硬纸。硬纸用不同的颜色，图示中用绿色和红色。

2. 背对背将这两张彩纸粘在一起，于其上切出一活板门，即要切出三边，使镶边约为2厘米宽，另一条短边则保持完整，再用力一折，形成合叶。

3. 接着使硬纸红面朝上，叫人拿住活板门，并使活板门的开口背对他。

4. 告诉观众即使他不放开硬纸，也不将手翻转过来，你也能使硬纸翻转过来（这似乎不可能）。然后用手帕盖在他手上，防止泄漏真相。

5. 图示中拿开了手帕，便于观察，但表演时必须盖住。接着你先向下卷起硬纸的尾部。

6. 下卷硬纸头部，使之与尾部重叠。

揭秘

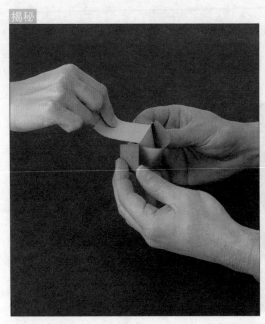

揭秘

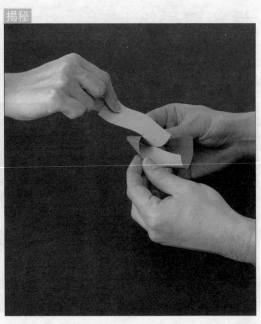

7. 后卷硬纸两侧，并使这两侧从中间的洞里穿出来。

8. 慢慢翻出硬纸内侧。注意：慢一点，不要撕坏硬纸。

揭秘

9. 小心地将卷边都从洞里拉出，并展开。

10. 拿掉手帕，向观众展示你的成果。

穿过一张明信片

　　给别人一张明信片和一把剪刀，叫他们用明信片剪出个大洞，大到可以使整个人穿过。这是完全可以做到的，然而别人未必想得出方法，除非他知道了这个秘密。

1. 竖着对折硬纸。硬纸可为空白，也可有图案。

2. 在折边上每隔约1厘米剪一下——剪到离边1厘米处。

3. 将硬纸翻转过来，在切口中间再从开口边剪到离折边1厘米处。

4. 最后沿着折边剪掉约3毫米，但不剪掉头尾。

5. 展开明信片，就成一个大洞，可以让人穿过。

6. 要是没带明信片，也可用名片或纸牌。对别人提出的问题是："如何剪出一个洞，可以让人的头穿过"。

喝酒难题

不打开瓶子，怎样喝到饮料呢？下次坐在桌旁时，桌上若有未开的酒或矿泉水，你就可以向朋友提出这个难题，但要事先在杯子里倒些酒或水。

1. 拿起一瓶未开的酒或水，提出这个难题。

2. 将瓶子翻转过来，将杯子里的酒或水倒些在瓶底浅凹处。

3. 现在，从浅凹处小喝一口，就解决了此难题。

剪切难题

解答这个简单的智力游戏需要横向思考，其答案也叫观众出乎意料。可用同样的道具再表演"悬挂制作"。

1. 在杯柄上系一段绳子，在绳子较高处提起杯子。如何剪断杯柄和手之间的绳子，又不能使杯子掉下来呢？

2. 办法如下：在绳子上打个中型的结圈。

3. 剪断结圈，杯子不会掉下去。

分开盐和胡椒

　　怎样分开混在一起的盐和胡椒？这个技巧用静电从盐堆里分离出胡椒微粒，再次展现了利用科学原理的技巧。

1. 倒些盐在一表面（最好为黑色，便于观察）上。

2. 在盐堆上撒些胡椒粉。

3. 拿个气球在头发上擦一擦以产生静电，然后放在盐和胡椒堆上方。胡椒微粒就会粘到气球上，盐则不动。

　　也可以用塑料梳子代替气球，只要拿梳子梳几次头发，再将梳齿放到盐和胡椒堆旁边。尽量用白色的梳子，就可清楚地看到胡椒微粒。

疯狂的软木塞

用两个软木塞做些简单的动作，让观众跟着做。你能做得得心应手，可观众却一团混乱。可以像图中那样在软木塞的一头点上红点，易于操作。

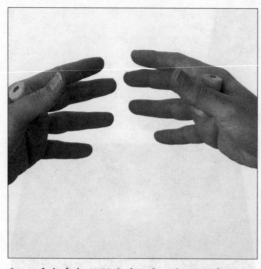

1. 双手各拿起一软木塞，夹于拇指和食指间，如图。

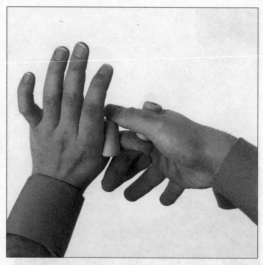

2. 左手背转向你，这样你可以将拇指都放在木塞没有红点的两头上。

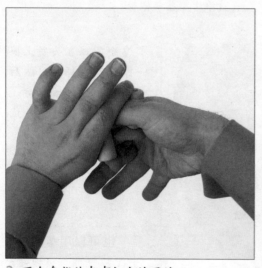

3. 两个食指放在有红点的两端。

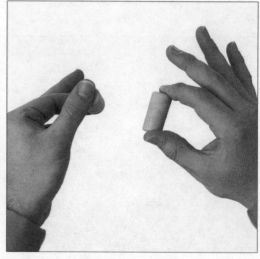

4. 左手从右手里拉出，木塞就会分开，因为它们没有真的缠在一起。但别人跟着你做时，却会一团混乱。

第三章
去宇宙中旅行

出　发

美轮美奂的落日本身就是一幅精美的图画，同时它也向我们暗示，接下来将会是一个晴朗、清澈、群星闪耀的夜晚。这正是你所需要的，它可以激发你，使你的大脑进入天文观测的氛围之中。

简　史

在遥远的过去，天文学和占星术是合二为一的。古代的统治者们想要知道自己的命运如何，因为他们认为他们的神灵生活在天空，所以天空也就成了他们的命运所在。在星座的"固定"星星周围，有 7 种天体在运动：太阳、月球和 5 个行星——水星、金星、火星、木星和土星（当然，这是在以前，那时候人们都相信地球是宇宙的中心，其他星体都围绕着地球转动）。

那些统治者们都深信不疑，如果他们能够知晓这些天体是如何运行的，那么他们就可以支配权力、打败敌人。有一件事情是毫无疑问的：对这些古代观察星空的人来说，这 7 种天体在空中遵循着一定的"轨道"——就像赛道上的赛车，一圈又一圈地沿着同样的路线运行。正是位于这条"轨道"两侧的星座，现在演变成了著名的黄道十二宫图图案。

当然，为了知道在特定的时间内，任一天体所处的黄道带的位置，需要进行一定数量的计算。于是，天文学就这样诞生了。很奇怪，预测命运的需要催发了科学的形成。顺便说一下，黄道带意味着"排成一行的动物"（12 个星座中有 11 个的名称来源于动物）。现在，黄道带这个词仍然与动物园有关系。

那么，为什么太阳和月球这两颗星球从天空经过？它们看起来是由于不同的原因而运动。当然，你看到的主要运动是因为地球在旋转，这就给我们带来了这些现象，如日落，从结霜的树上升起的满月，你吃早餐时太阳的升起，等等。月球如果出现在天空的话，在群星面前，它看起来在做匀速运动，动作显得非常缓慢，这是因为它还在围绕着地球转动。相对于群星而言，太阳一天天地改变它的位置，但事实是因为地球在围绕着太阳公转。行星运动是因为它们也在围绕着太阳公转，并且是以不同的速度运动。要计算它们的运动非常困难，这也就不奇怪了。因此，一些早期的天文学家计算出了错误的结果，性情暴虐的统治者看了他们的计算，一怒之下将他们杀死，也就屡见不鲜了。

星　座

在我们探索太空之前，有个词需要定义一下，这就是星座（Constellation）。星座是来源于拉丁语的词语，意为"星星的组合"。你要知道，整个天空共布满 88 个星座。但如果只是为了欣赏暗夜的美丽，你便没必要把它们全部都记住。书中出现的有关星星的术语在后附的天文学术语表中给出了解释。

早在几千年前古代文明产生之日，人们就开始编织暗夜中存在的故事，这些古代文明包括苏美尔、巴比伦、埃及、希腊与罗马（以及世界各地众多其他的人类文明）。古人们认为，繁星满天的夜空要是有一点儿秩序、有一点儿整齐，这样可能会更好一些。因此，他们就把许多星星连在了一起，就像把一个个小点儿连成一幅画那样。这样做的同时，他们还把神话和传说糅入到其中。

不要以为命名某个星座就一定有规律或者有什么特殊的理由。例如，埃塞俄比亚国王克普斯和他的妻子卡西俄帕亚都有以他们的名字命名的星座（分别为仙王座和仙后座），但是这两个星座看起来分别像一座房子和一段楼梯。我认为，想象力是这里的关键。就这些早期文明而言，神仙和女神需要在布满星星的苍穹里有个落脚的地方，因此，关于哪些星星被指派到哪一个星座的情形就很可能会是这样：先到者先得到安排。

人们最早获得的有关星座的知识来自阿拉托斯（Aratos）。他是希腊的第 1 位诗人天文学家，写有作品《观测天文学》〔Phaenomena，这一作品可能是基于另一部更早但已失传的作品，作者为另一位希腊人欧多克索斯（Eudoxus）〕。其后于公元 150 年，在埃及亚历山大图书馆工作的希腊人托勒密（Ptolemy）在一本书里记录了上面两部作品，书名为阿拉伯语的《天文学大成》（Almagest），意思是"最伟大的"。几百年前，其他想出名的天文学家又增加了一些星座（其中有些比较成功），由此，便形成了目前固定的总计 88 个星座。

星座名称传统上是用拉丁语写成的。这是因为托勒密的书从中东传到意大利，在意大利被翻译成了拉丁语。再者，在好几个世纪的时间里，拉丁语是学者们的语言。举例来说，我们所熟悉的大熊座的拉丁语名字是"Ursa Major"。

下表列出了星空的全部 88 个星座，那些包含趣味故事的星座的详细内容参见第 2 和第 3 部分。

拉丁名称	英语名称	缩写	汉语名称	大小排序 （1表示最大）
Andromeda	Andromeda	And	仙女座	19
Antlia	The Pump	Ant	唧筒座	62
Apus	The Bee	Aps	天燕座	67
Aquarius	The Water Bearer	Aqr	宝瓶座	10
Aquila	The Eagle	Aql	天鹰座	22
Ara	The Altar	Ara	天坛座	63
Aries	The Ram	Ari	白羊座	39
Auriga	The Charioteer	Aur	御夫座	21
Bootes	The Herdsman	Boo	牧夫座	13
Caelum	The Sculptor's Tool	Cae	雕具座	81
Camelopardalis	The Giraffe	Cam	鹿豹座	18
Cancer	The Crab	Cnc	巨蟹座	31
Canes Venatici	The Hunting Dogs	CVn	猎犬座	38
Canis Major	The Great Dog	CMa	大犬座	43
Canis Minor	The Little Dog	CMi	小犬座	71
Capricornus	The Sea-Goat	Cap	摩羯座	40
Carina	The Keel	Car	船底座	34
Cassiopeia	The Ethiopian Queen	Cas	仙后座	25
Centaurus	The Centaur	Cen	半人马座	9
Cepheus	The Ethiopian King	Cep	仙王座	27
Cetus	The Whale	Cet	鲸鱼座	4
Chamaeleon	The Chamaeleon	Cha	蝘蜓座	79
Circinus	The Drawing Compass	Cir	圆规座	85
Columba	The Dove	Col	天鸽座	54
Coma Berenices	Berenice's Hair	Com	后发座	42
Corona Australis	The Southern Crown	CrA	南冕座	80
Corona Borealis	The Northern Crown	CrB	北冕座	73
Corvus	The Crow	Crv	乌鸦座	70
Crater	The Cup	Crt	巨爵座	53
Crux	The Southern Cross	Cru	南十字座	88
Cygnus	The Swan	Cyg	天鹅座	16
Delphinus	The Dolphin	Del	海豚座	69
Dorado	The Goldfish	Dor	剑鱼座	72
Draco	The Dragon	Dra	天龙座	8
Equuleus	The Little Horse	Equ	小马座	87
Eridanus	The River	Eri	波江座	6
Fornax	The Furnace	For	天炉座	41
Gemini	The Twins	Gem	双子座	30
Grus	The Crane	Gru	天鹤座	45
Hercules	Hercules	Her	武仙座	5
Horologium	The Clock	Hor	时钟座	58
Hydra	The Water Snake	Hya	长蛇座	1
Hydrus	The Little Snake	Hyi	水蛇座	61

Indus	The Indian	Ind	印第安座	49
Lacerta	The Lizard	Lac	蝎虎座	68
Leo	The Lion	Leo	狮子座	12
Leo Minor	The Little Lion	LMi	小狮座	64
Lepus	The Hare	Lep	天兔座	51
Libra	The Scales	Lib	天秤座	29
Lupus	The Wolf	Lup	豺狼座	46
Lynx	The Lynx	Lyn	天猫座	28
Lyra	The Harp	Lyr	天琴座	52
Mensa	The Table	Men	山案座	75
Microscopium	The Microscope	Mic	显微镜座	66
Monoceros	The Unicorn	Mon	麒麟座	35
Musca	The Fly	Mus	苍蝇座	77
Norma	The Level	Nor	矩尺座	74
Octans	The Octant	Oct	南极座	50
Ophiuchus	The Serpent Bearer	Oph	蛇夫座	11
Orion	The Hunter	Ori	猎户座	26
Pavo	The Peacock	Pav	孔雀座	44
Pegasus	The Winged Horse	Peg	飞马座	7
Perseus	Perseus	Per	英仙座	24
Phoenix	The Phoenix	Phe	凤凰座	37
Pictor	The Painter	Pic	绘架座	59
Pisces	The Fishes	Psc	双鱼座	14
Piscis Austrinus	The Southern Fish	PsA	南鱼座	60
Puppis	The Stern	Pup	船尾座	20
Pyxis	The Compass	Pyx	罗盘座	65
Reticulum	The Net	Ret	网罟座	82
Sagitta	The Arrow	Sge	天箭座	86
Sagittarius	The Archer	Sgr	人马座	15
Scorpius	The Scorpion	Sco	天蝎座	33
Sculptor	The Sculptor	Scl	玉夫座	36
Scutum	The Shield	Sct	盾牌座	84
Serpens	The Serpent	Ser	巨蛇座	23
Sextans	The Sextant	Sex	六分仪座	47
Taurus	The Bull	Tau	金牛座	17
Telescopium	The Telescope	Tel	望远镜座	57
Triangulum	The Triangle	Tri	三角座	78
Triangulum Australe	The Southern Triangle	TrA	南三角座	83
Tucana	The Toucan	Tuc	杜鹃座	48
Ursa Major	The Great Bear	UMa	大熊座	3
Ursa Minor	The Little Bear	UMi	小熊座	56
Vela	The Sails	Vel	船帆座	32
Virgo	The Maiden	Vir	室女座	2
Volans	The Flying Fish	Vol	飞鱼座	76
Vulpecula	The Fox	Vul	狐狸座	55

黑暗中探险

　　好了，你现在已经打开了大门，正站在花园、庭院、田间、偏僻的内陆、热带大草原、崎岖的山地、沼泽等地方，眺望着夜空，搜寻神奇的东西，期待它的出现。在晴朗的夜晚，你能看见多少颗星星？几百万？亿万？亿亿？事实上，抛开灯光污染不说，在一个地平线较低的视野开阔的地方，你任意一次能看到的星星的最高数量大约是4500颗。如果你不相信我，可以自己数数看。当然，如果你生活在一个较大的城市，那么明亮的橙色天空能够很容易把这一数字减少为不到200颗。因此，观测星座的位置晚上越暗越好。

　　开始时我们需要做一些准备……

星空瞭望步骤指南

1. 出门之前你需要确认一下，在你居住的地方太阳从哪里升起和落下。这样你就能大致了解到，如果想在夜空中发现些什么，应在哪里进行观察。通常，在 3 月 21 日和 9 月 23 日前后，太阳是从正东方升起，在正西方落下。但是，在北半球夏季的几个月里，太阳从东北方向升起，在西北方向落下（大体如此，视具体日期而定）；而在冬季，太阳从东南方升起，大体在西南方落下。在南半球，夏季的太阳从东南方某处升起，在西南方某处落下；而在冬季，太阳从东北升起，在西北落下。

2. 为了能看到更多星星，你需要让你的眼睛习惯黑暗。这一过程称为黑暗适应。花 10 分钟坐在没有灯光的黑暗处是一种比较好的适应方法，然后对着让你感到惊异的景色沉思或冥想，看你能找出多少个星座。这一黑暗适应的过程不仅放大了你的瞳孔，让更多的光线进入眼睛，而且使得各种各样的化学反应在你的眼睛里发生，激活你接收光线的视网膜视杆细胞。现在，你就可以看到那些昏暗的星星了。

3. 在户外的黑暗处，要想知道你在往哪里去，或者看清本书中的那些著名的星图，唯一的方法就是带上一把手电筒。不论你觉得需要带几把手电筒，每一把都应当用红色的塑料纸或者类似的东西蒙上。你会看到，你的眼睛现在已经适应了黑暗，因此从手电筒发出的红色光线几乎不会影响到你。

4. 如果你不想独自一个人，请找一位责任心强的同伴一起出门冒险。你可以跟同伴闲聊，他也许在这方面非常在行；而且有个同伴在身边，他也许会对你的决心啧啧称奇。

究竟从天空的什么地方开始观察，这要取决于你的脚踏在地球的什么地方。

为使你的眼睛适应黑暗，一定要确保手电筒都蒙上红色的塑料纸。

太空真的是空的吗?

北半球的人从这里开始

上一页的图就像是由大小不同的圆点组成的杂乱不堪的图案。但是，事实并非如此。每一个圆点实际上都是一个星球，我们可以在夜空中看到它们。它们和很多事物一样，开始看上去很无序，但实际上在这混乱的背后存在一定的秩序。

你会发现，在这些圆点背后有一个非常有用的图案，它可是你在北半球开始凝望星空、进行探索的最佳出发点。这组星星在英国被亲切地称为"耕犁"（The Plough），而在中国则被称为"北斗七星"。在地球的其他地方，挪威人把它称为"卡尔的马车"，美国人称之为"大勺子"，法国的一些地方则称之为"长柄煎锅"。毫无疑问，相对于它的形状，这个名称非常恰当：一个平底煎锅，锅柄向左边伸出。有人会往锅里放太空豆子吗？

不久之前，以太中生发出各种各样的图案。以太是一个旧的术语，过去科学家们相信太空中充满了以太这种物质。其实以太并不存在，不过，这个想法倒还不错。

其实，北斗七星本身并不是一个完整的星座，而是更大的名为大熊座的一部分，我们马上就会谈到它。

如果天空比较黑暗，天气清爽晴朗，那么，从中北纬处我们一直都可以看到北斗七星。而且，那7颗星星都非常明亮，使得它很容易被看到。要想知道从哪个方向看去才能找到北斗七星，你需要具有一点儿方向的概念。就像我前面刚说过的，太阳在（大体上）西方落下，因此，你朝落日的右方观看，朝上一点儿，北斗七星就在那里，（大体上）正北方向。就这么容易。

因为地球在不停地转动，所以你不能指望北斗七星长时间都呆在同一个位置不动。

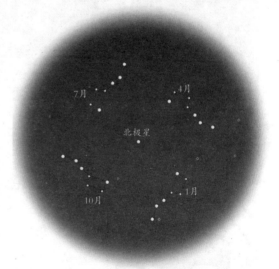

北斗七星转呀转，一圈又一圈。如果你在北半球向北走得足够远的话，就能看到图中的情景。这是一年之中某个特定时节晚上8时左右的图像。图中左侧为西北方向，右侧是东北方向。

还有一点需要考虑的是，地球在绕着太阳公转，这就意味着每天晚上的同一时间，北斗七星会处于稍稍不同的位置。多么神奇啊！一般而言，在春季和夏季的夜晚，北斗七星高高挂在空中；在秋季和冬季的夜晚，北斗七星比较靠近地平线。

你已经注意到了，图片的中间有一颗众所周知的星星被"锁定"在那里，北斗七星围绕着它转动。这就是北极星（Polaris），也就是北方之星（North Star），或者说是名副其

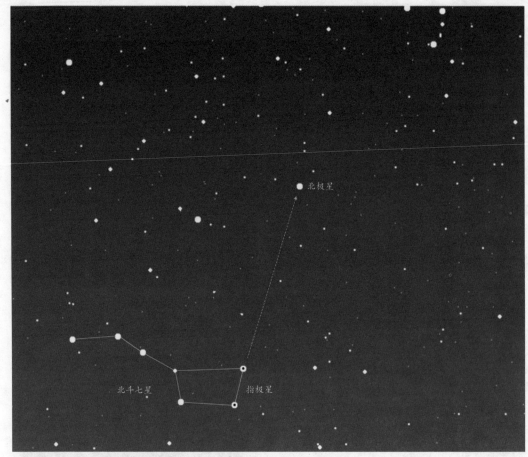

北斗七星的指极星正在坚守岗位，"指示"着北极星。

北极星是小熊座主要的恒星。

实的北极之星（Pole Star）。这最后一个名称意味着它是离北天极最近的恒星。但是，因为地球要在自己的轨道上自转，所以北极星只是一个暂时的名称。在过去的几千年中，很多恒星都担任过北极星的角色。

你可以这样来找到北极星，运用北斗七星的右手边的两颗星，这两颗星被称为指极星。它们分别叫做北斗一和北斗二，从"长柄煎锅"朝上伸出去"指向"北极星。这是基本的常识。北斗七星之所以如此有用，还有另外一个原因，那就是有很多方法可以把北斗七星用做"路标"，以此来认识其他星星和星座。

现在，让我们来确定一个事实：北极星并不是夜空中最亮的恒星。但由于某些原因，有些人曾告诉我们说，北极星不仅是最亮的，而且也是天黑以后你所能看到的第一颗星星。但是，这种说法不正确。在夜空最亮的星星中，北极星只是排名第 50 位。它的名声来源于它的位置：几乎在北极的正上方。随着地球自转，我们看到的是天空也在旋转，在北半球

循着恒星之间假想的线条，可以把你引领到宇宙的任何地方。

的所有星体都围绕着北极星转动。北极星在空中几乎静止不动，这就意味着如果你眺望它，你同时也是在向北眺望。如果你知道北方在哪里，你也就知道东、南和西方在哪里。这也就是为什么在古时候北极星很了不起，因为那时候水手们主要根据星星确定航线。

王后卡西俄帕亚坐在那里暗自思忖："我是不是忘了什么东西？"

　　还有一组星星轻而易举就可以发现，方法是这样的：沿着指极星那条线向上，经过北极星，到达一个呈"W"形状的星座，这就是仙后座。如果你的房子什么的处在这样一个地方，那么在那里看到的北斗七星从来不会落下，仙后座也不会落下，它们都处于空中的某个位置。因为它们位于北极星相对的两侧，当北斗七星处于较高位置时，仙后座就处于较低位置，反之亦然。

南半球的人从这里开始

转到地球的南半球，在那里，只有在 4 月中旬半个小时内可以看到北斗七星，其他时间它可能完全消失在地平线以下。因此，我们需要其他东西来帮助我们继续凝望星空的旅程。要看到北斗七星（哪怕只是最短暂的时间），靠近南纬 23° 附近的地方是南方能观测到它的极限位置，例如澳大利亚的阿利斯斯普林斯、巴西的圣保罗或者博茨瓦纳的哈博罗内。

在南半球的天空，我们所要寻找的是一个小星座，实际上也是被称为南十字座的最小星座。

当然，与其他任何事物一样，时光已经发挥它的威力，把今天呈现在我们面前的南十字座所处的天空做了很大改变，重新做了安排。例如，在公元 2 世纪的托勒密时代，南十字座的星星本来是它邻近的人马座的一部分。只是到了 16 世纪后期，随着现代的天文学家把南十字座安置到了他们自己的星图，南十字座才开始具有了自己的特点。

另一个关于名称的改变涉及南十字座边界内的一些东西，你可能看得到，也可能看不到。这就是，有一团黑暗的尘埃和气体遮蔽了它背后银河系的星星。这一团物质现在我们称为煤袋（Coal Sack），历史上它也被称为烟灰袋和黑麦哲伦星云。过去，它的形象是负面的，曾经被描述为"墨污点——那是通向无人区的入口，那里孤独难耐"。

南十字座和一些我们马上要见到的星座在南半球就相当于北斗七星和北极星两者加在一起的作用，因为它们同样可以用来帮助你在黑暗中找到你的路线。沿着各种各样假想的线条，你可以非常容易地找到天空的南极——群星看似都围绕着这一点转动。

但是很遗憾，当你找到这一点时，你会发现那里是一片黑暗。因为那里并没有相当

大熊座的北斗七星和南十字座之间的大小比较。

南十字转呀转，一圈又一圈。运用南十字座的"指极星"，再要些小聪明，借助于半人马座的南门二和马腹一，你就能很容易地找到天空的南极点。

我们知道并喜爱北斗七星，但是它的外观要取决于我们生活在什么地方。在北半球，只要天一黑，你就可以看见它。然而，越往南走，你看到它的机会就越小。在南纬 23° 左右，只有在 4 月份的夜晚，它才出现在天空，并且很低，接近地平线。令人吃惊的是，它还是上下颠倒的！

于北极星的星星在欢迎你的到来，没有南方之星，或者你所谓的南极星。天文学家使用了能够避开天空中其他光线的庞大望远镜，这才找到几乎位于南极点的南极座 σ 星。它特别昏暗，一般很难找到，所以几乎没有什么用处。因此，南十字座和邻近的几个较为耀眼的星星就起着给南（天）极进行定位的作用，这让其他星座羡慕不已。

随着地球自转和围绕着太阳公转，你会发现，由于时间和日期的不同，南十字座在天空所处的位置也不同。它在空中出现的最高点是在秋季和冬季的夜晚；在春季和夏季，它比较靠近地平线。

在非洲北部海岸的加那利群岛，你可以瞥见南十字座中的几颗星星。但是如果你想看到它壮观的全貌，那么你就得往南走，到处于南纬23°一线的地方，如埃及的阿斯旺、中国的香港或者孟加拉国的达卡等。如果你所处的纬度在南纬34°以南，像澳大利亚的悉尼、乌拉圭的蒙得维的亚或者南非的开普敦，那么从理论上讲，南十字座永远不会落到地平线以下，尽管它仍可能擦着地平线。除非你再往南走，那样你就得乘船，因为陆地在那里已经到尽头了！

不管怎么说，我们这里所谈论的是关于"在哪里"的问题。接下来，我们谈谈天体有多大。

走进黑暗

太空有多大？地球上遥远的距离已经令我们惊诧不已，更不用说要想象一下行星之间遥远的间隔了。你可以思考一番，这样做是值得的，可以看看你能想象多远的距离。拿我家来做个例子：我要从家里步行大约 1 千米到达蛋糕店。这是非常轻松愉快的漫步，需要花我 10 分钟时间。我能够在脑海中想象这一切。月球是太空中离我们最近的邻居，离我们的距离是我家到蛋糕店的 38.4 万倍。当然，这就意味着是 38.4 万千米。要步行到月球那里需要花我将近 9 年的时间，但是，就太空而言，月球却是离我们最近的唯一的邻居。

想象从地球到月球这么相对来说比较微小的距离，我们已经感到有些困难了。那么，对于更大的距离我们该怎么办？例如，从我家到太阳的距离非常巨大，是 1.5 亿千米——这个数据已经相当巨大，但是我们还没有离开太阳系。除了太阳，距离我们最近的恒星是比邻星，离我家大约是 40×10^{12} 千米那么远。再往太空深处走，我们可以看到仙女座星系，这是离我们较近的一个星系，但是却有 26×10^{18} 千米远！

然而，跟宇宙空间距离的大小相比，这些巨

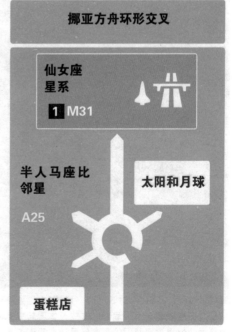

你的想象力可以把你带到太空超级高速公路的任何地方。这种情况说不定将来可以变成现实。

大的数字只不过像一粒花生米那样微不足道。宇宙外空的空间还大着呢。

10^{18} 对你来说意味着什么？我们得承认，这一数字对我们来说并没有什么意义。我们计算从地球到月球的距离都有困难，那么对于这些 26 再乘上 10^{18} 的数字，我们将一筹莫展。

但是，希望还是有的。天文学家用另外的方法来测量非常巨大的空间距离，这一方法称为光年。1 光年就是光以每秒 30 万千米的飞快速度在 1 年时间所经过的距离。离我们最近的恒星是 40×10^{12} 千米，现在我们可以换算为 4.27 光年，这样就比较好掌握了。

即便如此，宇宙作为一个整体，整个时空的直径仍然大得出奇，具有 137 亿光年。如果你有一张非常大的纸，可以把它换算成千米看看到底有多大。

我们可以使用光速来衡量除一年时间之外的其他时间。上页有一张表格，里面满是大大小小的数据，可以让你大致了解太空有多么大。

总之，现在让我们暗自惊叹吧，想想我们所能看到的头顶上的"太空"究竟有多大。

> **闭合的宇宙**
> 直径有 137 亿光年
> （约数）
> 只能经由蠕虫洞通过

2002 年 4 月 16 日 20 时 55 分，月球和土星处于天空顶部，亮星毕宿五位于底部。这些天体看起来离我们一样远，但土星离我们的距离是月球离我们的距离的 3792 倍，而毕宿五则是 9.115 亿倍。

天体（所列行星时间是它们距离地区最近时所需时间）	光线从地球出发或到达地球单程所需时间
月球	1.25 秒
金星	2.3 分钟
火星	4.35 分钟
太阳	8.3 分钟
冥王星	5.3 小时
旅行者 2 号（2004 年最远的宇宙探测器）	1 天
半人马座比邻星（除太阳外距我们最近的恒星）	4.27 年
天津四（天鹅座主星）	～2100 年

★"～"意思是近似于，该距离也可用于整个天鹅座本身。

黑暗有多大

北斗七星看似仅比你张开的手掌稍微大一点儿。当然，这要取决于你的手有多大。

怎样知道你头顶上深邃的天空有多大？这要取决于你是在哪个半球。如果你能找到北斗七星或者南十字座，其实也很简单，但是你要知道它们在天空哪个方向，以及它们有多大。对星座的面积大小需要有个明确的概念，这对你非常有帮助。因此，要稍微花点儿时间来向你展示，在天空怎样度量事物。

让我们先从月球说起。大多数人会说，

看！你可以使用手的不同部位来衡量天空中不同天体的大小。

22°

月球实际上要比它看起来大得多。如果我说，你伸直手臂张开手，其宽度就能轻易盖住月球，而且还有空余，那么你一定会感到惊奇。下一次月球出来的时候你可以试一试。

当然，你可以使用你的手掌、胳臂，或者也可以倒立使用双脚（要是你足够强壮的话）丈量空中不同数量的天体。从现在开始，对你非常有用的一点就是，你要知道，从地球看上去，北斗七星比你伸直手臂张开一只手的宽度稍微大一些。但是，空中也有很多非常微小的天体要看，因此，我们现在需要稍微从科学的角度来谈论一番。

10°

你应该知道，如果我们想把任意一个圆划分成较小的单位，我们使用度，或者更准确地说我们使用角度 360° 组成一个完整的圆。如果你把圆想象成一个时钟，那么，分针走完 1 圈转动了 360°，需要花费 1 个小时。

2°

1° 是个非常小的度量单位，等于分针在钟面上运行 10 秒所对应的角度，小得几乎看不出来。但是，在太空很多天体都特别微小，我们需要使用非常小的单位来度量。于是，天文学家把 1° 划分为 60 个小部分，每 1 个小部分又进一步划分为 60 个更小的部分。这些较小的部分的名称有时候可能把你弄糊涂了，因为 1 角度的 60 个小部分被称为角分，角分的 60 个更小的部分被称为角秒。

这些单位由下列符号表示：

° 度 ′ 分 ″ 秒

记住这一点：不论在哪里，如果你看到角度或者弧度，这样的度量单位都是有关角度的，而不是关于时间的，这样你就不会记混了。

有了这些关于度量的信息，让我们来看看太空中一些天体的大小，它们是用角度、角分和角秒来度量的。

天体	角度大小近似值	天体	角度大小近似值
北斗七星指极星至北极星的距离	28°	月球	30′
北斗七星的长度	24°	木卫三离木星的距离（木卫三是木星主要卫星中最亮的一颗）	6′
你伸直手臂张开的手掌（大致上）	22°	肉眼的分辨率（这意味着你的眼睛能够分辨出两个非常接近的天体，而不是把它们错认为是一个天体）	3′ 25″
南十字座指极星之间的距离	6°	金星面积的极大值	1′
北斗七星指极星之间的距离	5°	月球上最大的陨石坑	1′
你伸直手臂食指的宽度	1°	你能看见的单个最小天体（大约）	1′
你伸直手臂小指的宽度	30′		
太阳	30′		

从这张表格中我们可以看到的有趣的东西是，从理论上讲，只要用我们的肉眼朝天空眺望，我们就至少能够看到木星众多卫星中的一颗，以及金星的新月形星象。但实际上，超级明亮的木星盖过了它的卫星的微弱光亮，而金星耀眼的外表同样也遮掩了它的新月形星象。

如何使用星图

你能在夜空中看到什么取决于一年的具体时间：由于地球围绕着太阳公转，在不同季节，星星的位置会有所改变。因此，我们后面马上将要谈到的星座被划分为春、夏、秋、冬 4 个季节的星空。有些星座常年都可以看到，但是只有在一年的某些特定时间，它们才能处于最佳观测阶段。

正如我们看到的北斗七星和南十字座一样，天空中还有几个星座的形状突出，因此比较容易辨认出来。它们构成了夜空中的"指示牌"，比较有用。这些星座可以被用来帮助我们找到各种各样的美丽星体，在以后的讲解中我会把它们给指出来。

根据你在地球上所居住的位置不同，星图也被划分为不同的部分。北半球和南半球的人们所看到的星图有所区别。如果你处在北半球（地图上赤道以上的部分），那么，你应

拉丁名称
Ursa Major
英语名称
The Great Bear
缩写
UMa
拉丁语所有格
Ursae Majoris

α 星
北斗一 /Dubhe
星等
1.79
恒星颜色
橙色

该查看北半球星图；如果你是处于南半球，你该知道怎么做吧。因为绝大部分的陆地，还有绝大多数的人口都位于北半球，那些星图看起来像你在朝南观看看到的。在北半球，你离赤道越近，就越能用得到南半球星图。对那些生活在赤道附近的幸运儿来说，整个天空都能看到，可以同时使用南北两半球的星图。

在介绍星座时包含左列信息。

首先你会发现，星座的名称是用原来的拉丁语，其次是对应的英语，然后是 3 个字母的缩写。这些缩写是辨认星座的国际通用做法，从而不需要使用拉丁语的全称。

拉丁语所有格意思是"星座的"或"属于……"。这在声音效果上非常重要，就好像你知道你所谈论的事物。比如："噢，北河二。你肯定是指双子座的 α 星。"

α 星是所提到星座的主星，它并不一定就是最亮的，也并非所有星座都有 α 星。1603 年，德国天文学家约翰·巴耶把所有星座整理了一遍，把最亮的星星命名为 α 星，次亮的星星称为 β 星，然后是 γ 星、δ 星，等等。结果是，星图上的星星通常都用希腊字母标出，被称为巴耶字母。全部希腊字母如右图。

专有名词比如北斗一通常只分配给那些比较明亮的星星。很多名称是阿拉伯语，间

希腊字母

α 阿尔法	ι 约塔	ρ 柔
β 贝塔	κ 卡帕	σ 西格马
γ 伽马	λ 拉姆达	τ 陶
δ 德尔塔	μ 谬	υ 宇普西隆
ε 艾普西隆	ν 纽	φ 斐
ζ 泽塔	ξ 克西	χ 希
η 伊塔	o 奥米克戎	ψ 普西
θ 西塔	π 派	ω 奥米伽

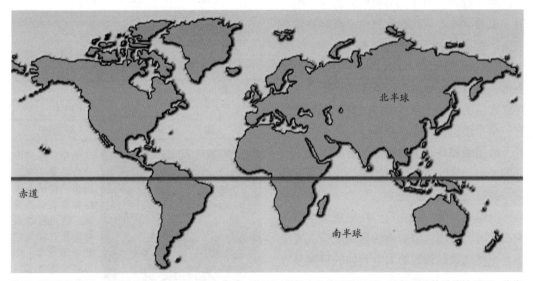

这是一幅世界地图，赤道把世界分为南北两个半球，你可以根据南北半球的不同，选择不同的季节性星图。你离赤道越近，你就越可以使用到对方半球星图的更多内容。例如，如果你住在挪威的某地，你只好使用北半球的星图。如果某年夏天你决定到意大利去度假，你就可以使用南半球星图的一半内容，那上面有很多迷人的星星看点。

或也有一些希腊语和罗马语。你可以查看天秤座，看看宇宙中一些最有名的星星的名称。

星等也可称为"目视星等"，可以让你知道天空中出现的星星有多亮。希腊天文学家喜帕恰斯生活在大约公元前2世纪中叶，他制订了一套给星星亮度分级的体系：你用肉眼看到的最亮的是1等星，最暗的是6等星。我们过一会儿将要详细探讨亮度，你看，现在是不是有点儿复杂了。

星星的颜色向你表明了它是什么色彩的，同样也能告诉你它表面的温度有多高：温度最低的是红色，温度大约为3000℃。热一点儿的是黄色，再热一些的是白色，最热的是蓝色，温度高达4万℃。不仅如此，它们还能够改变颜色！这样的情况通常发生在当星星用完了自己的所有燃料时，星体内部重力开始发挥作用，从而引发各种各样的恒星事件（如红巨星、超新星和黑洞的形成）。

明亮还是昏暗

就星星而言，它离你越远，就显得越暗。这就像一支蜡烛，放在你旁边的桌子上比放在附近的山丘上看起来要亮得多。两处的蜡烛亮度是一样的，但是你需要考虑距离所起的作用。

那么，你跟前的一支蜡烛和附近山丘上的一堆大火又怎么样呢？它们可能看起来亮度是一样的，换句话说，它们拥有同样的视觉亮度。当然，如果你走近山丘，那堆火会显得越来越亮。因此，当我们谈到视觉亮度时，也就意味着从我们的视角来观测物体有多亮，而不管它们离我们有多远。

太空也是如此。当然，太空中不仅距离更远，而且星星和星系的真正亮度更是令人难以置信的。关于某一天体的真正亮度我们有一个术语，称为绝对星等。你可以说，山丘上的蜡烛和桌子上的蜡烛都有同样的1烛光的绝对亮度，但是跟前的蜡烛比山丘上的蜡烛拥有更强的视觉亮度。

说得更科学一些，我们在测量太空天体的亮度时，使用非常准确的目视星等或视星等。一些离我们较近的太空天体的目视星等列表如下。

正如图表中所显示的，在一个远离灯光

天体	目视星等
	明亮的
太阳	−26.7
月球	−12.6
金星	−4.7
火星	−2.9
木星	−2.9
水星	−1.9
天狼星（夜空中最明亮的恒星）	−1.4
土星	−0.3
木卫三（木星的卫星）	4.6
小行星灶神星	5.3
天王星	5.5
肉眼看得见最暗的天体	6.0
海王星	7.7
冥王星	13.8
	暗弱的

这是猎户座周围一些星星的亮度指南。试试看最暗你能看到几等星，这也可以表明你所在地天空的清澈程度。你可能会很吃惊，你那里竟然那么清澈，情况也可能相反。

污染并超级清澈的夜空下，你能看到最暗的天体是 6 等及 6 等以上。我们往回倒数到零，天体就变得越来越亮。然后，我们进入负数，可以看到最亮的天体。

关于星等的有趣的事实：据说人类能够区分出星等相差 0.1 的星体。试试看吧。

这些是你在本篇中将会遇见的一些星星，它们呈现出各种各样的大小和颜色。请看微小的巴纳德星，然后把它跟超级巨大的参宿四相比较。事实上，如果我们能把参宿四拿来放在太阳的位置上，它的"表面"将会延伸到木星的轨道！一颗星星呈现什么样子，首先取决于它由多少气体组成，以及它处于生命周期的什么阶段。天空拥有五颜六色的色彩，但是只有那些最明亮的星星才能看起来不显示出白色。因为它们非常明亮，足以触发我们眼睛感知颜色的那部分视网膜。

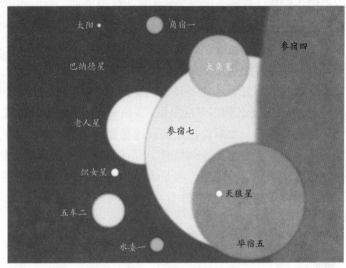

星星距离地球远近各不相同，亮度也各有差异。这里列出的是 11 颗距离地球最近的星星（我把太阳也包括进来）以及 10 颗最亮的星座主星。表中目视星等可以让你知道这些天体在天空中看上去有多么明亮，前面也多有谈及。我敢肯定，你一定在全神贯注。

最近的恒星	距离（光年）	目视星等	所在星座
太阳	很近	− 26.72	
比邻星	4.27	11.05	半人马座
南门二 A	4.35	0.00	半人马座
南门二 B	4.35	1.36	半人马座
巴纳德星	6.0	9.54	蛇夫座
伍尔夫 359	7.8	13.45	狮子座
拉兰德 21185	8.3	7.49	大熊座
天狼星 A	8.6	− 1.46	大犬座
天狼星 B	8.6	8.44	大犬座
鲸鱼座 UV A	8.7	12.56	鲸鱼座
鲸鱼座 UV B	8.7	12.52	鲸鱼座

最亮的恒星	距离（光年）	目视星等	所在星座
天狼星	8.6	− 1.46	大犬座
老人星	313	− 0.72	船底座
大角星	37	− 0.04	牧夫座
南门二 A	4.35	0.00	半人马座
织女星	25	0.03	天琴座
五车二	42	0.08	御夫座
参宿七	773	0.12	猎户座
南河三	11	0.38	小犬座
水委一	144	0.46	波江座
参宿四	427	变化范围 0.30 ~ 1.00	猎户座

恒星

恒星是夜空中闪耀的宝石。不管是大还是小，它们挂在太空，熠熠发光，直到有一天它们停止发光，开始做出糟糕的表现，就像黑洞。它们变得很糟糕，这是因为万有引力开始起支配作用，并且发挥到了极致：你可以把它想象成一个具有超级强力的真空吸尘器。你不能走得离它们太近，否则你的身体就会被压碎。另外，有的恒星由于内在的物理原因或外界的原因而使其亮度发生变化。这种恒星叫变星。这些现象可以反映出星体的年龄、大小。这些从远处看还算不错，但是离近看就糟了。你会被告诫说，不要靠近任何古老的星星。这和太阳形成明显的对照。

就我们所知，太阳是独立的，这是很罕见的现象，因为其他星星都多少有别的星体陪伴。那些星星被称为双星。你也许没有注意到这一现象，但是太空中有很多这样的星星家族。你怎样才能分辨出它们呢？稍微有点儿耐心，你就可以发现星星的一些奇闻逸事。

双星

什么是双星？简单地说，就是看起来好像一颗星，而实际上可能是两颗或者更多颗星星，它们在夜空中所处的位置非常靠近。这里有两种情况。

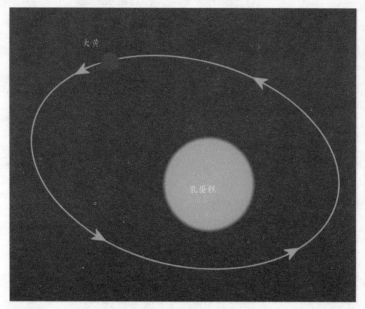

这里是一个双子星的例子，两颗星由于万有引力被困在了一起。双子星彼此环绕旋转一圈，有的可能需要数百年，有的可能只需几个小时。有时候，你可能会发现该系统中甚至有几颗恒星。比如，双子座 α 星（北河二）竟然有6颗恒星，因受制于万有引力，它们在轨道上环绕着彼此转动！

有些恒星看似靠得很近，但是事实上并非如此。它们看上去很近，是因为从地球看过去，它们碰巧接近同一个方向。比如这两颗星：多米尼克和贾尼特。图上方是你从你家后窗向外望见的情形，但是如果远离地球，你就会看到它们两个实际上相距很远。

光学双星：不论从哪方面说，两颗星之间都没有任何联系。只是因为我们视角的缘故，它们看起来非常接近。

双子星：它们跟我们的距离实际上是同样远，在万有引力的作用下，彼此互相环绕运转。

本篇中所有的双星都是以同样的基准按比例表示的。因此，你可以很容易得知它们之间的大小关系。

观测双星的超级提示

在夜空中有好几对双星躲藏在那里，但如果你那里的天空受到了灯光污染，观察它们对你来说将具有挑战性。

你的眼睛能够分辨的双星间距大约为3′ 25″。两颗星的亮度越接近，它们看上去就越靠近。

范例

双星
牛宿二
摩羯座 α 星

星等 ——————————— 星等：每颗恒星看上去的亮度
4.2 和 3.6

两星间距 ——————————— 两星间距：双星之间相隔的距离
6′ 18″

变星

什么是变星？变星是指随着时间的推移，星星的亮度有所变化。这里有几个原因：不稳定的古老恒星颤颤巍巍，忽而变大，忽而变小；或者，比较靠近的双子星彼此沿轨道运转，一个在前，一个在后。一些恒星甚至交换气体，由此产生大爆炸，形成新星。

如果你想要观察星空中一直都处于变化的另一面，那么变星值得你多看两眼。

变星的类型是根据第一颗被确认为新的等级的恒星来确认的。下面这个表向你展示了几个例子，列举了一些变星的名称，以及它们做了些什么——有时候会产生爆炸性的后果。

记住：这些星星处于变化之中，因此它们的大气和内部结构会起伏不定。它们一旦失去了某些物质，就不能够再寻找回来。如果一颗恒星不能维持一定的热压使它在引力上处于稳定状态，那么它就有危险，星体演化是受物理法则所支配的。

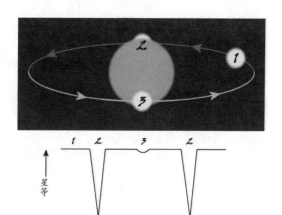

这里是一个如大陵五的恒星系统如何改变它的亮度的图形介绍。恒星彼此环绕的轨道已经简化，以便看上去简洁明了。图中显示，随着恒星彼此环绕，整个系统的亮度随之改变。首先，设想这两颗星离我们非常遥远，它们在天空中看上去就像是一颗。当小星处在位置1，我们看到从两颗星共同发出来的光，曲线图就处在极大值（系统最明亮的时刻）。但在位置2，小星有一半被食缺，曲线图向下陡降，该系统的星等也下降。随着小星再次出现，亮度恢复到正常水平。又过了一会儿（时间不定），小星运行到大星前面，如位置3所示。这一次我们看不到系统星等大幅下降，因为只是大星光线的一小部分被遮挡了。

变星类型	解　释
（这里有些非常动听的名称）	
米拉	**长周期** 这是一颗古老的红巨星，它的亮度会发生不规则的周期性变化，有时候是几百天，有时候则长达数年。这是因为它的内部反应不稳定，从而引起自身发生脉冲式向内外放大或收缩。该名称来源于它是人们确认的第 1 颗变星。
造父变星	**规则周期** 这是另一类型的变星，由于自己的内部结构导致自身产生变化。但是，造父变星是一种极具规律的变星，它们向内脉动，其方式可以预测。如果你画一张图表，标出时间和亮度，就会得出它们在极其规律的周期时间内的起伏变化过程（像波浪那样）。要完成它们的变化周期，有些变星可能需要 1 天，其他的可能需要 1 个月或更长时间。
天琴座 RR 星	**短规则周期** 这是又一种因内部问题引起的变星。在这类变星里，星星的亮度可在几个小时内发生变化，而变化所持续的时间最长也不过 1 天左右。
仙后座 γ 星	**不规则周期** 这是一种喷射状的变星。由于它的大气层发生剧烈的变化，因此它变得忽明忽暗。
北冕座 R 星	**不可预测的反新星** 这是一种较为古老、像太阳一样的恒星，它的大气偶尔会因为烟尘而变成结块。当这种情况发生时，恒星慢慢变得暗淡，直到烟尘被"咳嗽"出去落向太空，它的亮度又重新恢复到正常的水平。
大陵五	**交食双星** 设想这样的情景：两颗恒星彼此环绕旋转。事实上，回想一下前面双星的内容，在那里，大黄和乳蛋糕看上去就是彼此从面前穿过。当我们观察这些"星食"的时候，它们的亮度有所改变。当两颗星分开的时候，我们看到光线从整个系统发出；但当它们运行到一起的时候，光线的亮度有所降低，这是因为较远的那颗星部分或全部被"食缺"了。大陵五型变星的周期是规则的，就是两颗星彼此环绕所需的时间。
北冕座 T 星	**再发新星** 同样是两颗环绕的恒星，但是这一次的情况是两颗星一大一小。小的那颗星从大的那颗那里撕扯过来一些"恒星物质"，到了一定程度就会发生爆炸。这时候，我们就能看见天空中异常明亮。在发生周期上，这类变星非常不规则。

范例

变星
仙王座 δ 星

类型　　　　　　　　　　　———　类型：它是哪种类
大陵五型交食双星　　　　　　　　　型的变星

星等范围　　　　　　　　　　———　星等范围：该星的
3.5 ～ 4.4　　　　　　　　　　　　明暗变化范围

周期　　　　　　　　　　　　———　周期：明暗变化的
5.3663 天　　　　　　　　　　　　时间周期

观测变星的超级提示

　　观察变星时，记住一点：在最适宜的条件下（也就是说不是在城镇），你用肉眼所能看到的最暗的星星的星等为6。因此，当某颗星星看起来似乎消失不见了，那可能是因为它暂时还不够明亮，肉眼不能看到。

星空天体

夜空中布满了大量的深空天体，它们存在于离太阳系很远的地方，形状和颜色各异。在星图中，下列符号用来表示定位标记，标示一些用肉眼可以看到的宇宙中的奇迹。

让我详细叙述一下这些术语，使你知道它们到底是怎么回事……

符号	含义
	银河星团：许多年轻的恒星聚集成的恒星集团
	球状星团：许多古老恒星聚集成的球形恒星集团
	星云：由恒星照亮的尘埃和气体形成的一团云状天体
	星系：许多恒星和星空天体组成的天体系统

银河星团

我们见到的第一类恒星组群是银河星团。这些星团家族包含有小到几十个、大到几千个恒星，诞生于银河系的旋臂处。它们基本上都是新产生的恒星，一起运行，但是彼此间的引力最终会使它们分开，各自独立于夜空中。金牛座的昴宿星团和南十字座的宝盒星团就是较好的例子。

猎户座四边形银河星团位于猎户座星云的心脏地带。下一页图展示的是猎户座星云蔚为壮观的全貌。（哈勃望远镜图片由 AURA/STScI/NASA 提供）
AURA：美国大学天文联盟
STScI：太空望远镜科学院
NASA：美国国家航空航天局

球状星团

第 2 类恒星组群是球状星团。这些星团要比银河星团大得多，由几百个到几千个甚至几百万个通常为红色的古老恒星组成。银河星团存在于银河系（并由此得名），而球状星团形成了一个光环围绕着自己。肉眼能看到的例子包括武仙座大星团和半人马座奥米伽球状星团。

天蝎座 M80 球状星团

猎户座星云（M42）是一个发射星云，我们将在后面提到。它已经闯入银河星团的竞技舞台。这是因为太空就是各种天体的大杂烩，天体之间都是紧密相关的。从根本上说，猎户座四边形星团（图中左侧）的某颗恒星为这个由尘埃与气体构成的神奇星云提供光源，照亮星云的绝大部分。

星云的种类

自古至今，观测者只要仰头凝望夜空，就可以看到恒星之间存在一些较小而且微弱，几乎像云朵一样的块状物。这些天体被称为星云，拉丁语的意思为“云”，源自于它们像烟云一样的外表。

没有人确切知道星云里面正在发生什么变化，所以人们对这些云状物的真正特性并不了解。当望远镜变得足够强大，人们发现有些星云实际上是星系，仙女座星云就属于这种情况，现在我们称之为仙女座星系。另外一些星云被证实是真正的星云，也就是由尘埃和气体组成的区域。这些星云被分为以下类别。

发射星云

这是最明亮的一类星云，它们发光是因为它们内部嵌有炽热的恒星，这些恒星发出的辐射使周围的气体受热发光。发射星云有的很大，事实上它们内部有大量的气体和尘埃，足以形成恒星和行星，因此是星星的滋生地。用肉眼最容易看到的一个发射星云是猎户座星云 M42。

反射星云

正如名称所显示的那样，这些"云彩"之所以看得见，只是因为它们反射附近恒星的光芒。恒星不能够使这些气体发光，是因为恒星温度比较低，没有那么大能量，结果是反射星云

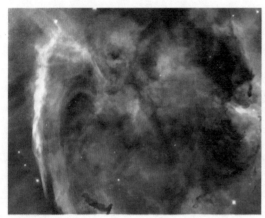

发射星云
神奇的船底座艾塔发射星云，中间是黑暗的锁孔星云（左边）。

暗星云
猎户座马头星云的部分。

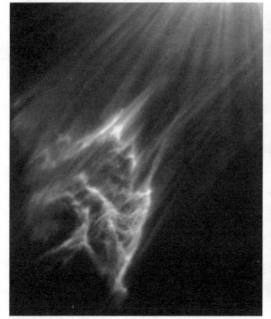

反射星云
它就在你的背后！幽灵般的昴宿星团 IC349 反射星云。

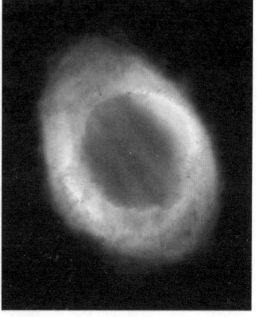

行星状星云
令人惊叹的天琴座 M57 环状星云

就暗淡得多。金牛座的昴宿星团周围有一个暗弱的星云围绕着，但是只有借助高倍望远镜才能看得见。

暗星云

气体和尘埃附近没有恒星就不发光，我们之所以能够看到它们，是因为它们挡住了它们背后所有的东西。这一类别包括猎户座的马头星云（你需要借助望远镜），以及更大一些的位于南半球的南十字座煤袋星云，它用肉眼可以很容易看到。

行星状星云

一些恒星在生命的晚期喷发掉它们的外层，只剩下一颗较小的恒星，但是很热，能量充足。那些脱离的外层向外扩张，因从中心的恒星发出的辐射而发光，这一点有些像发射星云。透过望远镜看去，这层"外壳"看起来有点儿像行星，由此得名。天琴座的环状星云就是个典型的例子。

星系的种类

除了银河系以外，还有各种各样的星系。它们有的圆，有的扁；有的胖，有的瘦；有的大，有的小；有些形状优美，有些奇形怪状。最终归结起来，星系可以被划分为几个基本的类型。

螺旋星系

这类星系中间鼓鼓的，有很多古老的恒星，从中间往外是巨大的旋臂，由比较年轻的恒星、尘埃和气体组成。我们生活在一个螺旋星系里，也就是众所周知的银河系。另一个是我们用肉眼能看到的最远天体，即仙女座大星系 M31，离我们 280 万光年那么远。

棒旋星系

这类星系类似螺旋星系，但它们的特征是拥有两条长棒子，从鼓起的中心向两侧外伸展。旋臂从每一根棒子末端向外延伸。有些理论认为，星系自身旋转会形成棒子，即随着恒星暂时排成一条线就出现这一现象。然后，自转会驱散这种特征。

椭圆星系

这类星系没有螺旋状结构，也没有多少尘埃和气体。它们有的大，有的小。事实上，它们可能是我们看到的最大星系。因为椭圆星系规模庞大，一些天文学家认为，它们可能是由螺旋星系碰撞而形成的；另一些人则认为，螺旋星系是从椭圆星系演变而来的。这就导致了很多天文台为此而争论不休。

不规则星系

　　这类星系通常既小又暗，也没有什么固定的形状。每一个星系都是恒星和气体的大杂烩，它们正在像人一样经历中年时的更年期危机。星系之间也可能发生碰撞，但不管是哪种情况，事实就摆在那里。

螺旋星系
猎犬座 NGC4414。

棒旋星系
波江座 NGC1300。

椭圆星系
室女座椭圆星系 M87。

不规则星系
大熊座 M82。

星空天体分类

在星图上和本篇中你会发现，很多深空天体都有像 M4 和 NGC664 这样的名称。这些名称来源于不同的分类方法，它们是为了观察便利而在过去的很多世纪里逐步形成的。下面是我们所使用的分类方法的一个快速指南。

M 是指梅西耶星云星团表（Messier Catalogue）。查尔斯·梅西耶在研究彗星时被"模糊"的星体搞得一塌糊涂，由此心生厌倦。因此，在 1781 年，他把大多数的星云、星系和星团都归结为一组。它们中很多用肉眼就可看到，还有很多使用双目镜就能看到。这可能是最著名的业余天文爱好者所使用的分类方法。

NGC 是指星云星团新总表（New General Catalogue）。在梅西耶星云星团表发表 100 多年后，约翰·德雷耶发表了这一分类表，里面包含了几千个天体，其中有些非常昏暗。NGC 包含了梅西耶的所有天体，因此猎户座星云 M42 也就是 NGC1974。NGC 后来有所扩展，称作新总表续编。

Mel 是指梅洛特星云星团表（Melotte Catalogue）。这是由菲利贝尔·梅洛特编制的关于星团的分类表，于 1915 年发表，包含 250 个星系星团。梅洛特作为一位有造诣的天文学家，于 1908 年 2 月在位于伦敦的皇家格林尼治天文台发现了木卫八，这是（当时）木星的第 8 颗卫星。

Anton 是指安东·范普鲁星云星团表（Anton Vamplew Catalogue）。这是安东·范普鲁关于 9 个被"遗忘"的星座的分类表，并附有一些关于它们的故事，来陪伴你对星空的探索旅程。这些稀奇古怪的构想来自于大约 1750 ~ 1800 年间"疯狂的星座创造时期"。当时，很多天文学家都在命名成组的星星，并把它们放进自己的星图里，而且非常随意。随着时光流逝，这些新命名的星座有的被人们遗忘了，有的被后来的天文学家所接受。在接下来的内容里你会看到，这些安东星云星团表的星座是不是值得写出来。

夜空的伟大之处在于，那里有非常多的天体，我们只用肉眼就能看到，没有必要使

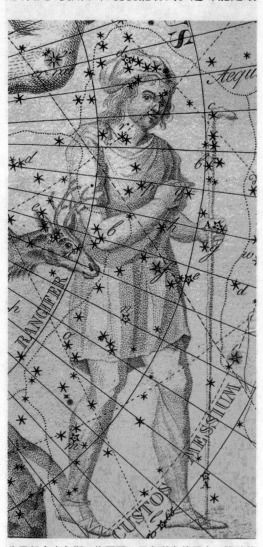

为了纪念查尔斯·梅西耶，天文学家约瑟夫·拉兰德设计了天空中的猎人座。在图的左侧，一头好奇的驯鹿试图闯进整个画面。很不幸，这头驯鹿和猎人只有短暂的时间思考他们围绕天极的旅行，不久以后，历史就把他们交付到了"废弃的星座"里保管起来。

用望远镜，甚至不需要借助双目镜。建议你首先对群星璀璨的天空有个大致了解，然后再开始深入观察。如果你手头没有望远镜，你可以用手指出来哪个是巨蟹座的鬼宿三，或者你说，"在那两颗星星之间是著名的富矿星云"，你的朋友肯定会大为震惊的。

接下来，我们要开始探讨星座了。不要慌张，做一下深呼吸，记住：罗马不是一天建成的。你不能指望一下子把什么都学会，群星璀璨的天空就在那里，它是用来欣赏和慢慢品味的。

深空天体

这里是星图上所表示出来的只用肉眼就能看见的深空天体的全部名单。

星座	深空天体	类型	星等	面积	距离（光年）
仙女座	M31	星系	4.8	3°	~280 万
后发座	Mel 111	银河星团	2.7	4′ 30″	265
巨蟹座	M44	银河星团	3.7	1° 35′	577
大犬座	M41	银河星团	4.5	38′	2300
大犬座	Mel 65	银河星团	4.1	8′	5000
船底座	Mel 82	银河星团	3.8	30′	1300
船底座	NGC 3114	银河星团	4.2	35′	3000
船底座	IC 2581	银河星团	4.3	8′	2868
船底座	IC 2602	银河星团	1.9	50′	479
船底座	Mel 103	银河星团	3.0	55′	1 300
船底座	NGC 3372	星云	5.0	2°	1 万
半人马座	NGC 5139	球状星团	3.6	36′	1.7 万
半人马座	NGC 3766	银河星团	5.3	12′	5500
南十字座	NGC 4755	银河星团	4.2	10′	7600
天鹅座	M39	银河星团	4.6	32′	825
天鹅座	NGC 7000	星云	—	2°	1600
剑鱼座	LMC	不规则星系	0.4	9° 10′ ×2° 50′	17.9 万
剑鱼座	NGC 2070	星云	5.0	40′ ×20′	17.9 万
双子座	M35	银河星团	5.3	28′	2800
武仙座	M13	球状星团	5.7	23′	2.53 万
猎户座	M42	星云	4.0	1°	1600
英仙座	NGC 869 & 884	银河星团	4.7	1°	7100
英仙座	NGC 1499	星云	5.0	2° 40′ ×40′	1000
英仙座	M34	银河星团	5.2	35′	1400
英仙座	Mel 20	银河星团	2.9	3°	600
船尾座	M47	银河星团	4.4	30′	1600
船尾座	NGC 2451	银河星团	2.8	50′	850
人马座	M8	星云	5.8	1° 30′ ×40′	5200
人马座	M22	球状星团	5.1	24′	1 万
人马座	M24	恒星云	4.5	1° 30′	1 万
天蝎座	M6	银河星团	4.2	20′	2000
天蝎座	M7	银河星团	3.3	1° 20′	800
天蝎座	NGC 6231	银河星团	2.5	15′	5900
盾牌座	M11	银河星团	5.8	14′	6000
金牛座	M45	银河星团	1.5	1° 50′	380
三角座	M33	星系	5.7	1°	~300 万
杜鹃座	SMC	不规则星系	2.3	5° 19′ ×3° 25′	19.6 万
杜鹃座	NGC 104	球状星团	4.0	30′	1.34 万
船帆座	IC 2391	银河星团	2.5	50′	580
船帆座	NGC 2547	银河星团	4.7	20′	1950

安东星云星团表

这是一个分类表，这里搜集的是容易被忽视的星云星团，它们绝大部分都已被湮没在时光的迷雾中。

Anton 0	Vulpecula	银河星团	The Coathanger	衣钩座
Anton 1	Ophiuchus	旧星座	Taurus Poniatovii	波兰公牛座
Anton 2	Triangulum	旧星座	Triangulum Minor	小三角座
Anton 3	Aries	旧星座	Musca Borealis	北蝇座
Anton 4	Gemini/Auriga	旧星座	Telescopium Herschelii	望远镜座
Anton 5	Bootes	旧星座	Quadrans Muralis	象限仪座
Anton 6	Eridanus	旧星座	Sceptrum Brandenburgicum	勃兰登王笏座
Anton 7	Eridanus	旧星座	Psalterium Georgii	乔治国王竖琴座
Anton 8	Sagittarius	旧星座	Teabagus	茶袋座

星座的旧有名称

在历史上，星座不仅被翻来覆去地由人安排或是抛弃，其中有些的名称也被变来变去。这里列出一组星座，附有它们现在及以前的名称。一般来说，它们以前的名称更加华丽动听。

当前拉丁名称	原来拉丁名称	原来英语名称	设计者	汉语名称
Antlia	Antlia Pneumatica	The Pump	尼古拉斯·拉卡伊	唧筒座
Apus	Apus Indica	The Indian Bird	凯泽和霍特曼	天燕座
Columba	Columba Noae	Noah's Dove	皮特鲁斯·普兰修斯	天鸽座
Fornax	Fornax Chemica	The Chemical Furnace	尼古拉斯·拉卡伊	天炉座
Mensa	Mons Mensae	Table Mountain	尼古拉斯·拉卡伊	山案座
Norma	Quadra Euclidid	Euclid's Square	尼古拉斯·拉卡伊	矩尺座
Octans	Octans Hadleianus	Hadley's Octant	尼古拉斯·拉卡伊	南极座
Pictor	Equuleus Pictor	The Painter's Easel	尼古拉斯·拉卡伊	绘架座
Pyxis	Pyxis Nautica	The Sailor's Compass	尼古拉斯·拉卡伊	罗盘座
Reticulum	Reticulum Rhomboidalis	The Rhomboidal Net	艾萨克·哈布赖特	网罟座
Sculptor	Apparatus Sculptoris	The Sculptor's Apparatus	尼古拉斯·拉卡伊	玉夫座
Scutum	Scutum Sobiescianum	Sobieski's Shield	约翰·赫维留	盾牌座
Sextans	Sextans Uraniae	Urania's Sextant	约翰·赫维留	六分仪座
Volans	Piscis Volans	The Flying Fish	凯泽和霍特曼	飞鱼座
Vulpecula	Vulpecula cum Ansere	The Fox & Goose	约翰·赫维留	狐狸座

图中是天炉座的画面表现，从中可以看出"过去好时光"的日子里，星座的名称要比现在灵活得多，也随和得多。看看这个设计多了不起。

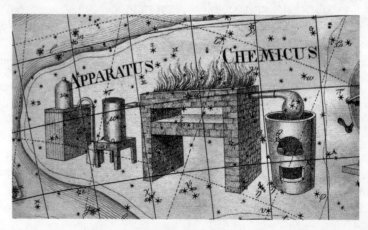

北天星图

北天极附近的星空可谓群星璀璨，在北天星图的指引下，一年四季你都可以观察到不一样的星座。春季，可以看到大熊座、牧夫座、狮子座等；夏季可以看到双鱼座、狐狸座等；秋季，可以看到仙后座、飞马座等；冬季，你可以看到猎户座、金牛座、双子座、御夫座。

北天极星图

如果你从开头就一直仔细阅读，那么读到这里，你想必已经知道了关于北斗七星和围绕着北极星运动的所有知识。如果现在天空漆黑一片，而且又非常晴朗，你何不尝试一下对那些天体的位置做个大致了解，出门去探探险？在星图上，你可能会注意到，在北极星右下方是一块又大又空的区域，那里好像没什么东西。但实际上，这块区域的大部分是由鹿豹座占据的。它的名称非常好听，但令人失望的是，它实际上很暗淡。

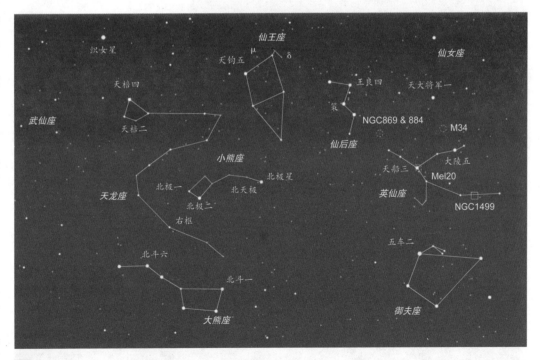

银河星团

球状星团

星云

星系

1~3月的星空

　　冬季可能是一年之中星空真正明亮、闪烁与发光的时节。猎户座非常突出，很容易辨认，它的周围环绕着很多神奇的星星。明亮的星星能够刺激你的视网膜，感知到色彩，因此这是一年中最佳的观星季节。你会发现很多不同色彩的星星：头顶上是黄色的五车二，高高挂在南边的是红色的毕宿五。猎户座本身就给你展现了两颗彩色的星星，一颗是红色的参宿四，另一颗是蓝色的参宿七。当你凝望星空时，你会疑惑不解，希腊人是怎么只用两颗星就创造出了小犬座的呢。也许当时正有一条小狗撞上了希腊战车，因此这一星座的名称就诞生了。

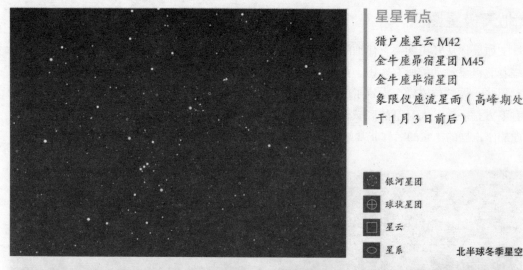

星星看点

猎户座星云 M42
金牛座昴宿星团 M45
金牛座毕宿星团
象限仪座流星雨（高峰期处于 1 月 3 日前后）

⊡ 银河星团
⊕ 球状星团
▢ 星云
⬭ 星系

北半球冬季星空

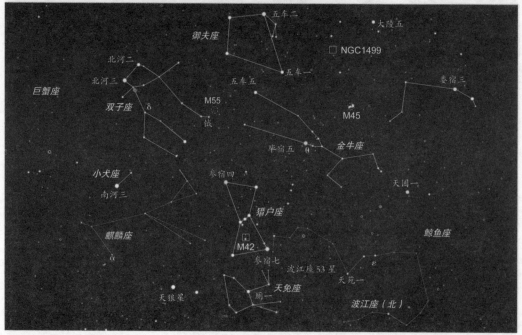

猎户座

拉丁名称
Orion
英语名称
The Hunter
缩写
Ori
拉丁语所有格
Orionis

α 星
参宿四 /Betelgeuse
星等范围
0.3~1.0
恒星颜色
红色

这是所有星座中最亮的一个，因为它比其他星座拥有更多较为明亮的星星。因此，在冬季的星空里它格外耀眼。它是一个古老的星座，有很多关于它的故事，其中包括天蝎座的故事。天蝎被派去刺杀猎户，这就是为什么它们最终被放在天空两侧的原因。

参宿七呈现为蓝白色，事实上，在大多数时间里，它比（广为误传的）主星参宿四更为明亮。参宿四实际上是一颗巨大的变星，大约每隔 6 年亮度会有所变化。

在参宿七和参宿四之间，你会看到，有 3 颗星星几乎排成一条直线，形成猎户的腰带。但是它们实际上根本没有任何联系，这样比较容易辨认的图案被称为星群（asterism）。这 3 颗星星从左至右分别是：参宿一、参宿二和参

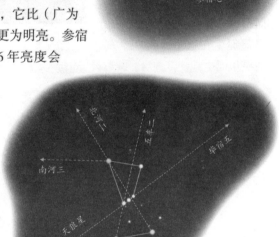

猎户座是北天冬季、南天夏季了不起的"指示牌"，指向附近许多明亮的星星。

"猎户座星云国家公园"

1600 光年

在将来，这一神奇的星云无疑会成为太空旅游的首选。

这是经典的猎户座星图。在夜空中，你可以非常清晰地看到猎户的狮子形盾牌，它是由 6 颗星星组成的一条曲线。有意思的是，这些星星的类别都带有希腊符号 π，从上至下分别为 π1 至 π6。

宿三。

位置：在北天星图中间的地方，我们可以发现猎户正在挥舞着他的大棒。

猎户座星云是一块著名的模糊云状物，位于连成"腰带"的3颗星星的正下方，你用肉眼就能看见。它又被称为猎户之剑，是一个发光的发射星云，由其内部的星星（最显眼的猎户座 θ 星）"激发"所有的气体而形成。目前，大约有 1 000 颗星星诞生在这里，是一个真正的星星诞生地。

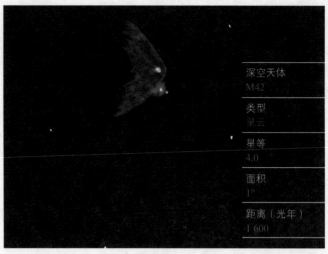

深空天体	M42
类型	星云
星等	4.0
面积	1°
距离（光年）	1 600

这是于 1981 年 1 月 10 日用一架小型 60 毫米折射望远镜观测到的奇妙的猎户座星云。更强大的望远镜将会观测到这个特大的发光星云内部的更多结构。

金牛座

拉丁名称	
Taurus	
英语名称	
The Bull	
缩写	
Tau	
拉丁语所有格	
Tauri	
α 星	
毕宿五 /Aldebaran	
星等	
0.85	
恒星颜色	
橙色	

金牛座是一个极其古老的星座，可能是人们所设计出的最古老星座之一。对埃及人来说，金牛是指牛神奥西里斯。而希腊人关于这个星座的传说是这样的：在金牛把宙斯的情人、美丽的少女欧罗巴安全驮运至克里特岛之后，宙斯便把金牛放置在天空之中。如果你仔细观察实际的图案，会发现图案上只画出了牛的前半部分。这也很容易解释，因为金牛显然是一路游到克里特岛的，所以它的后半部分当然隐藏在水下，无法看到。凡事都有来由的。

值得玩味的是，尽管不同的早期文明之间没有任何关系，但它们竟然在天空中创造出了同一种动物。例如，亚马孙部落（相传曾居住在黑海边的女性民族）把 V 字形的金牛座毕宿星团也描绘成牛的头部形状，正如希腊人所做的那样。

夜空中，这个季节的宝石之一是金牛座红色的主星毕宿五（意为"花朵"），它是天空排名第 14 位的亮星。

位置：在北天星图上，金牛在猎户的右侧。

双星	
金牛座 θ 星	
星等	
3.4 和 3.9	
两星间距	
5′ 37″	
颜色	
白色和黄色	

深空天体	M45
类型	银河星团
星等	1.5
面积	1° 50′
距离（光年）	380

图中标注：昂宿三、昂宿二、昂宿四、昂宿增六、昂宿增十二、昂宿六、昂宿一、昂宿七、昂宿五

　　金牛座昴宿星团是天空的珍宝之一。你用肉眼能看到这个星团里的几颗星？有人凭其超级眼力曾经看到过 10 颗，并且还不是从非常暗黑的地方看到的。如果你看到的能够超过 30 颗，那么，用"我是示巴女王"（《圣经》中朝觐所罗门王以测其智慧的示巴女王。此处指具有非凡的智慧）这句话来形容你绝不为过。这个星团实际上包含数百颗恒星，使用双目镜或较低倍数的望远镜就可以看到它的壮观景象。昴宿星团正在穿越一个星云，这个星云通过反射恒星的光线而发光，但是这只有在照片上才能显示出来。

御夫座

拉丁名称	Auriga
英语名称	The Charioteer
缩写	Aur
拉丁语所有格	Aurigae

α 星	五车二 /Capella
星等	0.08
恒星颜色	黄色

　　古时候，希腊人把五车二当成了木卫五，它看起来既像一位年轻美丽的公主，又像一只山羊。眼神不好吗？拿山羊来说，故事是这样的：山羊帮助哺育还处在婴儿期的宙斯，然而有一天，宙斯无意中折断了山羊的一只角。人们总是喜欢大团圆，就把故事编成了这样：宙斯运用他作为神的魔法，把这只角变成了"丰饶之角"，

御夫看起来有些焦急，怕他的马车丢失。关于山羊的神话证实了这一点。在这张设计图里，五车二（山羊）舒舒服服地依偎在御夫的臂弯里。请注意御夫左手里的两只小山羊，这是附近的两颗恒星，被称为"小羊羔"。

里面装满其主人希望得到的任何东西，如脆饼、坚果、空心甜饼、水、茶、咖啡，等等。要是我能拥有这样一个羊角该多好啊！

在北纬 50° 以北的地方，例如英国、加拿大的温哥华和德国的法兰克福等地，五车二很容易变成为拱极星（circumpolar）。实际上，这里也有一对双星，有两颗大型的恒星彼此环绕。但是，你得用一个非常庞大的天文望远镜才能看到它们，非常之大。你可能会听到御夫说："望远镜的另一端正在轨道上转动呢！"

位置：在北天星图上，御夫位于正中间偏上；在北天极星图上，它位于右下方。

双子座

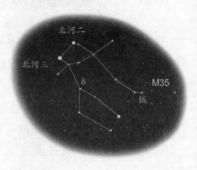

拉丁名称
Gemini
英语名称
The Twins
缩写
Gem
拉丁语所有格
Geminorium

α 星
北河二 /Castor
星等
1.58
恒星颜色
白色

冬季夜空的另一个明亮星座是双子座，为首的两颗星是双胞胎北河二（意为"武士"）与北河三（意为"拳击手"），他们是跟随伊阿宋寻找金羊毛的阿尔戈英雄。奇怪的是，北河三（β 星）反而比北河二（α 星）更亮一些。据说是因为在经过了很多世纪以后，北河二已经褪色了。

如果你透过望远镜来观察，会发现北河二实际上是一颗双星。但是，即便如此，眼见的也并不一定就是事实，在北河二系统里还有好几颗双星。总计共有 6 颗星星（3 对双星）彼此环绕着转动，周期从 9 天 ~ 1 万年不等！

双子座 δ 星是一颗星等为 3.5 的白色星星，非常普通。我们给予它特别的关注，纯粹是历史的原因，正是在这个位置，人们于 1930 年发现了冥王星。

位置：在北天星图上，双子座位于左上方。

天体
ANTON4
类型
旧星座

望远镜座也被称为赫歇尔的望远镜，是艾比·赫尔于 1781 年命名的。

这个星团由大约 200 颗恒星组成，用肉眼只有在超清晰的夜晚才能看到。

深空天体
M35
类型
银河星团
星等
5.3
面积
28′
距离（光年）
2 800

4~6月的星空

　　在春季，因为时令的关系，一个备受挤压的星座现在转到上面来了，这就是大熊座和它的星群北斗七星。我对一年中的这个时期倍感亲切，因为在我还是个小孩子的时候，第1次接触的就是这些星座。你可以很容易找出牧夫座和狮子座，牧夫座的形状如巨大的"风筝"，狮子座就像一个"反写的问号"。你还可以很容易地认出天空中几颗明亮的星星：位于东南方向的大角星和角宿一，在它们右边有轩辕十四，在西方有北河二与北河三。

星星看点

使用北斗七星来找到大角星和五车二

大熊座开阳双星

后发座 Mel 111 星团

巨蟹座蜂巢星团或称鬼宿星团 M44

天琴座流星雨（高峰期处于 4 月 22 日前后）

- ⊙ 银河星团
- ⊕ 球状星团
- ▢ 星云
- ◯ 星系

北半球春季星空

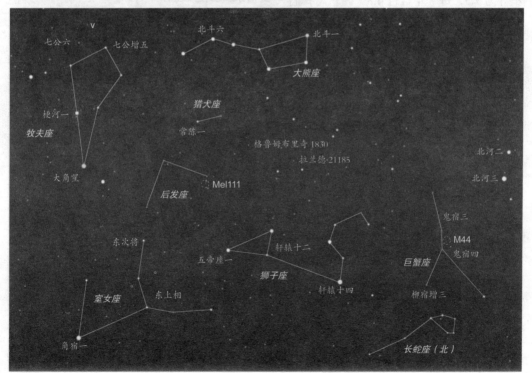

大熊座

拉丁名称
Ursa Major
英语名称
The Great Bear
缩写
UMa
拉丁语所有格
Ursae Majoris

α 星
北斗一 /Dubhe
星等
1.79
恒星颜色
橙色

为了帮助美丽的女仆卡利斯托摆脱她讨厌的女主人赫拉，宙斯把她变成了一只熊。在古希腊时代，赫拉是太空、宇宙和所有一切事物的头领，但是她有时爱发点儿小脾气。这个神话的寓意是：拥有一切并不能表示你就是一个善良的好人。这是人生一个重要的教训。

正如前面提到的，大熊座最著名的部分是一组 7 颗的星星，在英国被称为耕犁。但是，由于它那容易辨认的形状，它在世界各地有很多不同的称谓：在印度天文学里，我们发现它被称为七位圣贤；而在中国，它被称为北斗七星。

大熊座有几颗星星的名称非常迷人，它们围绕着整个星座在转动。拉兰德 21185 的星等为 7.5，每一年自行 4.8″。它离我们只有 8.3 光年，可能拥有它自己的"太阳系"

北斗七星是鼎鼎大名的观察星星的"标示牌"，试试看你都能到达哪里。

和行星。然后是格鲁姆布里奇 1830，它离我们 29 光年，星等亮度为 6.4，每一年围绕天空

对于旧日的希腊设计者来说，大熊这个形象设计得还不错。这是说，如果你把那里的星星用笔连在一起，还真有些像一头熊，或多或少具有熊的相貌。仔细观察，你会看到著名的北斗七星就在熊的后腰和尾巴处。

轻快地自行 7″。如果我们把所有因素都考虑进去，格鲁姆布里奇 1830 每秒钟自行接近 350 千米！很遗憾，只用肉眼的话，这两颗星连一颗也看不见，但你还是可以凝望它们的大体方向，思索着，指点着。

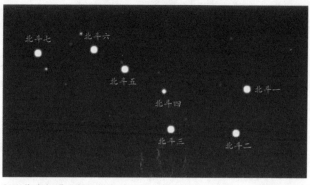

如果你真想进入凝望星空的氛围，那么请记住：北斗七星的 7 颗星个个都有名字。如果你真想把它们印入脑海，现在就试着记记看。

小熊座

拉丁名称
Ursa Minor
英语名称
The Little Bear
缩写
UMi
拉丁语所有格
Ursae Minoris

α 星
北极星 /Polaris
星等
2.02
恒星颜色
黄色

小熊座是由希腊第一位天文学家泰勒斯（Thales）在公元前 600 年前后描绘出的，它代表著名的大熊座卡利斯托的儿子阿尔克斯。它的主要几颗星组合在一起，成了北斗七星的微缩版，只是在它这里，那个把手更加弯曲。由于这个原因，很多外行的人常把北斗七星和小熊座的这几颗星混淆。但是，读完本篇之后，你就没有理由再把它们弄混了。北极二（β 星）和北极一（γ 星）被称为守卫星，因为它们是北极的守护神。

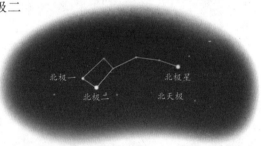

北极星是一颗久负盛名的星星。当然，我们把它称为北方之星或者极星，但是早期

约翰·赫维留的《星图学》中描绘的小熊形象

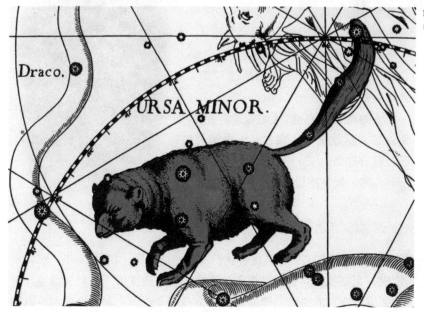

的希腊人把它称为"可爱的北方之光"，盎格鲁—撒克逊人称之为"船星"，并且早期的英国水手把它当作航海之星。这样不同的叫法还有很多很多，表明了历史上这颗星的重要性。

位置：在北天极星图上，小熊正围绕着北天极中心来回运行。

小熊座流星雨

小熊座流星雨一个非常缺乏观测的北半球流星雨，但是在过去的 60 多年里却至少有过两次大爆发，分别在 1945 年和 1986 年。其他的一些流量增长，在最近的 1988、1994 和 2000 年，也都有所报告。其他的类似现象可能由于天气原因或者观测者太少，已经被很轻易地错过了。对该流星雨可以采用所有的观测方法，因为它的群内流星中很多都是较亮的。

小熊座流星雨在 20 世纪 80 年代的前半部分没有给人们留下什么深刻印象。然而，1986 年 12 月 22 日欧洲的几名观测者却报告了令人惊异的现象。比利时的果宾报告 66.17MHz 上信号非常高，根据他的监听，23 日的信号比前后几天要高 3 倍。英国的斯潘丁则从目视方面证实了比利时人的结果，他在 22 日观测到 ZHR 达到 87+-29 的爆发。挪威的伽德在 22 日深夜也观测到了 ZHR 达到 64+-11 的剧烈活动，平均星等为 1.9，4 个小时内共出现 94 颗群内流星。他的同胞希恩则在 2 小时内看到了 75 颗流星，ZHR 达到 122+-17，平均星等 2.61。175 颗观测流星中，17.1% 留下余迹，66 颗亮于 2 等，51.5% 白色，33.3% 黄色，7.6% 红色，2.3% 绿色，5.3% 蓝色。

天龙座

拉丁名称	Draco
英语名称	The Dragon
缩写	Dra
拉丁语所有格	Draconis
α 星	右枢 /Thuban
星等	3.7
恒星颜色	白色

这一组古老的星星可能是根据名叫拉冬的龙构想出来的，拉冬是金苹果园守卫金苹果的巨龙。天龙座位于大熊座和小熊座之间，相当暗弱，但是容易辨认。你可以以龙尾巴上的星星为起点，沿着龙的身体从北斗七星的上面经过，弯弯曲曲地来到它喷火的头部。

大约在 4000 年前，天龙座非常有名，那时候右枢是极星。现在，天龙座名气已经没有那么大了。

位置：天龙潜伏于北天极星图之中。

鹿豹座

在北天极星图上有一块很大的空白，那里住着我们友善的长颈鹿。在 1614 年，雅各布斯·巴特舍斯把它描绘成一头骆驼，后来经过形象的改变，它最终变成了一只长颈鹿。对你来说，那里并没有什么值得注意的地方，即使你把几个点逐个连到一起，也根本难以创造出什么来。这样的星座拥有稀奇古怪的名字，可真是件丢脸的事——你可以把重音落在名字中间的字母"par"上试试看。

更糟糕的是，它为首的那颗星竟然没有名字：好像雅各布斯是一个蹩脚的建筑师，工作没有完成就溜之大吉了。也许，如果他知道这个超级事实的话，他可能会考虑得更周全一点儿：

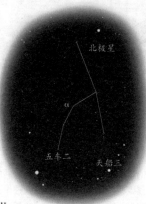

为了便于你的观察，图中把附近的一些星星标示出来了，否则还真不容易找到微弱的鹿豹座的位置。

鹿豹座 α 星在离我们 6900 光年的地方转动（光线来回一次各 3000 光年）。这也使得它成为你用肉眼看到的最远的星星之一。

拉丁名称
Camelopardalis
英语名称
The Giraffe
缩写
Cam
拉丁语所有格
Camelopardalis
α 星
—
星等
4.3
恒星颜色
蓝色

牧夫座

拉丁名称
Boötes
英语名称
The Herdsman
缩写
Boö
拉丁语所有格
Boötis
α 星
大角星 /Arcturus
星等
− 0.04
恒星颜色
金色

这就是牧夫，或者称为耕夫，他紧紧抓住他的猎犬，驱赶着大熊绕着天空转动。但说实在的，要么是我们漏看了什么东西，要么就是这位牧夫有点儿问题，因为他的形象把我们完全弄糊涂了，即使是在最具创意的时候也想象不出来他的样子。如果你把这些星星连在一起能产生出一个带着猎犬的人来，那就神了。事实上在北天星图中，这个星座主要的星

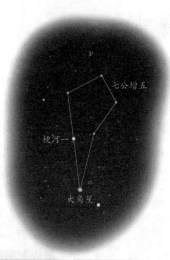

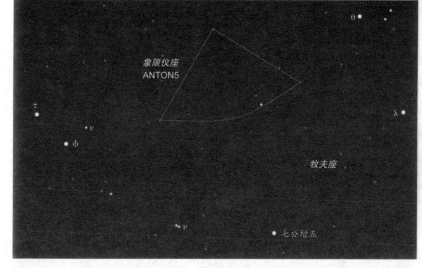

天体
ANTON5
类型
旧星座

在天空这片暗淡的区域，从前是古老的象限仪座，这是 1795 年约瑟夫·拉兰德给起的名字。虽然它现在不存在了，但是人们还记得它，因为每年开始的时候，从这个区域都会出现流星雨——象限仪座流星雨。

沿着北斗七星的扶手往下，经过一个稍微弯曲的弧形，你可以很容易找到大角星。希腊人把大角星看成是养熊的人，它是一颗飘荡不定的星。在1000多年的时间里，它移动的距离跟一个圆月的宽度大致相等。这是因为它离我们相对来说比较近，只有37光年。大角星也是天空中排名第4的亮星。总而言之，关于大角星的话题很多。

双星
牧夫座 ν 星
星等
5.0
两星间距
10′ 28″
颜色
深橙色和白色

星构成一滴倒过来的泪滴，或者像一只拉长的风筝形状，明亮的大角星位于它的底端。

来自牧夫座的流星雨被称为"6月牧夫的孩子"，又被称做"庞斯－温尼克家的孩子"这样超级好听的名字。

位置：在北天星图上，牧夫正在左边放牧。

猎犬座

拉丁名称
Canes Venatici
英语名称
The Hunting Dogs
缩写
CVn
拉丁语所有格
Canum Venaticorum
α 星
常陈一 /Cor Caroli
星等
2.9
恒星颜色
白色

1690年，波兰天文学家赫维留把这个暗弱的星座添加到了天空，当时并没有人在意。它就位于北斗七星的下面，代表查拉和阿斯特利翁，也就是牧夫的两条猎犬。牧夫有些担心，害怕猎犬和熊打起来。

埃德蒙·哈雷把 a 星命名为常陈一，意思是"查理的心脏"，源自于查理二世。在他于1660年5月29日返回伦敦之前的那天晚上，这颗星格外耀眼。

位置：在北斗七星的扶手下方，你会找到这些猎犬。

在古代希腊文献中，猎犬座的星被描绘为牧夫扛的棒子。后来被阿拉伯人翻译为钩子，或牧人的带钩牧杖。再翻译到西欧文字误成了狗，最终被赫维留定成一个独立的星座。

猎犬座包含中国古代的星座"常陈"。《晋书·天文志》记载："常陈七星如毕状，在帝座北，天子宿卫武贲之士，以设疆御。"

晴朗无月的夜晚，在猎犬座 α 星和大角连线的中点可以找到一颗非常黯淡的星，有时甚至得借助小望远镜才能看到。而在大型望远镜下观察，原来它并不是一颗星，竟是20多

变星
La Superba
猎犬座 Y 星
星等范围
5.2 ~ 10
周期
251 天

这颗星被19世纪意大利之父塞奇命名为"傲慢"，因为它发出超强的红光。它的星等变化很大，观察它在刚好看不到的时候星等为几，重新出现的时候星等又为几，这将会很有趣。这也可说明你那里的天空有多清澈。

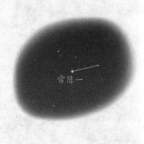

万颗星聚在一起的星团。猎犬座的这个大星团呈球形，直径达 40 光年，在天文学上叫做"球状星团"。在猎犬座北面有一漩涡星系，距离我们约 1400 万光年，即猎犬座星系。

猎犬座星系包含 5 个梅西耶天体。之一是螺旋星系即 M51，包含 NGC5194 和不规则星系 NGC 5195；后者正对地球，于 1845 年被 William Parsons 观测到，是第一个被认为有螺旋结构的星系。猎犬座还包括向日葵星系（M63 或 NGC5055），螺旋星系 M94 和螺旋星系 M106。M3(NGC5272) 是一个球状星团，直径 18&prime, 6.3 等，可以用双筒望远镜看见。

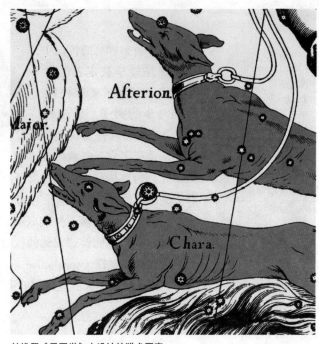

赫维留《星图学》中设计的猎犬图案

猎犬座的常陈双星应该都是白色，但有些观测者宣称看见淡雅的色彩。经由光谱的研究，可能是因为较亮的一颗恒星有着不寻常的成分。 M3 球状星团约为半个满月大。若想观测星团内的各个恒星，必须使用口径 10cm 以上的望远镜。M51 螺旋星系几乎正面对着地球，是天空中最有名的星系之一，也是最容易观测螺旋构造的星系。

后发座

拉丁名称
Coma Berenices
英语名称
Berenice's Hair
缩写
Com
拉丁语所有格
Comae Berenices

α 星
王冠 /Diadem
星等
4.3
恒星颜色
黄色

贝伦妮斯王后是埃及国王托勒密三世的妻子。在打了一场漂亮的胜仗之后，女神阿佛洛狄忒认为天空是放置这位王后头发的好地方。很显然，王后的头发是乌黑的，这也就是为什么后发座整个都很暗弱。尽管这个传说很古老，但是后发座的名称并不固定，直到 1601 年才由第谷·布拉赫确定下来。

位置：在北天星图上，后发座位于明亮的大角星的右侧。

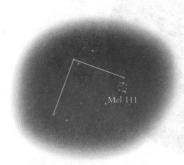

Mel 111

深空天体
Mel 111
类型
银河星团
星等
2.7
面积
4′ 30″
距离（光年）
265

后发星团大约有 45 颗星星，过去它们位于狮子的尾巴处，被看做是狮子尾巴模糊不清的毛发，现在则构成贝伦妮斯王后飘逸的秀发。

狮子座

拉丁名称
Leo
英语名称
The Lion
缩写
Leo
拉丁语所有格
Leonis

α 星
轩辕十四 /Regulus
星等
1.35
恒星颜色
白色

在希腊和罗马的传说中，狮子座是较早被定名的星座，代表在尼米亚森林里悠闲漫步的狮子。后来，身负 12 项艰巨任务的赫拉克勒斯杀死了它，经典的故事大

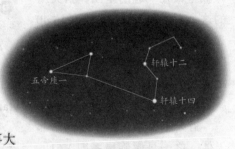

体如此。与其他星座不同，狮子座可以说是与人们传说的十分相似：狮子头部就像一个巨大的反写的问号，左边是它的身体。

轩辕十四处在狮子头的底部，非常接近黄道（ecliptic），因此，它是月球和行星能够遮盖到的仅有的 4 颗亮星之一。天文学上的术语称这种现象为星掩（occultation）。

位置：在北天星图上，狮子座位于大熊座脚部的下方，构成一个独特的形状。

巨蟹座

拉丁名称
Cancer
英语名称
The Crab
缩写
Cnc
拉丁语所有格
Canceri

α 星
柳宿增三 /Acubens
星等
4.25
恒星颜色
白色

这是一个古老的星座，像个三明治一样夹在双子座和狮子座中间。这只螃蟹被九头怪蛇派去要干掉赫拉克勒斯，倒霉的是赫拉克勒斯踩在它身上，踩死了它。尽管它不是一个很亮的星座，也很不起眼，在视觉上也缺乏震撼效果，但是了不起的蜂巢星团弥补了它的这些不足。

位置：在北天星图上，位于狮子座的右边，暗弱的巨蟹趴在亮星组成的太空池塘里。

这是透过一副较好的双目镜观测到的蜂巢星团的细部。

深空天体
M44
类型
银河星团
星等
3.7
面积
1° 35′
距离（光年）
577

蜂巢星团也称鬼宿星团，有几百颗恒星，其中很多是双星，因此我们看到的是"模糊"的一团。由于它比较亮，自古以来就被人们熟知。

室女座

拉丁名称
Virgo
英语名称
The Maiden
缩写
Vir
拉丁语所有格
Virginis

α 星
角宿一 /Spica
星等
0.98
恒星颜色
浅蓝色 – 白色

这是一个古老的星座，与正义女神有关。很显然，她对人类那样对待地球感到有些不满，于是便离开她的肉体，到星星中间寻找幸福，成为了处女，或称室女（因此得名室女座）。谁会怪罪她呢？你也许会认为，室女座这个天空中第二大星座能在视觉上给我们提供很多东西。但除了那颗为首的亮星角宿一，它并没有带给我们什么。

东次将（ε 星，意为"采收葡萄的人"）是一颗与喝的东西有关的星星：当它第一次升起时，标志着新的葡萄收获季节开始了。干杯！

位置：在北天星图上，室女正在左下方小憩呢。

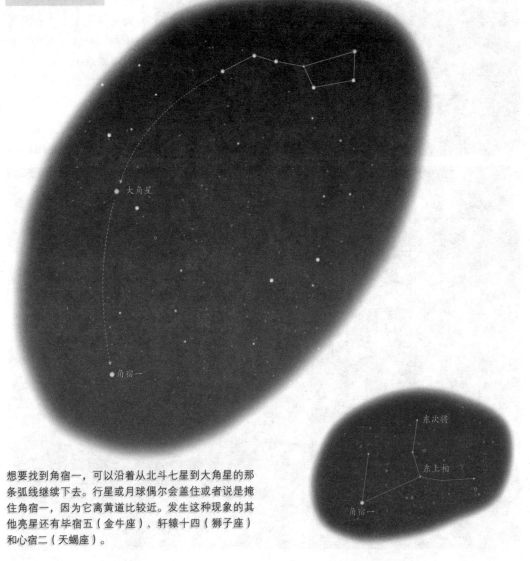

想要找到角宿一，可以沿着从北斗七星到大角星的那条弧线继续下去。行星或月球偶尔会盖住或者说是掩住角宿一，因为它离黄道比较近。发生这种现象的其他亮星还有毕宿五（金牛座）、轩辕十四（狮子座）和心宿二（天蝎座）。

7~9月的星空

在夏季期间，我们开始能看到银河从东方的地平线出现了。当然，在北半球我们会遇到一个问题：地球向太阳倾斜，这样太阳带给我们的白天较长，气候温暖宜人，但留给我们满天星斗的夜空的时间却很有限。在西边的天际是上一个季节残留下来的东西：明亮的大角星领导着牧夫座，它的左边是辉煌的曲线形星座北冕座，而南边的广大地带则由蛇夫座支配着。在东边的天际，夏季三角出现了（很奇怪，这一组在秋天更亮，更像是秋季的星座。就这么着吧）。

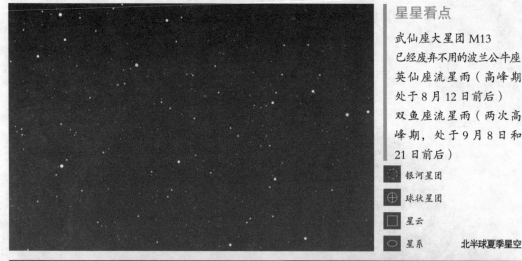

星星看点

武仙座大星团 M13
已经废弃不用的波兰公牛座
英仙座流星雨（高峰期处于 8 月 12 日前后）
双鱼座流星雨（两次高峰期，处于 9 月 8 日和 21 日前后）

⊡ 银河星团
⊕ 球状星团
▢ 星云
⬭ 星系

北半球夏季星空

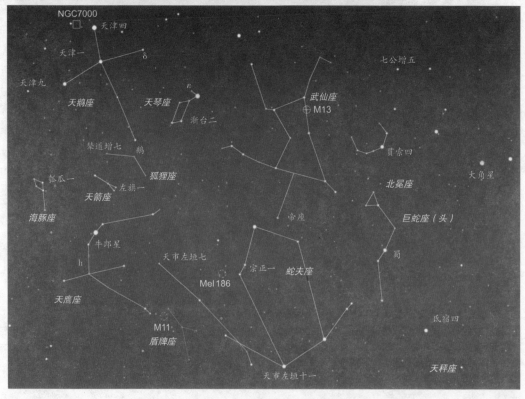

天鹅座

拉丁名称	Cygnus
英语名称	The Swan
缩写	Cyg
拉丁语所有格	Cygni

α 星
天津四 /Deneb
星等
1.25
恒星颜色
白色

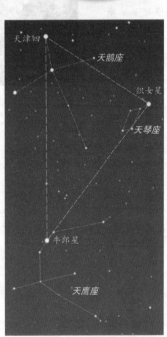

天鹅座是古老的星座之一。根据其中一个故事，它代表宙斯。为了幽会他的情人——廷达瑞俄斯的妻子勒达，宙斯很聪明（至少他是这样认为的）地把自己化作一只天鹅，为的是不让别人认出来。我们知道，这个故事想向我们表明宙斯的躲避技巧，但是故事经不起时间的考验。

天鹅高傲地随着银河飞翔。银河是暗弱的奶白色带状物，是由几百万颗遥远的星星组成的，是整个银河系的一部分。在远离灯光污染的天空，你可以看见这条雾霭状的天河把自己最美的姿容展现给你。使用双目镜，你可以看到它里面含有星团、星云和各种各样神奇的东西。

天津四表示天鹅的尾巴，辇道增七是天鹅的头部，从天津九经过天津一到达天津二（δ 星），它们构成了天鹅展开的翅膀。这样你也就可以看出为什么天鹅座也称北十字座了。

位置：在北天星图上，这只幸福的天鹅位于左上角。

深空天体	M39	虽然迟至 1764 年才被收入梅西耶星云星团表，但是它非常明亮，早在古希腊时期亚里士多德就注意到了它。尽管我们这里看到的是夏季星空，但在北半球 10 ~ 12 月的星图中，它位于右上方。
类型	银河星团	
星等	4.6	
面积	32′	
距离（光年）	825	

深空天体	NGC 7000	在远离灯光污染的真正漆黑的夜晚，北美星云据说可以被辨认出来。这块云状物位于银河的中心，因它明显的形状而得名。你能看见它吗？
类型	星云	
面积	2°	
距离（光年）	1 600	

构成著名的夏季三角的 3 颗亮星：天津四（~ 2100 光年）、织女星（25 光年）和牛郎星（16 光年）。

天琴座

拉丁名称	Lyra
英语名称	The Harp
缩写	Lyr
拉丁语所有格	Lyrae

α 星
织女星 /Vega
星等
0.03
恒星颜色
浅蓝色 – 白色

这是一个古老的星座，形状像一种乐器。这种乐器是众神的使者赫耳墨斯发明的，后来献给了他同父异母的兄弟音乐之神阿波罗。

织女星（α 星）是一颗相对来说离我们较近的恒星（距离为 25 光年），在 1.1 万年前一直占据极星的位置；它下一次还会担任同样的角色，时间大约在公元 14500 年。这主要是因为地球不停地旋转，慢慢地移动轴心，倾角将会达到 23.5°，周期为 2.58 万年。北极点和南极点也在以同样的周期改变，因此北极星和南极星也就改变了。在北天星图上，织女星在我们能看到的亮星里排名第三，排在天狼星和大角星之后。1850 年，织女星成为第一颗被照相机拍到的星星。

位置：在我们北半球的星图上，天琴座是虽然很小但却很优秀的星座，位于天鹅座的右边，它为首的织女星是夏季三角里最明亮的一颗星。

双星
天琴座 ε 星
星等
5.0 和 5.0
两星间距
3.5′
颜色
黄色和橙色

这一对双星值得我们看一看。ε1 和 ε2 是一对光学双星，两者间距很宽，可以用来考验一下你的视力好不好。现在拿起你的望远镜，你可以看见天琴座 ε1 和 ε2 星又分别是货真价实的双星，各有两颗星星。这真是一座星星的富矿：1 颗双星的价值却包含 4 颗星！

织女星在古埃及被称做"秃鹫星"。在 1801 年约翰·波德设计的这张星图上，我们可以十分清楚地看到这只秃鹫。

变星
渐台二
天琴座 β 星
星等范围
3.34 ~ 4.3
周期
12.9 天

这是一颗交食双星型变星，是天琴座 β 星中第 1 组这样的变星。两颗恒星互相环绕，彼此非常靠近，以至于引力把它们拉变了形：把它们弄成更像鸡蛋的形状，而不是圆形！

天鹰座

拉丁名称
Aquila
英语名称
The Eagle
缩写
Aql
拉丁语所有格
Aquilae
α 星
牛郎星 /Altair
星等
0.77
恒星颜色
白色

这是个古老的星座，代表宙斯的长羽毛的朋友，经常被描绘成拿着宙斯的闪电，这就是它的工作。漂亮的银河从天鹰的背后流过，使得漆黑的夜空中的这一区域很值得一看，尽管这里有些弯弯曲曲。至于说带头闪烁的牛郎星，它离我们只有大约 16 光年，是离我们最近的恒星之一。

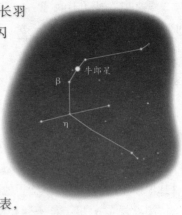

天鹰座上方偏左的地方是一个较小的星座海豚座。除了它有着漂亮的外表，我提及它还因为它的亮星的名称：它的 α 星叫 Sualocin（瓠瓜一），而 β 星叫 Rotanev（瓠瓜四）。你把这两个词的拼写反过来就得到 Nicolaus Venator（尼古拉斯·范纳特），他是 17 世纪到 18 世纪意大利天文学家朱塞普·皮亚齐的助手。

变星 天鹰座 η 星
星等范围 3.5 ~ 4.3
周期 7.176 天

这是一颗造父变星。你可以看到附近的天鹰座 β 星以星等 3.7 的亮度发着光，可以拿它来做个很好的参照。

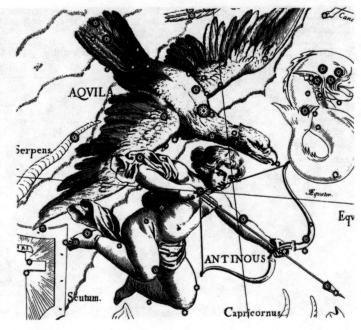

这就是天鹰。在美好的过去，它通常带着安提诺乌斯绕着天空旅行。正如你所看到的，安提诺乌斯不是一个小孩子了，最终，天鹰实在受够了，便把他丢下不管了。安提诺乌斯从星图中消失了，再也没有在星座俱乐部出现过。

位置：在北天星图上，天鹰正在左下角向下飞翔。

狐狸座

拉丁名称 Vulpecula
英语名称 The Fox
缩写 Vul
拉丁语所有格 Vulpeculae
α 星 鹅 /Anser
星等 4.44
恒星颜色 橙色

赫维留把这个小星座命名为狐狸和鹅座。现在鹅消失了，也许是被狐狸吃掉了。不管故事是怎样的，总之它并不是一个突出的星座，但是却有一个了不起的天体有待发现。

位置：在我们的星图上，狐狸潜伏在天鹅的下方。也许，在吃了那只鹅以后，狐狸肯定又在觊觎天鹅的美味吧。

出现在赫维留的《星图学》上的整个星座原来是要表明，无论是狐狸还是鹅都愉快地在天空游荡。

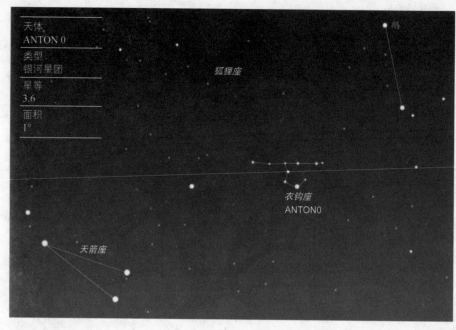

天体
ANTON 0
类型
银河星团
星等
3.6
面积
1°

衣钩座又称CR399或布罗基星团。它由10颗主要的星星组成，从天文角度看形状奇妙，由此得名。它还真像个衣钩呢！在暗夜的天空，你用肉眼只能看到那里是模糊的一团，你真该使用双目镜来好好观察一下。

武仙座

拉丁名称
Hercules
英语名称
Hercules
缩写
Her
拉丁语所有格
Herculis
α 星
帝座 /Rasalgethi
星等范围
3.0 ~ 4.0
恒星颜色
红色

这是一个古老的星座，代表世界上力气最大的人。在他完成了12项据说是不可能做到的"苦役"之后，在天空中他被安排了一个位置。他是一个厚脸皮的家伙，就在美丽的天鹅右边，由4颗星组成一个不规则四边形，非常容易记住。

位置：把它的几个点连在一起，形状就像一个人单腿着地在跳莫里斯舞(英国传统民间舞蹈)。在北天星图上，我们可以发现武仙座位于中间偏上一点。

深空天体
M13
类型
球状星团
星等
5.7
面积
23′
距离（光年）
2.53 万

武仙座大星团是北半球最大的球状星团。观察它的最佳位置是从一个黑暗的地方，而它的面积为10′的时候，用肉眼相当容易就能看到。

变星
帝座
武仙座 α 星
星等范围
3.0 ~ 4.0
周期
~ 3 个月

帝座不仅是颗变星，还是颗双星。帝座的伴星星等为5.4，两星间距为5″，这就意味着你得用望远镜才能看到它们。

蛇夫座

拉丁名称
Ophiuchus
英语名称
The Serpent Bearer
缩写
Oph
拉丁语所有格
Ophiuchi

α 星
侯 /Rasalhague
星等
2.08
恒星颜色
白色

蛇夫座来源于希腊，有关它的身份和故事已经随着时光的流逝而遗失了。蛇夫可能是指阿斯克勒庇俄斯，他是希腊神话里的医神。他无论走到哪里，总是带着一根手杖，上面盘着一条蛇。在他手里的这条蛇，向右伸展成为巨蛇座的蛇头，向左伸展形成蛇尾。

在一些旧星图上，蛇夫座被写成持蛇者座，这对一个蛇夫来说真是恰如其分。

位置：在北天星图中间的下方，蛇夫正紧紧抓住巨蛇。

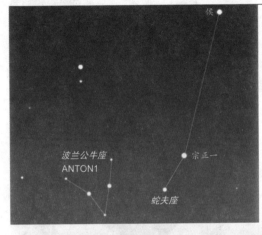

天体
ANTON 1

类型
旧星座

围绕 Mel186 银河星团转动的是波兰公牛座，现在这一名称已经废弃不用了。1777 年，艾比·波泽布特为了纪念波兰国王斯坦尼斯洛斯·庞尼阿托维奇而创立。之所以如此命名，是因为由几颗恒星组成的 V 字形看起来就像金牛座毕宿星团的翻版，只是要小一些、暗一些。还有呢，在这里我们还能发现巴纳德星。

巴纳德星是根据它的发现者爱德华·巴纳德命名的，它是离我们第三近的恒星，只有 6 光年。巴纳德星实际上偏离了它的位置，在所有恒星中，它的自行幅度是最大的，每年自行 10.25″，真是令人难以置信。遗憾的是，它实在太暗弱了，即便距离我们这么近，它的星等也才达到 9.5。

盾牌座

这个星座是赫维留于 1690 年创立的，定名为索别斯基的盾牌，是为了纪念波兰国王扬·索别斯基的战功。噢，赫维留的天文台被火烧掉之后，这位国王还帮助过他呢。

盾牌座 α 星实际上并没有名字，所以这里就给它指派个名称，叫做"索别斯基"，为的是纪念这个星座原先的全称。这种做法也有过先例，你可以看一看狐

狸座以及它的 α 星鹅。

位置：在北天星图上，位于天鹰右下方的盾牌正在保护星图的底部。

盾牌座亮于 5.5 等的恒星有 9 颗，其中两颗最亮的星为 4 等星。每年 7 月 1 日子夜，盾牌座的中心经过上中天。在北纬 74 度以南的广大地区可看到完整的盾牌座；在北纬 84 度以北的地区则看不到该星座。

深空天体
M11
类型
银河星团
星等
5.8
面积
14′
距离（光年）
6 000

野鸭星团需要在真正漆黑的天空才能看到，因此，我希望你所处的位置不至于太过"肮脏"。它是由高特弗里德·科奇于 1681 年发现的。

拉丁名称
Scutum
英语名称
The Shield
缩写
Sct
拉丁语所有格
Scuti
α 星
索别斯基 /Sobieski
星等
4.0
恒星颜色
黄色

盾牌座星图

盾牌座中最有名的星是盾牌座 δ 星，中文名"天弁二"。它是一类短周期脉动变星的典型，即常说的盾牌 δ 型变星，盾牌座 δ 星的亮度极大时为 4.6 等，极小时为 4.79 等，光变周期为 0.193769 天，即 4 时 39 分 1.7 秒。其光谱型为 A ~ F 型，在赫罗图上位于造父变星不稳定带。光变曲线形状变化很大，同船帆座 AI 型变星相近，但变幅小于 0.3 个星等。最初，人们把一切周期短于 0.21 天的 A、F 型脉动变星都称作盾牌 δ 型变星（又称矮造父变星），后来只把光变幅小于 0.3 个星等的短周期脉动变星称作盾牌 δ 型变星。

盾牌座中有一些星云、星团，最著名的是 M11（NGC6705）疏散星团，是德国天文学家基希于 1681 年首先发现的。英国一位

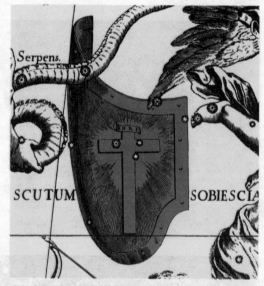

这里我们可以看到盾牌壮观的全貌，此图出自约翰·赫维留的《星图学》。

天文学家认为它好像一只飞翔的野鸭，因此又称野鸭星团。它是已知最致密的疏散星团，其中大约有 500 颗恒星，距离地球 5500 光年，视亮度为 6.3 等，视直径为 12.5 角分，线直径约 18 光年。由于星团的恒星比较密集，用小口径的望远镜看有点像星云，只有 30 厘米口径以上的望远镜才可以将 M11 里的恒星分解开来。它位于天鹅座 λ 星与盾牌座 α 星之间，用双筒望远镜很容易找到。

10~12月的星空

有些从事天文研究的人一到秋季就度假去了，他们宣称秋季是星座沉寂的时节。的确，从北半球向南望去，天空这么大块区域里的星星都很微弱。但是，在我们头顶上，有仙后座、英仙座和银河。还有，在西南方有名称怪异的由 3 颗恒星构成的夏季三角，秋季是它的最佳观测时间！当然，亮星倒是没有多少，但是我们却可以在空中发现很多废弃不用的星座，以及一颗有趣的变星和一些很好看的深空天体。再者说，经过了短促的夏天夜晚，总算又可以重新回来好好地眺望星空，大家一定都会感到松了一口气。

星星看点

仙女座星系 M31

英仙座剑柄星团

夏季三角

飞马座四方形

猎户座流星雨

双子座流星雨

▦ 银河星团

⊕ 球状星团

□ 星云

⬭ 星系

北半球秋季星空

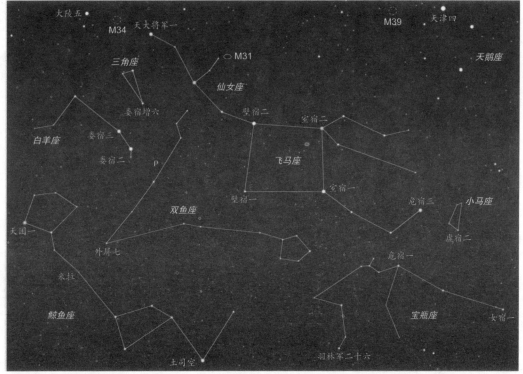

仙后座

拉丁名称
Cassiopeia
英语名称
The Ethiopian Queen
缩写
Cas
拉丁语所有格
Cassiopeiae

α 星
王良四 /Schedar
星等
2.2
恒星颜色
黄色

在希腊神话里，卡西俄帕亚是一位口无遮拦的埃塞俄比亚王后，这给她的女儿安德罗米达招来很多麻烦。以她的名字命名的星座很容易被找到，因为它的那几颗亮星在空中组成一个 "W" 形状。因为仙后座坐落于北极的附近，所以北半球的大部分地区常年都可以看到它。

仙后座的两颗恒星策（γ 星）和王良四（α 星）可以被用来当作指示棒，就像北斗七星的指极星，顺着它们可以找到飞马座四方形。

位置：在北天极星图上，王后正坐在她的丈夫克普斯身旁。

变星	这颗不稳定的
策	星星能够快速
仙后座 γ 星	改变亮度，因
星等范围	此，每次观察
1.6 ~ 3.0	时都值得你留
周期	意它。这是一
~ 0.7 天	颗不规则周期
	变星的例子。

英仙座

珀尔修斯是宙斯和达那厄的儿子，就是他砍掉了女怪美杜莎的头，也就是恒星大陵五。然后，他穿着长有翅膀的飞鞋前去把安德罗米达从海怪手中解救了出来。那天，可真够他忙的。银河正好从英仙座中间穿过，对那些位于天空比较暗黑的地方的人来说，能看得比较清楚。

位置：在北天极星图上，你可以找到我们的这位英雄。

深空天体	深空天体	深空天体	深空天体
NGC 869 & 884	NGC 1499	M34	Mel 20
类型	类型	类型	类型
银河星团	星云	银河星团	银河星团
星等	星等	星等	星等
4.3 和 4.4	5.0	5.2	2.9
面积	面积	面积	面积
分别为 30′	2°40′ ×40′	35′	3°
距离（光年）	距离（光年）	距离（光年）	距离（光年）
7100 和 7400	1000	1400	600

这个所谓的剑柄由非常奇妙的两个银河星团组成，星等分别为 4.3 和 4.4。它们的直径都是 30′，又在一起，当然是个了不起的大发现。你用肉眼就可以看到它们。

加利福尼亚星云用肉眼刚好能看见。如果你使用高倍望远镜，可以看到它的形状就像美国西海岸的加利福尼亚州。这个星云位于冬季的北天星图上，在北天极星图上也能找到。

这个银河星团确实难以看到。也许在漆黑的夜晚能看到。

英仙座 α 星移动星团，听起来激动人心，不是吗？它的名字有没有泄漏出它的位置？这是一个散乱的星星家族，以英仙座 α 星为中心，因此很容易被找到。

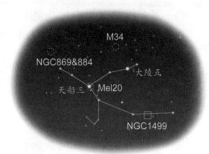

变星
大陵五
英仙座 β 星
星等范围
2.1 ~ 3.4
周期
2.87 天

这是一颗交食双星型变星，在整个晚上都可以观察到它的亮度变化，这也是为什么它被叫做"眨眼的魔鬼"。它的星等最低值持续为 10 个小时。它是被发现的第 2 颗双子星，在 1667 年由赫米尼亚诺·蒙坦雷发现。

拉丁名称
Perseus
英语名称
Perseus
缩写
Per
拉丁语所有格
Persei

α 星
天船三 /Mirfak
星等
1.8
恒星颜色
黄色

仙王座

拉丁名称
Cepheus
英语名称
The Ethiopian King
缩写
Cep
拉丁语所有格
Cephei

α 星
天钩五 /Alderamin
星等
2.44
恒星颜色
白色

克普斯是埃塞俄比亚的国王、卡西俄帕亚的丈夫、安德罗米达的父亲。令人难以置信的是，它竟然并不怎么明亮（我说的是星星，不是说他作为一个国王不聪明）。因为它接近银河系，它里面有好几个银河星团和缥缈的星云值得我们一看。

位置：在北天极星图上，仙王高高在上，位于靠近顶部的地方，正等着有谁能奉上一杯茶呢。

变星
仙王座 δ 星
星等范围
3.5 ~ 4.4
周期
5.3663 天

这是一颗黄色星星，它的有趣之处就在于它的变化有严格的周期。它是造父变星家族第 1 颗这样的星星。造父变星是一类全新的变星家族，其星星的星等非常有规律地按照一定的周期而产生变化。

变星
仙王座 μ 星
星等范围
3.43 ~ 5.1
周期
~ 730 天

威廉·赫歇耳给它命名为石榴石星，因为它具有密集的深红色。

飞马座

这是一匹长着翅膀的马。在珀尔修斯把美杜莎的头颅砍掉以后，从她的血泊中诞生出飞马。飞马座的四方形是秋季星空的一个界标。现在，这里有一件怪事：当这个四方形不再是一个四方形时，你还能这样称呼这个星座吗？让我们

拉丁名称
Pegasus
英语名称
The Winged Horse
缩写
Peg
拉丁语所有格
Pegasi

α 星
室宿一 /Markab
星等
2.49
恒星颜色
白色

从北半球看，飞马座是为数不多的几个以上下颠倒形象出现的图案。它右下方的小马是小马座，小马正卧在邻近的马厩呢。

看一家专门负责天空的机构，关于天空的所有东西都在里面，这家机构就是国际天文学联合会（IAU）。他们给小行星命名，计算轨道，以及处理关于星星的常见问题。在1923年，不知出于什么显而易见的原因，他们运用智慧，把四方形左上角的那颗星壁宿二拿了去，给安到仙女座了。这颗星自那时到今天还称为仙女座 α 星，也就是说，它是属于仙女座的。没办法，我们只好接受这既成的事实。

你可以看出这实际上是个四方形，在这里面你能看到多少星星，也就表明你那里的天空清澈度如何。如果一个也看不到，那么就表明你那里的天空太不干净了！

位置：四方形的飞马正在北天星图的正中间飞奔呢。

小马座

拉丁名称
Equuleus
英语名称
The Little Horse
缩写
Equ
拉丁语所有格
Equulii

α 星
虚宿二 /Kitalpha
星等
3.9
恒星颜色
黄色

这是一个很小的古老星座，最早来源于希腊。关于它的故事是这样的：这匹小马是卡斯特送给赫尔墨斯的礼物，可能是为了庆贺他的生日。赫尔墨斯想给它取名为垂格，但是别人建议他不要用那个名字。

虚宿三

这里展示的是19世纪早期的星图。那时在小马座的周围有4个星座，现在它们都不存在了。你能找到它们吗？

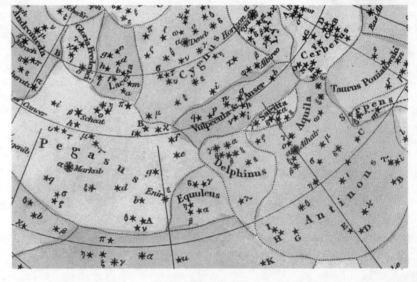

这个星座虽排名第二小，但是在历史上非常出名，因为在 7 世纪早期，那里发生过著名的"大白天"流星雨。当时的僧侣们为此写的诗歌表明，流星雨是多么壮观。

伊奎拉斯是匹小马，
它的流星雨令人羡慕惊诧。
它们在那里飞奔，有的飞快，有的缓慢，
老天爷，巨大火球一样的阵雨纷纷落下！

很遗憾，小马座流星雨现在已经差不多绝迹了。但是，如果你很走运，在 2 月 6 日小马座流星雨处于高峰的时候，你也许能瞭见这个奇怪的绿色流星雨。

位置：在北天星图上，小马正在右手边的天空幸福地嚼着块糖呢。

仙女座

拉丁名称
Andromeda
英语名称
Andromeda
缩写
And
拉丁语所有格
Andromedae
———
α 星
壁宿二 /Apheratz
星等
2.06
恒星颜色
白色
———
深空天体
M31
———
类型
星系
———
星等
4.8
———
面积
3°
———
距离（光年）
~ 280 万
———
仙女座大星云是你用眼睛能够清楚看到的最远天体。它看起来好像是并不起眼的模糊一团，但实际上它比银河系要大得多，距离我们超过 280 万光年（以目前的估算）。

安德罗米达是克普斯的女儿，因为她那爱吹牛的母亲卡西俄帕亚夸耀她长得漂亮，她被锁在岩石上，准备奉献给海怪。令人欣慰的是，在这紧急关头，珀尔修斯提着美杜莎的人头飞奔过来，把海怪变成了石头。他们结了婚，从此幸福地生活在一起。现在，请回到现实……

位置：在北天星图上，位于飞马座的左上角，安德罗米达公主张开了双臂。

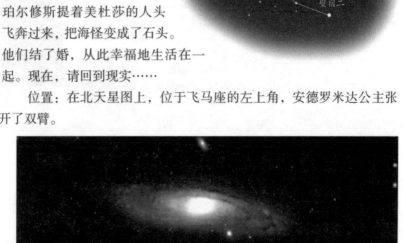

这是像科幻小说一样的情景，当然只是为了更生动。仙女座实际上并没有这样明亮，月球也不可能离它那么近（除非月球的轨道发生了大灾难："火星人"入侵，附近有个黑洞，或者其他貌似合理的解释）。这里的示意图只是为了向你表明，与月球相比，整个仙女座星系的真正面积有多么庞大。

三角座

拉丁名称	Triangulum
英语名称	The Triangle
缩写	Tri
拉丁语所有格	Trianguli

α 星	
	娄宿增六 / Rasalmothallah
星等	3.41
恒星颜色	白色

深空天体	M33
类型	星系
星等	5.7
面积	1°
距离（光年）	300 万

这是由 3 颗星星组成的古老星座。你用 3 颗星还能组成别的形状吗？希腊人把它称为"费迪南德的三角洲"，因为它看起来就像大写字母德尔塔。最初这个星座被称为大三角星座，后来，T. 米诺先生把它改成现在这个名字。

朱塞普·皮亚齐于 1801 年 1 月 1 日在这个星座发现了第 1 颗小行星。它最初被称做 Ceres Ferdinandea，是以谷物女神和西西里岛（皮亚齐的天文台位于该岛上）国王的名字合起来命名的，不久它的名字缩短为 Ceres（谷神星），并一直沿用到今天。

位置：在北天星图上，三角座位于左上方。

目击者声称，在极其清澈的夜空，他们看见过这个风车星系。如果 M33 真能看到，它可是肉眼能看到的最远的天体。总之，这个天体真是一大奇观。

天体	ANTON 2
类型	旧星座

这个废弃不用的小三角座由主星座三角座下面的 3 颗较暗的星星组成。赫维留使这组暗弱的星星名声大振，它出现在好几个不同版本的星图上，后来就退回到暗处去了。你可以看出一个问题：300 年前，很多著名的天文学家都热衷于制作星图，所以那时充满了包含各式各样星座的星图。天空本来就很有限，所以一些不那么令人感兴趣的星座就被人们抛弃了让我们看看它吧，虽然它并不那么动人心弦。

白羊座

拉丁名称	Aries
英语名称	The Ram
缩写	Ari
拉丁语所有格	Arietis

α 星	
	娄宿三 /Hamal
星等	2.0
恒星颜色	黄色－橙色

天体	ANTON 3
类型	旧星座

这是个已经废弃的星座北蝇座，你可以在三角座那里发现它跟 Anton 2 相距不远。因为有人拍打这只苍蝇，它就永远地飞离了我们的星空。星空的历史很久远，在那里星座你来我往。真正的原因还在于，后世编制星图的人对一些早期的星座并不怎么在意。

当设计者决定把这个星座描绘成一只羊的时候，他们真可谓富有非凡的"想象力"。在希腊神话里，这个星座与金羊毛的故事有关，就是伊阿宋和他的阿尔戈英雄们到处寻找的金羊毛。

娄宿三这个名称源

自阿拉伯语，意思是绵羊的头。

位置：在北天星图上，白羊正在西方遥远的草地上啃食着青草。

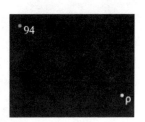

双鱼座

拉丁名称	Pisces
英语名称	The Fishes
缩写	Psc
拉丁语所有格	Piscium

α 星
外屏七 /Alrescha
星等
3.79
恒星颜色
白色

这是一个古罗马星座，可能是指维纳斯和她的儿子丘比特。他们把自己变做两条鱼，为的是从海怪堤丰身边游走（他们忍受不了他那难喝的茶水）。

位置：在北天星图中间偏左的地方，两条鱼正在那里游动。

双鱼座的最佳观测时间为 11 月的 21:00。双鱼座最容易辨认的是两个双鱼座小环，特别是紧贴飞马座南面由双鱼座 β、γ、θ、ι、χ、λ 等恒星组成的双鱼座小环。另一个双鱼座小环位于飞马座东面，由双鱼座 σ、τ、υ、φ、χ 等恒星组成。

这个星座有一个梅西耶天体：M74，位于双鱼座最亮星右更二附近。

在天球上，黄道与天赤道存在两个交点，其中黄道由西向东从天赤道的南面穿到天赤道的北面所形成的那个交点，在天文学上称之为"春分点"，这个点在天文学上有着极为重要的意义。而目前，这个重要的"春分点"就在双鱼座内。双鱼座的相邻星座包括三角座、仙女座、飞马座、宝瓶座、鲸鱼座、白羊座。

在中国古代传统里，双鱼座天区包括壁宿的霹雳、云雨、土公，奎宿的奎、外屏和娄宿的右更等星官。

双星	双鱼座 ρ 星和 94 星
星等	5.3 和 5.6
两星间距	7′ 27″
颜色	浅黄色和金黄色

宝瓶座

拉丁名称
Aquarius
英语名称
The Water Bearer
缩写
Aqr
拉丁语所有格
Aquarii

α 星
危宿一 /Sadalmelik
星等
3.0
恒星颜色
黄色

这是一个非常古老的星座，可以追溯到古巴伦时代，它的形状被看成是一个人正在从瓶子里往外倒水。这一点可能与雨季有某种关系，这是因为当宝瓶座在天空中出现得最为壮观的时候，恰好是雨季。天空的这一部分都与水有关，处于宝瓶的控制之中。

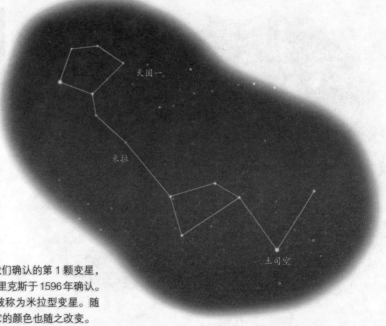

位置：在北天星图上，宝瓶的水正在往外流，把星图右下角弄得到处都是。

鲸鱼座

拉丁名称
Cetus
英语名称
The Whale
缩写
Cet
拉丁语所有格
Ceti

α 星
天囷一 /Menkar
星等
2.54
恒星颜色
红色

这个古老的星座是珀尔修斯、安德罗米达传说的组成部分。鲸鱼塞特斯就是那个被波塞冬派去咬噬安德罗米达的妖怪。鲸鱼座也被称为"海怪"，是天空中的第 4 大星座，包含所发现的第 1 颗该种类型的变星米拉。

位置：在北天星图上，鲸鱼正在左下方休息呢。

变星
米拉
鲸鱼座 ο 星

星等范围
2.0 ~ 10.1

周期
331.96 天

除了是新星外，米拉还是我们确认的第 1 颗变星，由荷兰天文学家大卫·法布里克斯于 1596 年确认。因此，其他的长期变星也被称为米拉型变星。随着米拉亮度的不断变化，它的颜色也随之改变。

南天星图

一旦你忘掉南天极的黑暗与恐怖，南天星图不失为一幅美丽的画卷。那里的两三个黑点只不过是小小的点缀。最重要的是，你可以观测到很多星座，例如飞鱼座、剑鱼座、大犬座等。精彩的观星旅途就要开始了，快跟我来吧！

南天极星图

应该说，南天极并没有北天极那么激动人心。我已经说过并没有南极星存在，但可以运用南十字座和附近的星座来确定极点的位置。那里不仅没有主要的恒星，而且周围也根本没有多少星星，有的只是极度的黑暗和神秘。虽然这样说，如果我们往外跳开几步，转向南十字座，就会发现不亚于任何地方的壮观的星空。有了耀眼的银河，南半球的夜空真可谓令人敬畏。但是，不要让我的胡言乱语把你骗了，如果可能的话，你自己去看一看。那里有漆黑的夜空，点缀着多彩的星星宝石，还有朦胧神秘的麦哲伦星云。噢，真的很壮观！

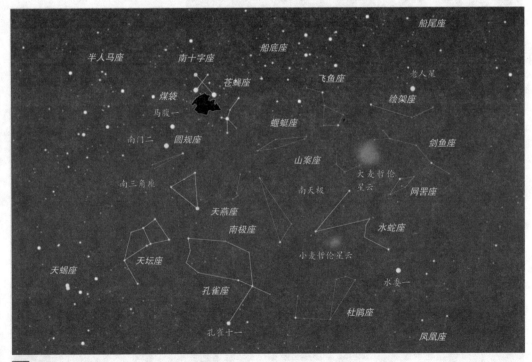

1~3月的星空

在我们的头顶上方（可能稍微偏北一些），几颗明亮的星星参宿七、天狼星、水委一和老人星构成了南天夏季大曲线（GSSC）。但愿它永远被人们记住。在它的左边是银河，这时候并不是观赏银河的最佳时节，看不清那著名的乳白状颜色。我们现在是从银河朝外看，看到的只是空无一物的太空；若从外边朝银河里面看，那样才会看到银河里面充满了构成银河的所有恒星、气体和尘埃。

大小麦哲伦星云就在我的所谓星群的下方。猎户座高高挂在上空，然后是参宿七，接下来还有波江座。那是一个很长的流淌着的星座，沿线下去你可以找到明亮的水委一。

星星看点

大麦哲伦星云
夜空中最明亮的星星天狼星
南天夏季大曲线
半人马座 α 星流星雨（高峰期处于 2 月 8 日前后）
猎户座星云 M42

- 银河星团
- 球状星团
- 星云
- 星系

南半球夏季星空

大犬座

拉丁名称
Canis Major
英语名称
The Great Dog
缩写
CMa
拉丁语所有格
Canis Majoris

α 星
天狼星 /Sirius
星等
– 1.46
恒星颜色
白色

在这里我们可以看到天狼星，它是天空中除太阳之外最亮的恒星。它之所以有着晶莹闪亮的外表，是因为它离我们相对较近，只有 8.6 光年。

再靠近观看，我们可以发现，天狼星在它那个宇宙角落并不是孤单一人，它是个双子星系统。天狼星的伴星非常小，只相当于地球直径的 3 倍多一点儿。因为它的大小和位置，使得它被称为"幼犬"，但是不识趣的天文学家却把它叫做天狼星 B，这哪里有小狗的影子？从严格意义上讲，它不是一颗普通的恒星，而是一个神秘的天体，被称为白矮星。白矮星是类似太阳一样的恒星经过喷发剩下的残余物。它们炽热、紧密，并且发光。假以时日，白矮星最终会冷却下来，变成黑矮星——一个结实、冰冷的球体，在宇宙的荒原上到处流浪，直到生命的终结。目前，天狼星和它的"幼犬"正在幸福地彼此环绕着，周期大约是 50 年。

埃及人把天狼星称为 Sothis，意思为尼罗河之星。这是因为，如果天狼星在日出之前出现，那么尼罗河季节性的泛滥就该来临了。

希腊人很为他们设计的大犬形象自豪，这是因为狗的忠诚和友好。当你把所有的星星准确地组合到一起时，一条忠诚的狗就出现了。

天狼星是大犬座 α 星，是全天最亮的恒星。天狼星是由甲、乙两星组成的目视双星。

深空天体
M41

类型
银河星团

星等
4.5

面积
38″

距离（光年）
2300

事实上，这是一个由 100 颗不同颜色的恒星组成的快乐家庭。

深空天体
Mel 65

类型
银河星团

星等
4.1

面积
8′

距离（光年）
5000

这个星团由大约 60 颗恒星组成，称为大犬座 τ 星团。

好大的一条狗！

甲星是全天第一亮星，属于主星序的蓝矮星。乙星一般称天狼伴星，是白矮星，质量比太阳稍大，而半径比地球还小，它的物质主要处于简并态，平均密度约 3.8×106 克 / 立方厘米。甲乙两星轨道周期为 50.090 ± 0.056 年，轨道偏心率为 0.5923 ± 0.0019。天狼星与我们的距离为 8.65 ± 0.09 光年。天狼星是否是密近双星，与天狼双星的演化有关。古代曾经记载天狼星是红色的，这为我们提供了研究线索。1975 年发现了来自天狼星的 X 射线，有人认为这可能是乙星的几乎纯氢的大气深层的热辐射，有人则认为这可能是由甲星或乙星高温星冕产生的，至今仍在继续研究。据 1980 年资料，高能天文台 2 号卫星分别测得甲星和乙星的 0.15 ～ 3.0 千电子伏波段 X 射线，得知乙星的 X 射线比甲星强得多。

位置：在南天星图上，整个大犬座位于左上方。

船尾座

拉丁名称
Puppis
英语名称
The Stern
缩写
Pup
拉丁语所有格
Puppis
ξ 星
弧矢增二十二 /Naos
星等
2.25
恒星颜色
浅蓝色

这是从以前的南船座上拆掉的几颗星星组成的一个星座。南船座也就是阿尔戈英雄乘坐的那条船。完整的南船座是一条做工精良的船，在无数个风雨交加的夜晚载着星星航行，因此它值得在星空中占有一席之地。后来，来了一个法国的天文学家尼古拉斯·拉卡伊，他做了一件非常"卑鄙"的事，就是把这艘船分成了 3 个星座，也就是我们今天所熟知的船尾座、船底座和船帆座。在以前，没有人掌管天空，你可以为所欲为，想做什么就做什么，但你的设计最终会不会被人接受那是另外一回事。但是，这一次，这个"海盗尼克"（尼古拉斯的绰号）得逞了。

这幅图是原来那只"船"最靠北侧的部分，虽然它看起来并不怎么像船尾，但是它那几颗十分明亮的星星还是很容易被辨认出来的。

深空天体
M47
类型
银河星团
星等
4.4
面积
30′
距离（光年）
1600

这个大约由 50 颗恒星组成的星团看起来就像一团浓烟，你只有在非常漆黑的夜空才能看到它。

深空天体
NGC 2451
类型
银河星团
星等
2.8
面积
50′
距离（光年）
850

你轻易就能看到它。但是，伟大的天文学家查尔斯·梅西耶和威廉·赫歇尔竟然找不到它！它大约包括 40 颗恒星。

虽然船尾座的恒星不亮，但它有 5 个较明亮的疏散星团。这个星座还有在 4.4 等到 4.9 等之间变化的食双星——船尾座 V。在这个星座中的四个疏散星团中，距地球最远的是 M46，是 5700 光年，大小与满月差不多。其次是 NGC2274，有 4200 光年之遥，但恒星比星座中任何一个星团都要密集，以至于必须用小型望远镜才能区分它们。M46 东边不到 3 度的地方还有个疏散星团，是 M47，但这个星团距地球只有 1600 光年，且非常暗淡，M93 比它还要暗淡。星座中最亮的星团非 NGC2451 莫属，它最亮的恒星是 3.6 等的黄色超巨星——船尾座 c（弧矢三）。

位置：在南天星图上，船尾座处于中间偏左的位置。

剑鱼座

拉丁名称
Dorado
英语名称
The Goldfish
缩写
Dor
拉丁语所有格
Doradus
α 星
Bole
星等
3.3
恒星颜色
浅蓝色

这个星座是由友善的航海家弗雷德里克·霍特曼和彼得·凯泽设计的。剑鱼座之所以出名，是因为它包含了大麦哲伦星云的一部分，一个比银河系小的卫星星系。

历史已经模糊了"剑鱼"这个称号的由来。如果我们能够回到过去，亲自问一问弗雷德里克或彼得，到底是什么海洋动物给他们带来了那样的灵感，他们也许会说是剑鱼，或者最有可能说实际上是马希—马希鱼。

大小麦哲伦星云是以 16 世纪葡萄牙著名航海家麦哲伦的名字命名的。1519 年 9 月 20 日，

深空天体 NGC 2070	蜘蛛星云又被称为剑鱼30星,奇妙的它应当被评为最漂亮的5个星云之一。	深空天体 大麦哲伦星云	大麦哲伦星云的面积是银河系的四分之一,看起来就好像是从银河系撕下的一大块,被扔在那里漂浮着。
类型 星云		类型 不规则星系	
星等 5.0		星等 0.4	
面积 40′×20′		面积 9°10′×2°50′	
距离(光年) 17.9万		距离(光年) 17.9万	

麦哲伦在西班牙国王的支持下,率领一支200多人的船队,从西班牙的一个港口出发,开始了人类历史上第一次环绕地球的航行。1520年10月份,麦哲伦带领船队沿巴西海岸南下时,每天晚上抬头就能看到天顶附近有两个视面积很大的、十分明亮的云雾状天体。麦哲伦注意到这两个非同一般的天体,并把它们详细地记录在自己的航海日记中。麦哲伦本人后来航行到菲律宾时被一个小岛上的土著居民杀害了,但是他的18名部下在历经了千难万险、经过几乎整整3年之后,终于在1522年9月6日回到了西班牙,完成了这次环绕地球航行的壮举。为了纪念麦哲伦的伟大功绩,后人就用他的名字命名了南天这两个最醒目的云雾状天体,称之为大麦哲伦星云和小麦哲伦星云,因为当时人们还不知道它们实际上是两个河外星系。

蜘蛛星云是一个位于我们的邻居星系——大麦哲伦星云中的巨大发射星云,其大小超过1000光年。在这个宇宙级蜘蛛的中心,有一个由大质量恒星组成的、编号为R136的年轻星团,它发出的强烈辐射和吹出的猛烈星风使得星云发光,并形成了蜘蛛腿状的细丝。这幅让人印象深刻的镶嵌彩色图像,是由美洲天文台的施密特望远镜拍摄的,在图中可以看到星云中还有其他的年轻星团。蜘蛛星云地带的"居民"周围还有一些暗云、向外蔓延的一缕缕丝状气体、致密的发射星云、邻近的球形超新星遗迹,还有环绕着热星的著名的超级气泡区域,它们也同样引人注目。

位置:在南天星图上,那模糊的一团就是剑鱼。

网罟座

拉丁名称 Reticulum 英语名称 The Net 缩写 Ret 拉丁语所有格 Reticuli
α 星 网罟座 α 星/α Ret 星等 3.4 恒星颜色 黄色

17世纪时,斯特拉斯堡的艾萨克·哈布赖特把这个星座的几颗星放在了一起。刚开始它是一个菱形,但是这一形象并不那么令人满意,于是就有人对它"修修补补",发挥想象力,把它看成是一种仪器,叫做标线片。天文学家把这种仪器安装在望远镜里,帮助他们测量恒星的方位。

位置:在南天星图上,网罟座就在那一团模糊的星云的右上方。

4~6月的星空

能不能看到壮观的银河，这要看你在南方的什么地方（越靠南越好）。一年中的这个时候银河高高地飞跨在我们的头顶上空。这一雄伟壮观的彩带上点缀着一些非常精彩明亮的星星，它们位于半人马座、南十字座、船底座、船帆座和大犬座。与此同时，大麦哲伦星云和小麦哲伦星云像浓烟一样，远远地在南边的天空中飘荡。如果你非常富于想象力，何不再加上4个星座，它们组成了原来那艘巨大壮观的阿尔戈英雄船（南船座）：船底座、船帆座、船尾座和罗盘座。在北边有长蛇座，它并不特别明亮，但令人吃惊的是，它长长的鳞状身子占据了很大一片天空。

星星看点

煤袋暗星云
宝盒星团 NGC4755
船底座艾塔星云 NGC3372
半人马座奥米伽球状星团
NGC5139
宝瓶座 η 星流星雨

⬡	银河星团
⊕	球状星团
▢	星云
⬭	星系

南半球秋季星空

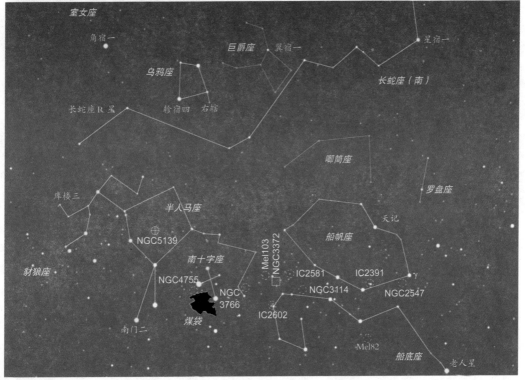

长蛇座

拉丁名称
Hydra
英语名称
The Water Snake
缩写
Hya
拉丁语所有格
Hydrae

α 星
星宿一 /Alphard
星等
2.0
恒星颜色
橙色

变星
长蛇座 R 星

星等范围
4.5 ~ 9.5

周期
389 天

这是一颗米拉型变星。

这是一个恐怖的九头怪蛇，最终死在了赫拉克勒斯手里，结束了其肮脏的一生。长蛇座是最大的星座，它特别长，与 14 个星座接壤，还没有哪一个星座能与这么多星座为邻。它的主星是星宿一，意思是"蛇的心脏"。

位置：在北天星图上，长蛇的头部位于狮子座的下方，它其余的部分都位于南天星图上。

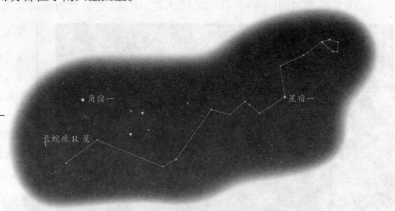

可以肯定的是，长蛇不是个讨人喜欢的动物。请看它要对付哪些东西：1 个大杯，1 个六分仪，1 只乌鸦，还有 1 只猫头鹰。这些东西都压在它的背上，而它想要的只不过是水塘里一块安静的水域，这个水塘当然是由星星组成的。

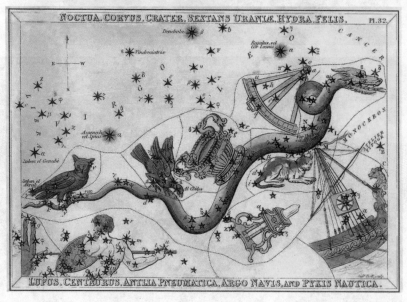

半人马座

凡是遇到赫拉克勒斯的人，没有几个有好日子过的，就连他的邻居也不例外。半人马就是这样的情况，他叫喀戎，被我们的英雄赫拉克勒斯的箭给误杀了。在神话里，半人马被认为身上会发出难闻的气味，不怎么讨人喜欢，不适合做人类的朋友。但喀戎还是值得我们美言几句：他幽默风趣，非常具有学者风度，教过很多希腊英雄。

在非常靠近半人马座南门二（意为"半人马的脚"）的地方，有一颗很小、很微弱的星星比邻星，它是除太阳之外离我们最近的恒星，只有4.25光年。有些人认为，在由3颗星组成的半人马座南门二系统中，比邻星是我们一个最小的远亲。这里所谓的遥远是指，比邻星离我们的距离可能相当于冥王星到太阳距离的250倍。

位置：在南天星图中间偏左下的地方，这位非凡的半人马正准备给那些想上他课的人讲课呢。

拉丁名称
Centaurus
英语名称
The Centaur
缩写
Cen
拉丁语所有格
Centauri

α 星
南门二 /
Rigel Kentaurus
星等
– 0.01
恒星颜色
黄色

深空天体 NGC 5139		深空天体 NGC 3766	
类型	球状星团	类型	银河星团
星等	3.65	星等	5.3
面积	36′	面积	12′
距离（光年）	1.7万	距离（光年）	5500

这是半人马座奥米伽星团。"那是颗恒星啊！"你会这样说。一颗恒星怎么就变成了天空中最漂亮的球状星团呢？这是因为在望远镜还没有发明出来以前，人们搞不清楚这个神秘天体的真正属性，它看起来就像一颗恒星。

18世纪50年代早些时候，拉卡伊先生在南非转悠了一圈后发现了这个星团。当时，它被称为"万人迷"。现在，如果你用双目镜观看，它依然多彩、迷人。

南十字座

拉丁名称
Crux
英语名称
The Southern Cross
缩写
Cru
拉丁语所有格
Crucis

α 星
南十字二 /Acrux
星等
0.9
恒星颜色
浅蓝色

"噢，那4颗星星就够了。"约翰·巴耶说。他从邻近的半人马座拿过来几颗星星，组建了南十字座。然后，他把这个最小的星座编进了他那本关于星星的书《测天图》（Uranometria，1603年出版）。自那时起，这个星座就像个十字架一样被"固定"下来。

就像北半球的北斗七星一样，南十字的形状很容易辨认，所以很多不同文化的人们都熟悉它。在一些土著传说中，人们把它描绘成两只美冠鹦鹉坐在橡胶树上。而在非洲南部，人们把它与隔壁的半人马座的两颗亮星连在一起，构成一头长颈鹿的形象。

如果让我来给星座打分，标准是它们美丽壮观的程度，能让你"哇噢、哇噢"地惊叹不已，那么南十字座会得分很高。那里有非常多的事情正在发生，像银河、煤袋（星云）、

在南十字座周围繁华的区域，明亮的银河从我们的视线中穿过。

对过去的水手们来说，南十字座非常有用，以至于这个容易辨认的星座被画上了澳大利亚、新西兰、巴布亚新几内亚和萨摩亚等国的国旗。

深空天体	NGC 4755
类型	银河星团
星等	4.2
面积	10′
距离（光年）	7 600

宝盒星团作为一个组合真是一个"瑰宝"，它里面的恒星闪闪发光，就像一盒五彩斑斓的宝石，有蓝色、红色、白色等各种各样的颜色。

图片中心部分一些奇妙的深空天体都已被标示出来。半人马座的 α 和 β 两颗亮星位于图的左边。

深空天体	煤袋
类型	暗星云
星等	6
面积	30″ ×5°
距离（光年）	550

这是由尘埃和气体组成的云团，挡住了它背后的恒星发出的光芒。煤袋可能是离我们最近的暗星云。

宝盒（星团）、尘埃、气体、恒星和恒星星团，等等。对我来说，最明亮而且超级壮观的5个星座应该是这样的（排序不分先后）：南十字座、半人马座、船底座、人马座和天蝎座。它们都非常值得在南半球星空中占有一席之地。

位置：在南天星图上，南十字座依偎在半人马的下方，靠近南天极那块黑暗的区域。

船帆座

拉丁名称	Vela
英语名称	The Sails
缩写	Vel
拉丁语所有格	Velorum
γ 星	
船帆座 γ 星 / γ Vel	
星等	1.8
恒星颜色	浅蓝色

如果你读过关于船尾座的故事，你就知道这是怎么回事了。南船座是一条做工精良的帆船，在神话里，伊阿宋带着他的阿尔戈英雄们乘坐它航行于世界各处。他们飘过了7个大海，吱吱嘎嘎作响的帆船仍然毫无损伤。直到有一天，在那个"星球大战"的时代，绘制星图的"海盗"尼克·拉卡伊把它拆成了3块。这件事发生在18、19世纪之间，那时候星图设计者们希望他们命名的星座哪怕至少有一个能被承认，载入太空史册就好。这一次，尼克算是走运，而他周围的很多人被逼得"走跳板"（被海盗逼迫走上伸出船边缘的木板而被淹死），跳进"星座历史"黑暗污浊的海水中丧了命。

就南船座而言，据说在漆黑、寂静的夜晚，你能听到帆船的桁端吱吱嘎嘎，那是帆船最后破裂的声音。因为这次天上的"沉船"事件，船帆座没有 α 星或 β 星，而是由无名的船帆座 γ 星牵引——如果你把它大声说出来，听起来就像个魔咒一样。

关于银河有趣的事实是银河从船帆座穿流而过。这没什么呀，你也许会这么认为。但是，

深空天体	NGC 2547
类型	银河星团
星等	4.7
面积	20′
距离（光年）	1950

这个漂亮的星团由大约 50 颗恒星组成，是由拉卡伊发现的。把帆船拆散的事就是他干的。

深空天体	IC 2391
类型	银河星团
星等	2.5
面积	50′
距离（光年）	580

这个由大约 30 颗恒星组成的家庭围绕着船帆座转动。

南船座分成的 3 块现在分别是船帆座、船尾座和船底座。罗盘座通常也被包含进去，但它并不是原来那艘船的一部分。此图就是那艘鼓帆远航的船，载于赫维留的《星图学》。

本来银河是环绕着整个天空的，却恰恰在这个位置断开了。在银河的这一河段有一条由黑暗的尘埃和气体组成的带状物，把银河彻底截成两段。

位置：在南天星图中间偏右下方的地方，船帆正在风中飘扬。

船底座

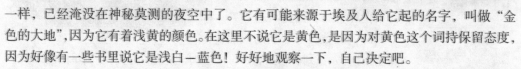

船底座是古老的大星座南船座的一部分。关于帆船完整的故事参见船帆座的内容：在一个风雨交加的乌黑夜晚，当这艘船驶入了"黑胡子海盗"尼克·拉卡伊的路线，被拆散开来，变成了3个新的星座。

老人星是夜空中第二亮的星星，仅次于大犬座的天狼星。关于老人星名称的来源，就像很多古老的星星一样，已经淹没在神秘莫测的夜空中了。它有可能来源于埃及人给它起的名字，叫做"金色的大地"，因为它有着浅黄的颜色。在这里不说它是黄色，是因为对黄色这个词持保留态度，因为好像有一些书里说它是浅白－蓝色！好好地观察一下，自己决定吧。

位置：在南天星图的右下方，船底正在那里飘浮着。

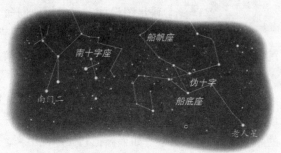

南十字座这个最小的星座，它有4颗亮星非常接近半人马座的α、β这两颗亮星。但是船底座和船帆座的4颗星只是按大致的相似模式排列，因此它们被亲切地称为"伪十字"。有些人开始不知道，现在明白了：这4颗星的组合既不如真实的南十字座明亮，又没有那两颗亮星做邻居。

深空天体 Mel 82	深空天体 NGC 3114	深空天体 IC 2602	深空天体 Mel 103	深空天体 IC 2581
类型 银河星团	类型 银河星团	类型 银河星团	类型 银河星团	类型 银河星团
星等 3.8	星等 4.2	星等 1.9	星等 3.0	星等 4.3
面积 30′	面积 35′	面积 50′	面积 55′	面积 8′
距离（光年） 1300	距离（光年） 3000	距离（光年） 479	距离（光年） 1300	距离（光年） 2868
这个明亮的星团又被称为NGC2516，由大约100颗恒星组成。	据说这个星团有171颗恒星。为什么这个数字如此精确，目前依然是个谜。	我在这里本该使用梅洛特命名法把它叫做Mel102，因为这个精美的星团被亲切地称为南昴宿星团。	这个由恒星组成的星团也被称为NGC3532，靠近船底座艾塔星云（NGC3372）。它坐落于银河系非常繁华的地段，因此你最好带上双目镜，那里的景色看上去真的很迷人。	这个星团大约有25颗恒星。

7~9月的星空

随着银河在我们头顶上空呈现从北向南流淌,它的全盛时期到来了。天空中有那么多的天体可以观看,你都不知道该从哪个地方开始! 人马座的茶壶和天蝎座的尾巴引领了这块星团密布的地盘,银河系缥缈的奶白色恒星在或明或暗的尘埃与气体组成的星云中蜿蜒曲折,与它们交相辉映。我们需要一个真正漆黑的夜空,这样才能尽情欣赏星光灿烂的壮丽景象。不够完美的是星空比较空旷,只有北落师门和水委一照亮了南方的天空,角宿一垂落在西方的天空。

星星看点

银河
人马座恒星云 M24
天蝎座桌形星团 NGC6231
天秤座主星氐宿一
人马座双星天渊二和天渊一
宝瓶座 δ 星流星雨(两次高峰期,处于 7 月 29 日和 8 月 8 日前后)

- ⊙ 银河星团
- ⊕ 球状星团
- ☐ 星云
- ◯ 星系

南半球冬季星空

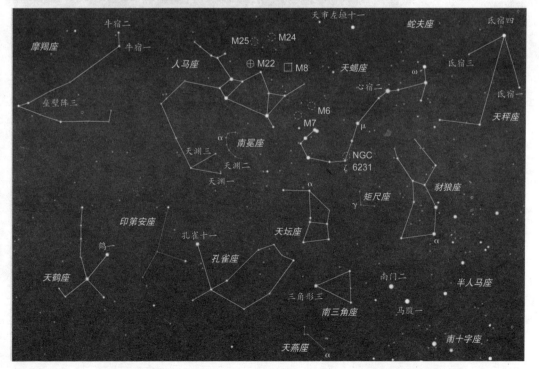

摩羯座

拉丁名称
Capricornus
英语名称
The Sea-Goat
缩写
Cap
拉丁语所有格
Capricornus

α 星
牛宿二 /Algedi
星等
3.6
恒星颜色
黄色

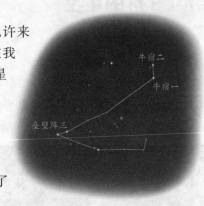

　　这是个非常古老的星座，也许来自于东方的半羊半鱼形象，现在我们总算有两种动物结合在一起的星座了。根据可靠的希腊来源，这个形象指的是潘。为了躲避海怪堤丰，他潜入尼罗河里，后来就变得有点儿鱼的形状，但是很显然，只有弄湿的那一小部分变成了鱼形。这样就清楚多了。

　　看看摩羯座周围的天空，你会发现那里就是水乡：有宝瓶座、双鱼座、鲸鱼座和南鱼座。古时候，一年中这些星座出现时跟下雨和洪水泛滥有联系，现在也是一样。

　　惊奇的事实：摩羯座是黄道十二宫图里最小的一个。

　　位置：在南天星图的左上方，这只会水的食草动物正在那里游动。

双星
牛宿二
摩羯座 α 星

星等
4.2 和 3.6

两星间距
6′ 18″

颜色
都是金黄色（而不是金鱼色）

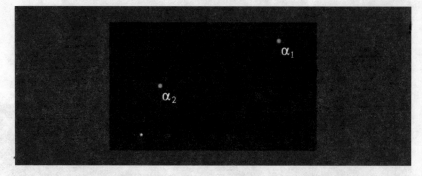

这只半羊半鱼动物的双眼有些色迷迷（英语中山羊含有"色鬼"之意）的，一直盯着人看。

天秤座

拉丁名称
Libra
英语名称
The Scales
缩写
Lib
拉丁语所有格
Librae

α 星
氏宿一 /
Zubenelgenubi
星等
2.75
恒星颜色
白色

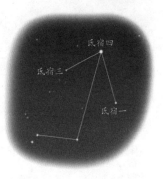

在古罗马时代以前，天空中并没有天秤座，它们本来是天蝎座的爪子。那么，这又是怎么回事呢？在那个没有同情心的世界，罗马人把天蝎的爪子砍了下来，做成了一副精美的秤盘，就这么简单。罗马人也没有得到什么报应，等到有人注意到这一点的时候，已经过去 1500 年了。

这个星座并没有什么惊人之处，但它还是值得一提，只是因为它那几颗星星的名字很神奇：氏宿一、氏宿四、氏宿三和氏宿增一。

很显然，氏宿四（β 星）是你能看到的颜色最绿的星星。

位置：在南天星图上，天秤座位于右上方。

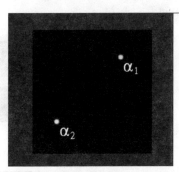

双星		变星
氏宿一		氏宿增一
天秤座 α 星		天秤座 δ 星
星等		星等范围
2.8 和 5.2		4.9 ~ 5.9
两星间距		周期
3′ 51″		2.327 天
颜色		
浅蓝色和白色		

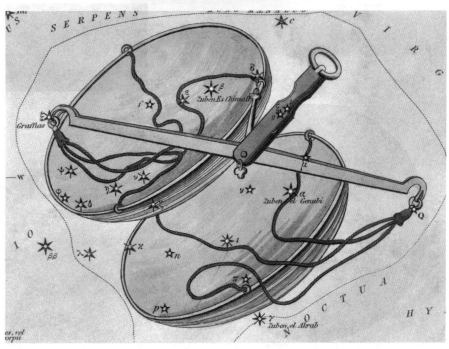

这就是天秤座。它主星的名字叫氏宿一，意思是"天蝎南边的那只爪子"。这也表明，在遥远的过去，天秤座是天蝎座的一部分。

天蝎座

拉丁名称
Scorpius
英语名称
The Scorpion
缩写
Sco
拉丁语所有格
Scorpii
α 星
心宿二 /Antares
星等
0.96
恒星颜色
红色

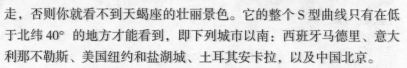

小心，猎户！阿波罗派了这个可恶的蜇人的家伙来对付你了！这就是为什么猎户座和天蝎座被放在天空正对着的两端，这样猎户就没有麻烦了。

尽管从中北纬度你也能看到那颗明亮的心宿二，但除非你尽量往南走，否则你就看不到天蝎座的壮丽景色。它的整个 S 型曲线只有在低于北纬 40° 的地方才能看到，即下列城市以南：西班牙马德里、意大利那不勒斯、美国纽约和盐湖城、土耳其安卡拉，以及中国北京。

从前，天蝎曾经有过漂亮的爪子，后来被罗马人砍掉了，做成一个"新"的天秤座。

位置：在南天星图上，天蝎座位于中间偏右上方。

深空天体 M7
类型
银河星团
星等
3.3
面积
1° 20′
距离（光年）
800

在公元 130 年，托勒密曾描述过这个星团，此后它也被称为托勒密星团。它可能是星座中最美的深空天体，看看它的面积，是月球的两倍还多！

深空天体 M6
类型
银河星团
星等
4.2
面积
20′
距离（光年）
2000

这个精美的蝴蝶星团大约由 80 颗恒星组成。

双星 天蝎座 μ 星
星等
3.0 和 3.6
两星间距
5′ 30″

双星 天蝎座 ζ 星
星等
3.6 和 4.9
两星间距
6′ 30″

深空天体 NGC 6231
类型
银河星团
星等
2.5
面积
15′
距离（光年）
5900

这个银河星团也被称为桌形星团，是天空的精彩部分。

人马座

拉丁名称
Sagittarius
英语名称
The Archer
缩写
Sgr
拉丁语所有格
Sagitarii

α 星
天渊三 /Rukbat
星等
3.97
恒星颜色
浅蓝 – 白色

他是个射手，本来应该是背着一张弓，但是看起来却像个茶壶，哪里有弓的影子？把那里的几颗星星连在一起，你肯定看到的是能泡茶用的东西。

这个星座好像是不同文明的混合物，里面可能有苏美尔人和希腊人的影响，而名称则是由罗马人命名的。眺望这一部分的星空，实际上你就是直接看到了银河系的心脏。这就意味着这整个区域是银河系的精华所在，布满了各式各样的星云、星团和尘云，你可以在下面的列表和图片中看到。

位置：在南天星图上部的中间，你会找到射手，他还带着弓箭呢。

深空天体 M8	深空天体 M22	深空天体 M24	双星 天渊二和天渊一 人马座 β₁ 星和 β₂ 星
类型 星云	**类型** 球状星团	**类型** 恒星云	**星等** 4.0 和 4.3
星等 5.8	**星等** 5.1	**星等** 4.5	**两星间距** 28.3′
面积 1° 30′ ×40′	**面积** 24′	**面积** 1° 30′	**颜色** 浅蓝色和白色
距离（光年） 5 200	**距离（光年）** 1 万	**距离（光年）** 1 万	

泻湖星云是由勒·让蒂尔于 1747 年记录下来的。它非常暗淡，在很清爽的夜晚才勉强可以看到。它的名称来自于一块蜿蜒曲折地穿过它、由尘埃构成的泻湖状黑暗地带，透过望远镜可以看见。

这个天体可能是由亚伯拉罕·伊勒早在 1665 年第一次记录下来的。事实上，它可能是我们确认的第一个球状星团。它和 M13 一样，值得被人关注。

人马座恒星云是一个模糊的发光星体，比朦朦胧胧的银河稍微明亮一点儿。它的直径是月球的 3 倍，当然它的面积也相当大。

这里没有这两颗星的图片，纯粹是因为它们相隔太远，这一页纸根本标示不出来！这两颗星相距极其遥远，在主星图上已经清清楚楚地标明在那里了。

茶壶（人马座的部分）

天体 ANTON 8
类型 旧星座

悬浮在人马座茶壶上空的是已经飞起的茶袋座。

在非常黑暗清晰的夜空，银河系的这个中心区域确实非常迷人，令人难忘。

没费多大劲儿，那些星体就把它们迷人的光彩展示了出来。

南三角座

拉丁名称
Triangulum Australe
英语名称
The Southern Triangle
缩写
TrA
拉丁语所有格
Trianguli Australis

α 星
三角形三 /Atria
星等
1.9
恒星颜色
橙色

给你 3 颗星星，你能组成什么图案？16 世纪荷兰航海家弗雷德里克·霍特曼和彼得·凯泽没费多大劲儿就做出来了一个……三角形！但是，这个星座可能要古老得多，因为它的星星很容易辨认，比与之相对应的北半球三角座要容易辨认得多。

位置：在南天星图中间偏右下方，这个三角形正在变几何魔术。

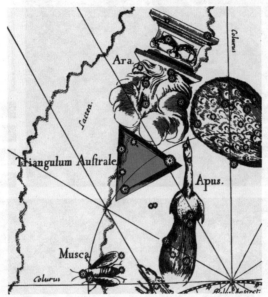

出现在赫维留的《星图学》上的南三角座，它临近天燕座和天坛座。

南冕座

拉丁名称
Corona Australis
英语名称
The Southern Crown
缩写
CrA
拉丁语所有格
Coronae Australis

α 星
南冕座 α 星 /α CrA
星等
4.1
恒星颜色
白色

这是希腊人设计的星座，描绘的是坐落在它隔壁的人马座的王冠。因此，在较早一些时候，罗马人把这个南半球曲线形的组合叫做人马座的王冠。银河流经这一区域，使它变得越发有趣。

位置：在人马座的"茶壶"下面找一找这个南冕座。

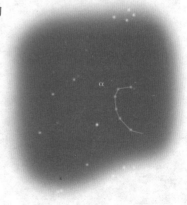

10～12 月的星空

在这个时期, 随着地球绕着太阳公转, 把人马座和天蝎座带到了天空的西边, 我们失去了银河最明亮的部分。暗夜的天空中, 北落师门高高地挂在中间偏上的地方, 放肆的水委一在下面靠左一点儿的地方停留(当然, 这要根据何时何地而定)。向东方看去, 几个嬉皮笑脸的明亮家伙出现了: 先是老人星, 稍后是天狼星。除此之外, 天空相当安宁。噢, 还有壮丽的麦哲伦星云, 随着我们进入 12 月份, 它们达到了最辉煌的阶段。顺便问一声, 你注意到没有, 在一年的这个时节, 有多少种鸟类星座在那里忽闪着翅膀到处飞翔呢?

星星看点

小麦哲伦星云

追寻整个波江座的轨迹

鲸鱼座著名的变星米拉

猎户座流星雨 (高峰

期处于 10 月 21 日前后)

大麦哲伦星云

- ▣ 银河星团
- ⊕ 球状星团
- ▢ 星云
- ⬯ 星系

南半球春季星空

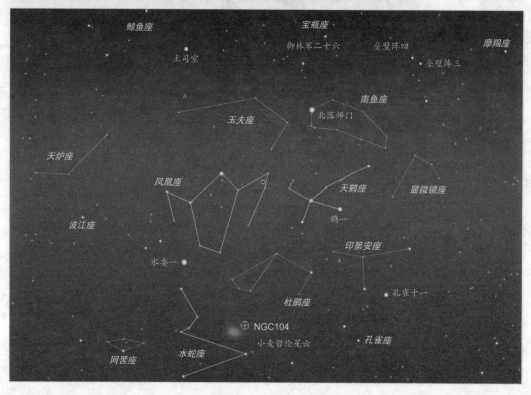

波江座

拉丁名称
Eridanus
英语名称
The River
缩写
Eri
拉丁语所有格
Eridani

α 星
水委一 /Achernar
星等
0.5
恒星颜色
浅蓝色

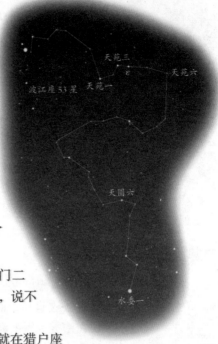

这条波江流经天空的很大区域，是一个古老的星座。这条河可能是太阳神的儿子法厄同创建的，目的无非是要把幼发拉底河与尼罗河连接起来。顺着这条河蜿蜒曲折往下走，你可以找到水委一，阿拉伯语意思为"河流的尽头"。一旦你找到了它（如果你向南走得足够远），你就看到了夜空中排名第 9 位的亮星。

波江座 ε 星是离我们第三近的恒星（排在南门二和天狼星之后），只有 10.7 光年。它可能也有行星，说不定还有人在行星上居住呢。

位置：在 1 ~ 3 月的南天星图上，波江的源头就在猎户座的亮星参宿七的右边不远处。

天体
ANTON 6

类型
旧星座

在以勃兰登王笏座这样精彩的名称命名了这个星座之后，波江座 53 星也被称为权杖。

天体
ANTON 7

类型
旧星座

天空右上角（如果你住在南半球，应该是左下角）有另一个被遗忘的星座，叫做乔治国王竖琴座。这个星座消失是因为发生了一次事故。由于粗心，那个竖琴被遗忘在了波江的河岸上，在一个暴风雨的夜晚，它被冲进了时光的河流之中。

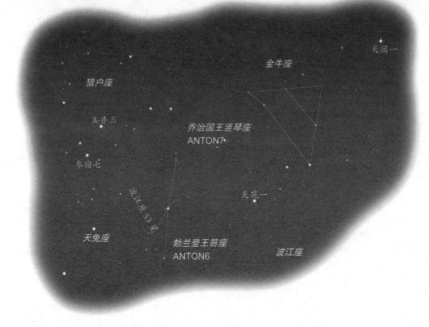

南极座

拉丁名称
Octans
英语名称
The Octant
缩写
Oct
拉丁语所有格
Octantis
α 星
南极座 α 星 / α Oct
星等
5.15
恒星颜色
黄色

在 1751 年前后，尼古拉斯·拉卡伊从南天极周围找了几颗暗得几乎看不到的星星，组建了这个星座。他设计出了这个航海仪器八分仪的星座，而它根本不可能被水手用来为他们指明航向。为什么他要这样设计，这将永远是个秘密，只有那个"疯子"尼克自己知道。目前我们发现的离南天极最近的恒星是南极座 σ 星，它的星等是 5.45，还配不上称为南极星。

位置：南极座当然位于南天极星图的中心。

杜鹃座

拉丁名称
Tucana
英语名称
The Toucan
缩写
Tuc
拉丁语所有格
Tucanae
α 星
杜鹃座 α 星 / α Tuc
星等
2.9
恒星颜色
橙色

弗雷德里克·霍特曼和彼得·凯泽设计了这只鸟，而圣艾尔摩之火（传说在浓雾弥漫的海面上会出现成对的被称为圣艾尔摩之火的火球为船员指引方向）就在南天海洋的某个地方奔突忽闪着，给我们带来晴朗清澈的夜空。噢，那时候设计星图真容易啊。他们的朋友约翰·巴耶把这个星座放了自己的《测天图》里。

杜鹃座内在波江座的水委一和南天极的中点上有著名的小麦哲伦星云，它是和大麦哲伦星云（剑鱼座）一起由麦哲伦发现的。它也是我们银河系的伴星系，直径 22000 光年，距离太阳系 19 万光年。 银河系和大小麦哲伦星云一起组成了一个三重星系。这里所说的"杜鹃"，指的是生活在南美洲的一种嘴巴巨大、羽毛艳丽的鸟，1603 年，德国天文学家巴耶尔为了纪念这种鸟的发现而命名了这个星座。

位置：在南天星图的底部，那模糊的一团就是杜鹃栖息在那里。

深空天体		深空天体	
小麦哲伦星云	小麦哲伦星云（SMC）又被称为 NGC292，自古就被人们熟知，但在 1519 年麦哲伦环游世界之后，它才名声大振。	NGC 104	古代天文学家们曾认为这是一颗恒星，后来发明了望远镜，才认定这是一个巨大的模糊星团。
类型		类型	
不规则星系		球状星团	
星等		星等	
2.3		4.0	
面积		面积	
5° 19′ ×3° 25′		30′	
距离（光年）		距离（光年）	
19.6 万		1.34 万	

月球、太阳和行星

月球

观察月球，你会看到它上面有一些明暗不同的成片区域。古代的天文学家把那些黑暗的区域当成是海洋，把明亮的区域当成陆地。即使我们现在知道事实并非如此，但那些海洋的名称和水一样的特征仍然沿用至今，从表中可以看出来。

月球的历史可以追溯到大约 46 亿年前地球形成时期。关于月球形成最流行的理论是这样的：一个很大的天体撞击到地球上，击毁了地球的一些地方，碎片与这个天体夹杂在一起飘入太空，所有那些岩石状的物质在地球的周围形成一个圆环。在相当短的时间内，也许只有 1 年，这些岩石状的物质便凑到了一起，形成了月球。

你有没有感到很奇怪，为什么月球上有那么多陨石坑，而地球上却没有多少呢？这就需要我们从早期的太阳系里寻找答案。在那遥远的过去，很多天体在太空中到处乱飞，一会儿飞到这里，一会儿飞到那里。只要有东西挡住它们的去路，它们就朝那些东西撞上去。地球也不能幸免，被撞得不轻，但由于地球上大气、水和大陆漂移等作用，使地球上早期的陨石坑几乎被抹平不见了。月球则不然，它没有大气，因为它太小了，吸附不了多少大气。因此，所有月球上的东西都完好地保存着原来的状态，包括陨石坑以及其他东西。

拉丁语	英语	汉语
Sinus Aestuum	Bay of Heats	暑湾
Mare Anguis	Serpent Sea	蛇海
Mare Australe	Southern Sea	南海
Mare Cognitum	Sea of Thoughts	知海
Mare Crisium	Sea of Crisis	危海
Palus Epidemiarum	Marsh of Epidemics	流行病沼
Mare Foecunditatis	Sea of Fertility	丰富海
Mare Frigoris	Sea of Cold	冷海
Mare Humboldtianum	Humboldt's Sea	洪堡海
Mare Humorum	Sea of Humours	湿海
Mare Imbrium	Sea of Showers	雨海
Mare Insularum	Sea of Isles	岛海
Sinus Iridum	Bay of Rainbows	虹湾
Mare Marginis	Marginal Sea	边缘海
Sinus Medii	Central Bay	中央湾
Lacus Mortis	Lake of Death	死湖
Mare Moscoviense	Moscow Sea	莫斯科海
Palus Nebularum	Marsh of Mists	雾沼
Mare Nectaris	Sea of Nectar	酒海
Mare Nubium	Sea of Clouds	云海
Mare Orientale	Eastern Sea	东海
Oceanus Procellarum	Ocean of Storms	风暴洋
Palus Putredinis	Marsh of Decay	凋沼
Sinus Roris	Bay of Dews	露湾
Mare Serenitatis	Sea of Serenity	澄海
Mare Smythii	Smith's Sea	史密斯海
Palus Somnii	Marsh of Sleep	睡沼
Lacus Somniorum	Lake of the Dreamers	梦湖
Mare Spumans	Sea of Foam	泡沫海
Mare Tranquilitatis	Sea of Tranquillity	静海
Mare Undarum	Sea of Waves	浪海
Mare Vaporum	Sea of Vapours	汽海

月球地图的绘制

月球上的海洋是在月球与别的天体碰撞最厉害的时期形成的。那时候，月球表面被撞开了口子，使得它内部的熔岩物质流了出来，形成了这些广大的熔岩湖一样的黑暗景象。如果你要去月球，这些"海洋"是你着陆的好地点，因为它们都是些较为平坦的地方。你会发现，在20世纪60年代后期到70年代，"阿波罗号"宇宙飞船绝大多数时候都是在这些地方着陆的。

陨石坑主要是由彗星和小行星撞击月球形成的。

月面地形图

就像你往池塘里扔一块石子会产生涟漪一样，月球的岩石也会向外飞溅，但是它们不同于水，它们很快就会凝固，于是给我们留下了陨石坑，实际上也就是一些凝固的涟漪。

1836年，英国天文学家弗朗西斯·贝利通过描绘并分析"贝利珠"现象得出结论：月球表面存在大型山脉。日食发生时，贝利注意到，尽管月球遮住了太阳，但是在月球边缘却存在一些明亮的小点，如同一串晶盈透亮的水珠，这就是"贝利珠"现象。贝利正确解释了这一现象的成因，即太阳光线穿过月球表面高山之间的峡谷时，产生了"贝利珠"。

1839年，法国绘画及摄影艺术先驱者路易斯·达盖尔使用银板照相法拍摄月球照片。随后，美籍英裔科学家约翰·德雷珀利用银板照相法正式拍摄了几组月球照片。随着科技的进步，更快更好的照相用感光乳液问世，使得拍摄月球更容易。不过在19世纪末之前，根据观测手工绘制月球地表细节图的工作一直没有停止过，这其中包括德国天文学家威廉·罗曼绘制的月球地图，以及于1878年出版的由德国天文学家约翰·施密特绘制的月球地图等。20世纪，科学家们才可以近距离拍摄月球。1945年，美国国家信号公司使用雷达反射绘制月球地图，而更细节化的照片则分别由20世纪50年代苏联发射的"月球探测器号"以及20世纪60年代美国太空总署发射的"月神号"探测仪发回地球。

月球的运行

月球围绕地球公转1周的时间与它自转1周的时间相等，这被称为同步自转。土卫六环绕土星，海卫一环绕海王星，木卫一、木卫二、木卫三和木卫四环绕木星旋转，它们都

现在请看这张盈凸月的精彩图片。

你能看见明暗区域合起来构成的"月球人"吗?

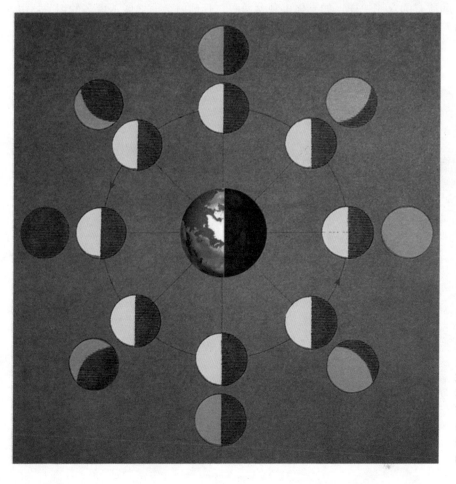

月球围绕地球逆时针公转(从北极上空看过去),每隔29.5天月相完成1个周期。在这幅图中,太阳位于左方,持续照亮月球表面的一半,但是我们看到照亮的这一半有多大取决于月球在它轨道上的位置。里面一圈白色的月球是围绕地球公转所在的不同位置,外面一圈带标志的浅棕色月球表明了它此时的月相。

是同步自转。同步自转意味着我们只能看到月球的一面，也就是"近月面"。

我们对"远月面"是什么样子一无所知，直到1959年，前苏联的太空探测器"探月3号"拍到月球背面的照片。那些照片显示，月球的背面同样布满了陨石坑，也没有真正的海洋。

不过，前面所述也并非十分准确。因为月球运行时会有被称为"天平动"的抖动，这样就使我们能够看到的月球表面只比一半稍微大一点儿。

另一个关于月球的词汇是朔望月。它是指月相重复出现需要的时间，也就是从一个满月到下一个满月，或者从一个新月到下一个新月所经历的时间。这个时间是29.5天，称做太阴月。如果你看到一个满月，那么下次的满月将会在29.5天之后出现。太阴月和一个日历月是大约相同的时间，这绝非是个巧合。这也就是月份这个词的来历，它的本意应该是月的时间。

观测月球

学习有关月球的知识跟学习星座知识的过程相同。如果你慢慢来，你就能轻而易举地找到门路。

前面的月面图可以帮助你辨认月球上明亮和黑暗的区域，这些你只需抬头看一下就能看到。但是，和所有的观测一样，如果你多观察两眼，月球就会向你展示更多的细节：由于古代撞击而产生的明亮光线遍布月球，使得月球表面呈现出斑驳的形状。还有就是陨石坑，

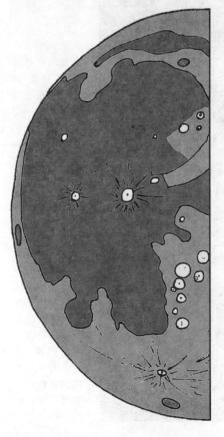

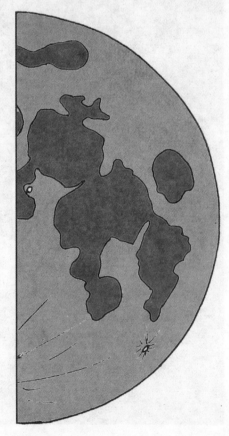

右边的半月是你在满月之前1周的下午所看到的月球，而左边的半月是在满月之后1周的早晨所看到的月球。因为早晨的半月有更多暗色的"海洋"，这就意味着早晨的半月不如下午看到的明亮。为什么一些人在白天没有注意到月球的存在，这是其中的一个原因。

其中有 3 个比较著名：哥白尼、阿里斯塔克和开普勒。它们非常突出，是因为它们都坐落在黑暗的风暴洋的明亮区域的中心。

观察刚刚提到的那些特征的时间是在满月前后，但娥眉月、半月和凸月的月相也呈现出有趣的景象。（凸月是指半月和满月之间的月相。）请特别关注阳光照亮的部分和黑暗部分之间的界限，这条线被称为晨昏线。

正是这条晨昏线，我们有时候能够见证太阳照亮了其两侧的月球特征。这样就使得我们的眼睛能够看到若隐若现的山峦、陨石坑、山脊和山谷，这些都撩人心魄。有时候我们看到的整条晨昏线的样子是像锯齿那样

月球上明暗相交的地方非常有趣，值得观看。它能揭示出月球表面的特征，看上去经常是"锯齿状"的。

参差不齐，这就表明月球表面是崎岖不平的。还有，因为月球不停地绕着地球公转，它的月相也就在不断发生变化。

这是早晨的亏凸月。

同样地，晨昏线也就不断地展示出月球上不同的明亮和阴影部分。如果你不相信，可以自己去看一看。

月球在大白天也可以很容易看到，只是因为明亮的蓝天，它才显得不那么突出。

事实上，有一个因素造成出现在黎明的天空中的亏月没那么明亮，就是月球表面的那些黑暗"海洋"区域。

根据你在地球居住位置的不同，月球看上去很不一样，不仅是它在天空中的形状，而且它的运动都不一样。

拿晚上出现的盈月来说，这是由于地球反照形成的正对着的月相：明亮的部分是由太阳照亮的，其余部分是由地球反照的。这就是在同一时间从地球的不同地点看到不同的月相的原因。因此，如果你对此还不太习惯，那么月球看上去就好像很怪异。

有一种荒诞不经的说法是，月球在贴近地平线时要比高高挂在空中时大一些。这只是个光学错觉，当然，它看上去是那样的。

对于那些对月球感兴趣的人，这里有一些有关月球的基本数据。

这是北半球中纬度地区看到的娥眉月。

赤道地区看到的同一个月球是这个样子的。

南半球中纬度地区看到的同一个月球是这个样子的。

直径	3475.5 千米
与地球平均距离	38.44 万千米
恒星月（意思是它围绕自己的轴心转动一周所需时间）	27.32 天 *
太阴月（意思是它的月相每重现一次的时间）	29.53 天
轨道速度（意思是它绕地球转动的速度）	3680 千米 / 小时
质量	73.5×1021 千克

*注意，恒星月的长度与太阴月的长度并不相等，即月球自转一周的时间与从一个满月到下一个满月所需的时间并不相等。如果你对此不感兴趣，没关系，请跳过这里，接着阅读月食和日食。如果你感兴趣，你只需要记住一点，即月球在绕地球公转的同时，地球也在绕着太阳公转。想象一下，假如地球在自己的轨道上静止不动，恒星月和太阴月就会相等了。但是，地球在围绕着太阳公转时，相对于其他恒星来说，太阳也在运动。这就是为什么在黄道十二宫图上，太阳会慢慢地移动位置。在大约 1 个月时间内，太阳在黄道上移动几乎十二分之一的路程。这样的话，月球还得追上太阳，要做到这一点，它需要两天多的时间，因此就造成了上述的不同。

月食和日食

月食

月全食只是月食的 3 种形式之一。另外两种是月偏食和半影月食，但是无论从哪一方面来说，它们都没有月全食那么激动人心。一个完整的月全食只有在满月的时候才会发生，此外还需要太阳、地球和月球在太空完全处于一条直线上。站在地球的北极向上望，我们可以看到月球有怎样的变化。

如下图，被太阳完全照亮的月球从位置 1 开始运行到地球的阴影里。然后经过几个小时的行程，月球运行到了太阳正对面的天空，在那里地球把太阳照在月球上的光线完全遮挡住了。通常这种情况发生在满月的时候，不过承蒙这 3 个天体的好意，它们现在已经站成了笔直的一排。

你也许会注意到，月球的左侧在这期间逐渐变暗，在到达位置 2 的时候，月食就到了全食阶段。但奇怪的是，此刻月球经常是呈现出浅红色、橙色和棕色混杂在一起的颜色，很少完全是黑色。这是因为太阳光还是能间接地照到它身上：地球的大气层过滤了太阳的其他颜色，只让其中红色的光线穿过，从而微弱地照到月球上。

在大多数的月份，月球在地球的阴影上方或是下方运动，因此不是每个满月之时都发生月食。但一般来说，每年至少总有一两次这 3 个天体排成一行的时候。

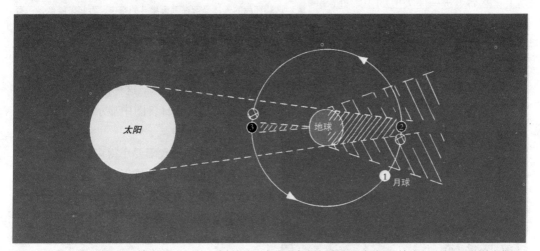

这张月食和日食图并非绝对精确，只是示其大意。要使月食或日食发生，需要具备太阳、地球和月球出现在特定位置。当在位置 1 时，没有月食或日食发生。只有三者运行到一条直线时，我们才会看到月食或日食。因为在这个时候，地球的影子可能会落到月球上（发生月食，月球处在位置 2），或者月球的影子可能会落在地球上（发生日食，月球处在位置 3）。

观测月食的超级提示

随着进入月食阶段，月球逐渐变得昏暗，天空自然也就变暗了。你可能还没有意识到，满月的亮光把蓝天冲刷成模糊的一片，只有那些比较明亮的星星才可以看到。在月全食期间，月球变暗就意味着那些较暗的星星也能露出脸来，因此我们就会看到天空中有种怪异的景象：（通常是）一个暗红的月球被一些闪烁的小星星围绕着。你自己去看一看，就会明白这是什么意思。

月食全食阶段可能会持续 1 个小时到 1 个半小时，因此这是个缓慢的过程。你不需要什么特殊的设备，如果你的房子正对着月食发生的方向，你甚至都不用出门！你只需要出神地凝望着窗外，就像被施了魔法一样，这也是一种奢侈的享受。

2001 年 1 月 9 日 20 时 18 分的月全食。月全食是一种奇异的景象：这颗红色的天体坐落在满天星斗的空中，看起来就像是一颗外星球飞来地球做客。在这张照片中，你可以看出来周围有轻度的灯光污染。如果你离开街灯和城市越远，天空将会变得更暗、更清晰。

日食

如果一只猫走在阳光灿烂的大街上，然后走进一座大厦的阴影处，你可以说，猫看到太阳正在被大厦"吞食"掉。比大厦大得多的天体也会发生同样的事情，比如说月球，当然月球的阴影要大得多。实际上，月球阴影的直径接近 3500 千米。这种情况发生在太阳、月球和地球排成笔直的一条线的时候，如上页那张超级月食和日食图中显示的，新月运行到位置 3 的时候。

因为月球比太阳要小得多，所以产生的阴影实际上是一个圆锥形状（注意图中也有所标示）。当月球在它的公转轨道上运行且离地球足够近的时候，我们发现它的阴影的圆锥顶点刚好到达地球。此时此地就会产生一个完全的日食，或称为日全食。因此，这种类型的日食只有在地球的某些区域才能看到。

随着月球沿着轨道公转，它在地球上的阴影以大约 3200 千米 / 小时的速度运行（这是非常粗略的估计，因为阴影的速度在不断变化：地球表面凸凹不平，照到地球上的阴影运动的速度也就或快或慢）。图中的区域

1984 年 5 月 30 日黄昏时分出现的日偏食

是被全食完全覆盖的路径，如果你站在这条路径里，就可以看到日全食。如果你站在这条线以北或以南的地方，那么你只能看到日偏食，也就是太阳只有一部分被遮住。

当然，太阳、月球和地球三者排成一条直线可以形成日食，但是并不一定也能刚好让月球阴影的圆锥顶点落在地球上。这样的话，我们所能看到的最好情形也就只是日偏食了。

日环食是由月球公转轨道的椭圆性引起的。由于月球沿着椭圆轨道公转，在1个月的时间里，它有时候离我们较近，有时候较远。当它离我们足够远的时候，看起来要比太阳小得多。如果这时候太阳、月球和地球碰巧排成一条直线，那么月球就不能够完全遮住太阳，我们可以看到太阳光像一个圆环围绕着月球，这就是日环食。

和月食一样，日食也并非每个月都会发生，主要是基于这样的事实：月球围绕地球公转的轨道和地球围绕太阳公转的轨道之间有所倾斜，倾角为5°。这就意味着，在新月期间，月球的阴影通常从地球的上方或下方经过。

但是，每年至少会有两次，三者处于同一直线上。那时月球阴影的一部分可以垂落在地球表面，在地球的某些地方我们可以看到日偏食、日环食或日全食。

第1次接触：月球慢慢地运行到太阳的前面。

观测日食

第1次接触：这是月球开始在太阳前面运动的时刻。你将会看到，月球正慢慢地、一点点地把太阳"咬掉"。

变暗的天空：大约有半个小时的时间，你可能不去理会其他的东西，只注意日食正在发生。因为光线变暗是逐渐发生的，太阳这个大圆盘非常明亮，足以与不断吞食它的月球相抗衡。

全食：奇迹持续2分30秒。

树木：尽量找棵树，透过树叶观察斑驳的阳光。通常树叶的针孔效应会把阳光投射到地面上，形成无数的圆圈。在日食期间，这些斑驳的光影会变为成百上千的娥眉状。

恒星和行星：在全食之前天空可能非常暗，那些比较明亮的恒星和行星就会映入眼帘。

第3次接触："钻石环"效应宣告全食阶段结束。

植物和动物：小鸟纷纷飞回它们的巢穴，夜行性的动物可能会跑出来。你可以听到有猫头鹰在叫，看到有些花儿开始把花瓣闭合上。气温也会下降，到全食的时刻，甚至可能会寒气逼人。

第 2 次接触：就是它！全食的时刻到了。这时候你需要眼疾手快，因为此刻有很多事情同时发生。你也许会目睹月球从西边的天空飞速穿越大气层把阴影投向你，而与此同时，正在消失的太阳的最后一部分只有透过月球表面起伏的山峦和谷地才能勉强看得见——这一效应我们称之为"贝利珠"。就全食而言，你只有 1 秒 ~ 7 分 30 秒的时间来欣赏这一壮美的景观。只有在全食的时候，我们才可以看到太阳的外层大气，也就是日冕。这是一种珍珠白的精巧构造，是由从太阳发出的日冕射线构成的。然后，经过非常短暂的时间，这一切都结束了……

第 3 次接触：这是人人鼓掌欢呼的时刻。太阳从月球背后偷偷地露出脸来窥探，刚才还乱哄哄的一片现在恢复了平静。因为在全食期间你的眼睛逐渐适应了黑暗，现在重新出现的太阳光就显得格外刺眼，再加上月球周围的发光，这些合在一起称为"钻石环"效应。在接下来的 1 小时 20 分钟时间里，日食过程就好像刚才的一切倒过来重新播放一样，然后一切都慢慢地复归正常。

第 4 次接触：月球"咬"了太阳最后一下后就松开了口，太阳又重新变成了"完整"的大圆盘。

只有在日全食的情形下，你才能看到所有这 4 次接触。在日偏食的时候，在从第 1 次到第 4 次接触的过程中，太阳被月球遮挡的程度会有不同的变化。

安全观测日食

只有在全食那短暂的几秒或几分钟时间里，你才可以用肉眼直接观看太阳而不会受到伤害。如果没有专门的预防措施，你千万不能直接用肉眼观看任何日偏食，那是很危险的。

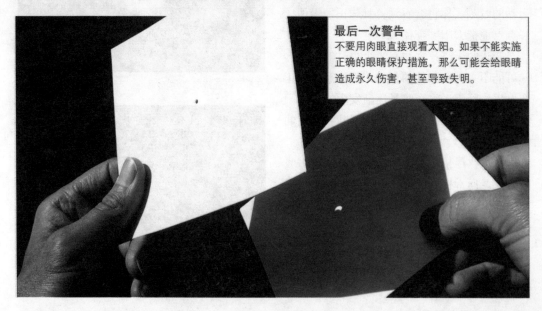

最后一次警告
不要用肉眼直接观看太阳。如果不能实施正确的眼睛保护措施，那么可能会给眼睛造成永久伤害，甚至导致失明。

在日全食发生的偏食阶段，即使太阳有 99% 的部分都被月球遮挡，那剩下的 1% 娥眉状部分的太阳光线仍然相当刺眼。如果没有适当的措施保护眼睛，不能直接对着太阳观看。

关于观看日食，还要破除一个很危险的迷信说法，不要通过观看水塘中的倒影来观看日食。在水中，太阳光只是稍微有些暗，但仍能给你的眼睛造成足够的伤害。

你可以买一副日食观测器，这样就能够清除所有危险的辐射和 99.9% 的光线。如果你决定要使用日食观测器，则要确认它上面有正规的认证标志，而且没有丝毫损坏。有些专家建议，不论什么情况你都不应当观看太阳，但就你而言，仍需要具备一些常识。有些人认为，哪怕是瞟一眼太阳都可能给眼睛带来无法弥补的伤害。

针孔观测日食步骤指南

最简单、最安全地观测日偏食或日环食（或日全食的偏食阶段）不需要什么复杂的设备，只要两张卡片就行了。在其中一张卡片上扎个小孔，让太阳光从小孔穿过照在另外那张卡片上。就这么简单！当日食发生的时候，小孔会把月球在太阳前面经过的图像投影在卡片上。记住：不要用眼睛透过小孔去看太阳。如果你发现成像效果不太理想，则尽量把小孔弄圆一些，或者尝试着把小孔稍微弄大一些或小一些。运用你的智慧，首先应把针孔扎小一点儿！

八大行星

我们知道，围绕太阳旋转的有 8 颗行星：水星、金星、地球和火星相对来说比较小，为岩石构造；而木星、土星、天王星和海王星要大得多，由气体构成。

我们知道在离太阳更远的地方肯定还有更多的天体，它们可能比冥王星要大得多。2003 年 11 月 14 日，我们发现了一个新的冰冷世界，名字叫做赛德娜，当时有一段时间它是行星的可能候选者。很遗憾，经过仔细计算，结果证实这颗星只有冥王星的一半大小，因此它被划归为"较小的行星"或称"小行星"。但是，我仍信心百倍，相信随着望远镜和探测方法的改进，将来肯定能在太阳系再找到一颗行星。

这一组神奇的行星是怎样形成的？在大约 50 亿年前的太空里，我们会看到犹如暴风骤雨的景象。在引力的作用下，一大块由尘埃和气体组成的云状物（太阳星云）的一部分凝结在一起，随着它们的运行，产生出非常大的热量和能量。这些结块的其中一块后来变成了太阳。这个"结块"的一个奇异现象是，你给它增加物质，它的引力就变得更强。因此，随着太阳逐渐形成，它的引力也在不断增强。这就意味着，一个由尘埃物质组成的大圆盘也正在形成，它后来演变成那些行星。

大约 47 亿年前，当这个结块的温度达到了 1000 万摄氏度（这是个神奇的温度点，到达这一点的话，可以引爆原子反应堆），太阳最终开始了它为期 100 亿年的生命周期，产生出辐射冲击波，在快乐成长的行星圆盘中爆炸个不停。附着在圆盘周围较轻的气体被新形成的太阳吹得更远，这就是为什么我们发现那些气体巨人都处于太阳系的外层。那些较重的坚硬物质能够经受住爆炸的冲击，它们呆在原来的位置，由此形成太阳系岩石状的内层行星。

把八大行星放在一起，由此你能够真切地看到它们的大小差异。不难看出，木星是这些行星里面个头最大的，你可以把 1300 个地球塞进木星里面。在木星之后，土星非常突出，因为它有太阳系最精美的行星光环。与它的光环相比，木星、天王星和海王星的光环简直不值一提。

分成两部分的太阳系：内层行星主要由岩石构成，外层行星主要由气体构成。不仅如此，它们距离太阳远近差别也非常大，为了显示出差距上的悬殊，不得不把示意图劈开分为两部分。内层的世界非常靠近太阳，随着我们向外层旅行，这些距离就变成了"天文数字"！

综合起来考虑，太阳现在正处于它生命的中间阶段。因此，我们还剩下只有 50 亿年的时间，在此期间，太阳会逐渐膨胀变成一个红色巨人，把地球烤得又焦、又脆、又干。在此之前，我们要赶紧制造出宇宙飞船，尽快找到一个新家。

要想看太阳系各个行星怎样搭配得浑然一体，其中一个最好的办法就是比较它们与太阳的距离以及它们与地球的距离的关系。地球距太阳的平均距离被称为 1 天文单位（AU）。现在来比较一下我们的邻居：水星为 0.39AU，金星 0.7AU，火星为 1.5AU，木星为 5.2AU，土星为 9.5AU，天王星为 19.2AU，海王星为 30.1AU。请注意，内层行星的数字相对接近地球 1AU 的数值，而越往太阳系外层，数值差别就越大。随着我们向太阳系外层走去，会发生下述 3 件事情：①太阳看上去显得越小，意味着每颗行星得

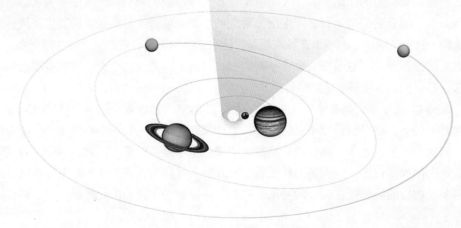

到太阳的热量也就越来越少。②同理，离太阳越远，太阳光线也就越少，等你到达海王星的时候，太阳看起来就像一颗较为明亮的星星。③离太阳越远，行星受到太阳的引力就越小，它们公转的速度也就越慢。当然，外层行星围绕太阳的公转轨道更大，它们要走的路程也更远，就像跑道的外圈和内圈那样。因此，我们发现，水星环绕太阳公转一周只需要 88 天，而海王星却要 165 年！

让我们暂时忘掉太阳系。天文单位也可以用来代替光年，这样可以更好地弄清楚离我们最近的恒星比邻星究竟有多远。我们发现，它的距离为 268 710AU。你能想象出那有多远吗？

水星

这个太阳系最靠内的行星公转速度最快，比地球公转的速度快 4 倍。来自太阳的高温不允许水星存在任何大气层，没有了这个调控体系的存在，水星白天温度可高达 400℃，而在晚上温度会一下子降到 −170℃。要是那样的话，你的身体受得了吗？要么被烤得焦脆，要么被冻成碎片？水星可不是个宜居的度假胜地。

水星是一个相当小的行星，我们常用"难以捉摸"来描绘它。我们很难找到它，因为它离太阳最近，从来也不会高出黎明或黄昏的

直径	4878 千米
与太阳平均距离	5790 万千米
公转周期（1 水星年）	88 天
自转周期（1 水星天）	58 天 15 小时 30 分
等级	最小
外观	非常近似月球——灰色，有大量陨石坑

2001 年 5 月 24 日 21 时。在这张拍摄于马霍卡岛阿尔库迪亚（西班牙东部城市）的照片上，水星位于月球之上。

2003 年 5 月 7 日 8 时 30 分。水星偶尔会穿越太阳的大圆盘，即凌日。要观测这种现象，需要使用非常安全的观测方法（就像观测日食那样）。在这幅图片上，左下方的小污点是一颗太阳黑子（太阳表面温度较低的地方），而中间稍上那颗孤零零的黑点就是水星。它们看上去好像处于同样远的位置，但实际上水星离太阳有将近 5800 万千米的距离。由此，你可以想象太空有多么辽阔。

这是 1974 年 3 月"水手 10 号"探测器第一次飞越水星时拍摄的，是由 18 张图片拼成的水星图片。

2002年5月4日21时23分。英国肯特郡的夜空晴朗，水星和金星这两颗行星在暮霭中清晰可见。发挥我们的想象力，我们可以画出它们的运行轨道。请注意，在地平线以上，沿着箭头方向，金星要比水星运行的幅度大得多。事实上你所看到的水星已处于它远离太阳可视点的极限位置，意思就是说，在真正完全黑暗的夜空，你是看不到水星的。在太阳落山之后，水星在天空中也只是逗留一会儿，然后就进入地平线以下了。

金星

水星

地平线。信不信由你，甚至有些天文学家也没看到过水星！但是，如果你知道在哪里，确切地说知道在什么时候观看它，那么还是能够相当容易地看到它的。由于太空中存在各种各样的倾角，因此，观看水星的最佳时间是在北半球春季（南半球秋季）的夜空，或者北半球秋季（南半球春季）黎明的天空。

金星

　　这颗离太阳第二近的行星围绕太阳公转比自转要用更少的时间，意思就是，金星上的一天要比它的一年时间还长！金星比其他任何行星离地球都要近，只有 4050 万千米，刚好是月球到地球距离的 100 倍。

　　金星可能是天空中除太阳和月球之外第 3 明亮的天体。这就意味着，有时候我们在大白天也能看到它，而在夜晚它也有可能像

直径	12104 千米
与太阳平均距离	1.082 亿千米
公转周期（1 金星年）	224.7 天
自转周期（1 金星天）	243 天零 30 分
等级	体积第 6 位
外观	就像多云的天气

早在 1973 年 2 月，"水手 10 号"探测器在飞往水星的途中，抓拍到了这张云雾笼罩金星的图片。事实上，这是探测器首次使用一种新的技术，这种技术被叫做"引力助移"，现在它已经广泛应用于所有深空天体的探测。

2004 年 6 月 8 日星期二。在过去的 121.5 年间，这是我们第 1 次看见金星飞越太阳。历史上，这是观测金星凌日最多的一次。与一年前水星凌日的那个微小雀斑相比，这次金星在太阳上映出的斑点大得令人目瞪口呆。正如有人评论的那样："好像是谁一拳在太阳上打出一个大窟窿。"

2000 年 12 月 28 日 16 时 57 分。金星和月球出现在傍晚的天空，真是好看，尤其是此时的金星最为明亮。

2000 年 12 月 29 日 16 时 50 分。图片里是我们两个最近的邻居月球和金星，是在上面一张图片过后第 2 天拍摄的。从图片中可以清晰地看出月球每天都在移动。第 3 天晚上，娥眉月出现的位置较为靠上，位于金星的左方。

月球那样投下阴影。金星之所以这样明亮是因为它表面覆盖着毛茸茸的白色云朵，这些云朵是由可以致人死亡的二氧化碳组成的，能够把照在它身上的 65% 的阳光反射出去；再一个原因就是，金星比其他任何行星离地球都要近。无怪乎古人把金星称为长庚星（晚星）或启明星（晨星），当然，这取决于人们能够什么时候看到它。但是，只要人们能看到它，它自然是当之无愧的。

　　在极少数情况下，我们可以看到（要做好防护措施）金星正在从太阳面前经过。这种所谓的"凌日"（transit）现象每隔 100 多年才结对发生一次。上一次的凌日现象发生于 2004 年 6 月 8 日，这一对的后一次会出现在 2012 年 6 月 6 日。如果你错过了这次，那么你就只好等到 2117 年 11 月 11 日了！

地球

　　我们的行星围绕太阳公转，两者之间的距离需要你步行 2123 年或者驾车以 90 千米 / 小时的速度行驶 193 年。我们有一颗天然的卫星也就是月球，它正非常缓慢地按照螺旋轨道离我们而去，速度为每 2.8 万年 1.5 千米。这就意味着，将来它会看起来更小，直到有一天日全食不再形成，因为那时月球已不够大，不能完全遮盖住太阳的大圆盘。如果没有火箭的话，将来那一天可真是个不幸

直径	12756 千米
与太阳平均距离	1.496 亿千米
公转周期（1 地球年）	365.25 天
自转周期（1 地球天）	23 小时 56 分 4 秒
等级	体积第 5 位
外观	70% 被水覆盖，因此是个蔚蓝的世界

到目前为止，只有 27 人亲眼目睹过地相（图片中为半地相），也就是说，只有这么多人曾经到过月球。这张图片来自"阿波罗 10 号"名叫查理·布朗的指挥舱，是一个名叫史努比的月球着陆器在 1969 年 5 月处于月球轨道时拍摄的。但可能的情况是，在 20 世纪 70 年代早期，美国国家航空航天局可能执行过几次秘密的登月任务。这就意味着有更多的人登上过月球，目睹了地相这一神奇的现象。地球沿着独特的轨道绕太阳公转：如果我们离太阳过近，就会感到太热；如果离太阳过远，就会太冷。这是一条所谓的"宜居地带"，意味着我们拥有适宜的大气层和液态水，所有这一切都有利于生命的诞生。

1972年12月7日"阿波罗17号"拍到的地球。这是我们第1次从太空中看到地球的南极。（左图）

从月球轨道拍摄到的凸地相。（右图）

的日子。

地球的大气层大约 78% 是氮气，氧气占 21%。

火星

火星曾给我们带来无限的遐思，这里有很多原因：火星具有非常鲜艳的红色，天文学家在火星表面标示出了运河状条纹，H.G. 威尔斯写过《星际大战》，还有近年来人们在研究、寻找火星上"消失"的海洋。

1994 年有一项广为报道的研究，内容是说在南极发现了一颗陨石，名字非常好听，叫做 ALH84001。根据一些人的观点，这颗

直径	6787 千米
与太阳平均距离	2.279 亿千米
公转周期（1 火星年）	686.9 天
自转周期（1 火星天）	24 小时 37 分 23 秒
等级	体积第 7 位
外观	红锈色

陨石来自于火星，上面带有变成化石的细菌生物。但是，自那时候起，其他一些报道则对这种所谓的火星生物"证据"表示了怀疑。随着现在对火星探险活动的展开，将来有一天

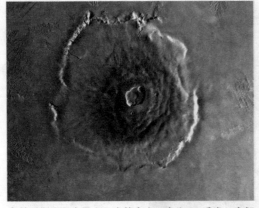 

奥林匹斯山是火星上巨大的火山，高为 25 千米，底部直径 600 千米。那里并非一个安静的世界，最近的迹象表明，它有低度活动存在。

在 1980 年火星夏季期间，"海盗号"执行探测火星的使命。图中显示的是从 2500 千米高空看到的火星的球形全貌。

我们终将会知道真相，看看我们这个红色的行星邻居上面到底有没有生命存在。

火星有一层薄薄的大气，在火星表面，气流卷起红锈色的火星尘埃，它们被吹浮起来就像沙尘暴一样。

火星可以运行得离地球比较近，距地球5570万千米，也可能离开很远，为4亿千米。这里同样也需要考虑到火星公转轨道的椭圆性。在2003年8月27日那天，火星运行到离我们最近，这可是近6万年以来的第一次！这使得它看上去是极为明亮的天体。

这是一张火星的图片，图中较暗的 V 字形轮廓是大流沙。当火星与地球在各自公转轨道运行得比较靠近时，这一火星地貌特征清晰可见。

通常而言，每过18个月左右，地球就会赶上并超过火星，此时这个红色的世界就变成了天空中第二明亮的行星（排在金星之后）。

小行星

在火星与木星的公转轨道之间有很多太空岩石，它们被称为小行星，这就是主小行星带。有关它们形成的一个理论认为，这里之所以没能形成一颗行星，是因为受到附近木星强大引力的影响。

谷神星是这个主要地带最大的小行星，直径为940千米，也是1801年人们发现的第1颗小行星。随后发现了智神星、婚神星，以及最亮的小行星灶神星。在这些小行星中，有些是以地球上的普通人名来命名的，如希尔达、阿尔伯特和索拉；有些甚至是以摇滚歌星的名字命名的，包括恩雅、克莱普顿、泽帕和雅尔。

这张图片捕获的是小行星艾达。1993年8月28日星期六，"伽利略号"探测器在飞往木星的途中抓拍到这张图片。这颗小行星体积为56千米×42千米×21千米。我们首次发现它拥有卫星，这颗卫星名叫戴克泰，是一颗1.4千米见方的圆形鹅卵石。

爱神星是一颗形状奇怪的小行星，体积为33千米×13千米×13千米。在2001年2月12日星期一，这颗小行星迎来了历史上第一个来自地球的访客——NEAR。NEAR探测器环绕轨道近距离研究爱神星，一年多之后在它上面着陆。

有一颗小行星你经常可以用肉眼看到，即灶神星。它看起来就像一颗暗弱的星星，因此你需要在比较清澈的夜晚才能看到它，但这也是挑战。

木星

木星是太阳系最大的行星，也是第一颗气体巨人。谁知道木星有多少颗卫星？它那巨大的引力意味着它可能有几百颗卫星！它的绝大多数卫星都极其微小，因此我们不可能搞清其真实的数量。木星还有著名的大红斑，这是一个已经持续了300年的木星风暴。木星大红斑很大，能够把两个地球装到里面去。

直径	14.28 万千米
与太阳平均距离	7.783 亿千米
公转周期（1 木星年）	11.86 地球年
自转周期（1 木星天）	9 小时 50 分 30 秒
等级	大个子，排名第 1 位
外观	太大了

木星非常大，能够反射很多太阳光，因此，有时候它看上去确实是一颗很亮的星星。你需要使用望远镜才能观测到木星著名的大气带和大红斑，只需要简易的双目镜就能看到4个小点点，它们是木星的4颗主要卫星。

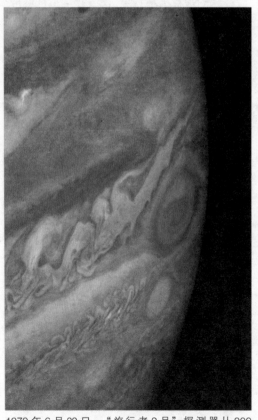

1979 年 6 月 29 日，"旅行者 2 号"探测器从 900 万千米的高空拍摄到的木星图片。

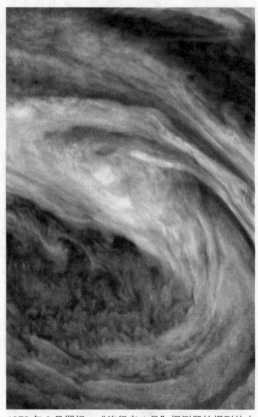

1979 年 2 月期间，"旅行者 1 号"探测器拍摄到的木星大红斑的近距离图片。图片中显示了大红斑风暴的复杂细节。

土星

人们把第二大行星的称号送给土星这颗带有光环的行星！实际上，所有这 4 颗气体行星木星、土星、天王星和海王星都带有光环。正是光环使得土星比较明亮，而且它有好多个光环。土星因为是由气体构成的，所以极其轻飘。如果有个足够大的浴缸，而且里面能灌满足量的水，你会发现，土星在里面会漂浮起来！

土星的光环是由冰冷的岩石微粒构成

直径	12 万千米
与太阳平均距离	14.27 亿千米
公转周期（1 土星年）	29.46 地球年
自转周期（1 土星天）	10 小时 14 分
等级	排名第 2 位
外观	也许算是这些行星中最漂亮的

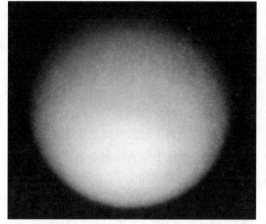

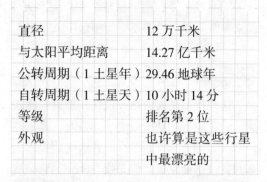

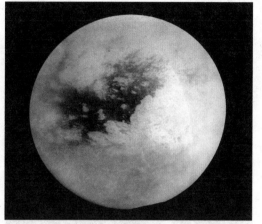

这是土卫六，土星最大的卫星，是 2005 年 2 月 15 日"卡西尼号"探测器从距离 22.9 万千米的远处拍摄到的图片。这大体上是你从探测器窗口看到的景象：一个由化学烟雾笼罩的微小世界。

现在通过特殊的电脑技术处理，我们可以除掉前一张图片里的烟雾，揭示出以前未曾见过的土卫六表面。事实上，这张图片是由"卡西尼号"探测器拍摄的 16 张图片拼合而成的。

这张神奇的土星图片是由 126 张黏接在一起的图片合成的。2004 年 10 月 6 日，"卡西尼号"探测器花了两个多小时才完成这些图片的拍摄。

的。这些微粒有的小到像沙粒，有的大如一栋房子，它们就像一颗颗小小的卫星绕着土星转动。

同木星一样，土星也是个相当大的天体。当土星与地球同时处于适当的位置时，它看起来非常明亮。你需要一架望远镜来观测土星的光环和卫星，因为双目镜不够强大。

天王星

这颗行星是人们第一次使用望远镜发现的。荣誉应当归功于威廉·赫歇耳，是他在1781年3月13日发现的。虽然此前很多人都看到过这颗星星，但是没有人知道它究竟

直径	51118 千米
与太阳平均距离	28.71 亿千米
公转周期（1 天王星年）	84.01 地球年
自转周期（1 天王星天）	17 小时 55 分
等级	第 3 位
外观	只不过是了无生气、浅绿色的一团模糊

1986 年 1 月 25 日，当"旅行者 2 号"探测器动身飞往海王星的时候，最后一次拍摄到的天王星图片。这张天王星图片比天王星被太阳光全部照亮时要有趣得多，因为它全亮时是呈蓝色或绿色的球体，毫无特色。

是什么天体。为了纪念英国国王乔治三世，赫歇耳最初把这个新天体命名为"乔治亚行星"，但是人们最终接受了"天王星"（Uranus，最早的至上神和天的化身，大地女神的儿子和配偶，提坦神的父亲）这个更为经典的名字。天王星最独特的地方在于它的轴心非常倾斜，以至于整个行星看起来好像在打转，就如同一个圆球在地面上沿途滚动。

当天王星处于最亮的时候，星等为5.5，肉眼刚好可以看见。这的确具有挑战性，即便对那些能在超级清澈、漆黑的夜空观测的人们来说，也颇不容易。

海王星

海王星是 4 个气体球形"巨人"中最后和最小的一个，但即便如此，它还是要比地球大 54 倍。由于海王星离地球非常遥远，所以它是一个暗弱的世界，孤零零地呆在太阳系冰冷的边缘。因此，直到 1846 年人们才认定它，这也就毫不奇怪了，尽管伽利略

直径	49528 千米
与太阳平均距离	44.97 亿千米
公转周期（1 海王星年）	164.79 地球年
自转周期（1 海王星天）	19 小时 10 分
等级	第 4 位
外观	蓝色

可能曾在 1612 年观测过它。

　　因为海王星离太阳非常远，因此你需要使用双目镜才能找到它，它的星等只有 7.7。

冥王星

　　冰冷的冥王星离太阳的距离极其遥远，所以人们以地狱之神的名字来给它命名。2006 年在捷克举行的国际天文学联合会第 26 届大会上，冥王星被确认为"矮行星"。冥王星比月球要小，再加上它极其遥远，这就是为什么直到 1930 年它才被人们发现。

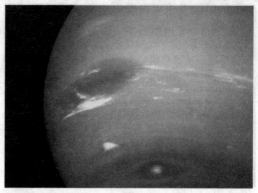

这张海王星的图片是"旅行者 2 号"探测器 于 1989 年 8 月 24 日拍到的。

　　冥王星环绕太阳公转一周需要 248.54 年。它的运行轨道非常怪异，它每公转一周，其间有 20 年是在海王星公转轨道的内侧运行的（最近的一次发生在 1979 ~ 1999）。

　　观测冥王星：冥王星极其遥远，只有使用高倍望远镜才能在天空发现它那微弱（星等为 13.8）的小点儿。如果你生活在任何有灯光污染的城市，那你就不要费神尝试了。

直径	2 320 千米
与太阳平均距离	59.14 亿千米
公转周期（1 冥王星年）	248.54 地球年
自转周期（1 冥王星天）	6.387 天
外观	微红色

冥王星至今为止还没有探测器到达过。这张图片是由围绕地球转动的哈勃天文望远镜拍到的。

行星和星期

　　水星、金星、火星、木星和土星在古代就为人们所熟知，这是因为人们使用肉眼就能够看到它们。再加上太阳和月球，这样总计共有 7 个天体在太空中运行，而且长期以来它们看上去也没有什么变化。人们还相信，诸神都生活在"上天"那里。因此，"7"就成了一个非常重要的数字，我们的一周 7 天确实也就是这样得来的。

　　一些文明地区例如希腊等，那里的人们大都使用 7 天作为一个星期。很多西欧国家更进了一步，他们把行星与星期结合在一起，以行星的名字来命名这 7 天。

　　本页下面的表格向我们表明，每一天的名称和在古代天空中运行的那些天体之间的联系。这其中尽管有一些变化，但它还是比较清楚地表明了这些名称的来源。

　　月球的法语是 la lune，西班牙语是 la luna，这两个名称非常接近拉丁语名称。威尔士语名称很特别，表明它在历史上受到过罗马人占领不列颠的影响，更特别的是，它和拉丁语根本没有什么直接联系。

　　有种经典的安排方式把地球排除在外，当然，我们的行星被认为是宇宙的中心。这种安排的顺序是：月球、水星、金星、太阳、火星、木星，然后是土星。这一点从我们一周

7 天的跳跃性也可以看得出来：从星期一（月球）跳过一天到星期三（原型是水星）。继续这样隔一天地跳跃下去，你会得到刚才给你的那个顺序。

英语星期	英语星期代表的神	对应的罗马神（行星名）	希腊神	拉丁语	法语	西班牙语	威尔士语	汉语
Saturday	Saturn	Saturn	Kronos	Saturnus	Samedi	Sábado	Dydd Sadwm	土曜日 / 星期六
Sunday	Sun	Sun	Helios	Sol	Dimanche	Domingo	Dydd Sul	日曜日 / 星期日
Monday	Moon	Moon	Selene	Luna	Lundi	Lunes	Dydd Llun	月曜日 / 星期一
Tuesday	*Tiw*	Mars	Ares	Mars	Mardi	Martes	Dydd Mawrth	火曜日 / 星期二
Wednesday	*Woden*	Mercury	Hermes	Mercurius	Mercredi	Miércoles	Dydd Mercher	水曜日 / 星期三
Thursday	*Thor*	Jupiter	Zeus	Iuppiter	Jeudi	Jueves	Dydd Iau	木曜日 / 星期四
Friday	*Freya*	Venus	Aphrodite	Venus	Vendredi	Viernes	Dydd Gwener	金曜日 / 星期五

提醒：在表中，斜体词的星期是英语中与太阳系没有明显联系的星期。这包括星期二至星期五，这 4 天是以古斯堪的纳维亚诸神的名称命名的。但是，再往深里挖掘，我们会发现，这些神都是与古罗马的行星神一致的。举个例子，Freya（弗雷娅）是古斯堪的纳维亚的爱神，在英语中，星期五就是根据她的名字命名的；而在法语和西班牙语中，同样是星期五这天，它的名称取自与 Freya 相对应的古罗马爱神 Venus（维纳斯）。

1999 年 2 月 20 日 18 时 30 分。拍摄月球的图像需要过度曝光，为的是让邻近的土星以及下面的木星和金星显现在夜空中。毫不奇怪的是，古代文明都把历法建立在观测天象的基础上，他们观测到不断变化的天空中各种天体循环往复出现，尤其是太阳和月球。

银 河

在北半球 8 ~ 12 月，或者在南半球 4 ~ 9 月，如果你在晚上遥望夜空，会看到一条由星光构成的微弱的带状物横跨天空，这就是银河。这段时期是观察银河的最佳时期。

银河这一名称来源于古希腊。正如我们所知道的那样，古希腊人相信地球固定在宇宙的中心，太阳、月球和行星都围绕着地球转动。在这些东西背后是一个水晶圆球，星星就附着在圆球上面。故事是这样的：有一天夜晚，朱庇特的妻子朱诺和另外一个可能是当班的人，把朱诺的牛奶弄洒了，溅落在这个布满星星的圆球上——银河就是这样形成的。

后来，直到（可能是）伽利略第一次透过望远镜观察到，这个"模糊的带子"实际上并不是牛奶，而是成千上万颗星星。天文学家威廉·赫歇耳准确地计算出这些星星构成一个大圆盘的形状，而我们就在其中。从我们所处的位置沿着这个圆盘的平面向外看出去，我们周围属于这个圆盘的星星组成了微弱的银河带。你可以想象一下，有很多和你一样高的人坐在田野里，而你坐在正中间，因此，每个人的头部（代表星星）看起来或多或少就像一条直线围绕着你——所有人的头部都处于同一平面上。

因此，我们在夜晚看到的所有这些星星，包括银河，只是一个巨大圆盘形状的星星岛屿的一个极小部分，我们称其为银河系，也就是我们在整个宇宙中的家园。

自银河系被赫歇耳发现之后，人们一直没有停止过对银河系的探索，至今已把银河系的空间范围扩大了约 10 倍。不过，在赫歇耳之后一个多世纪的时间里，人们对银河系结构、轮廓的研究并没有取得太大的进展。直到 1914 年，在美国威尔逊天文台工作的天文学家沙普利才在这方面取得了重大的突破。

当时威尔逊天文台有世界上最大的反射式天文望远镜，即"胡克望远镜"，其口径为 2.54 米。沙普利用它探寻球状星团，并且以一种被称为"造父变星"的脉动变星作为研究对象。

沙普利先后对大约 100 个球状星团进行了观测。他的统计显示，人马座以内有 1/3 的球状星团；以人马座为中心的半个天球分布了 90% 以上的球状星团。沙普利根据这一结果推测，在银河系内，球状星团与恒星一样对称分布。但如果太阳是银河系的中心，那么，地球上人们看到的天空中的球状星团就应该是对称分布，可是观测结果并不与之一致。沙普利猜想可能存在另一种可能，即太阳实际上处于远离银河系中心的地

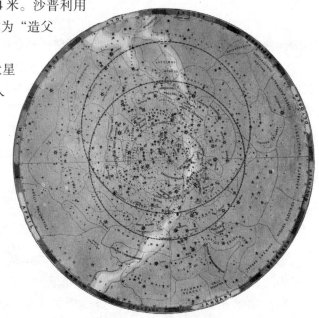

19 世纪设计的北天星图所描绘的银河

我们看到的 NGC4013 是边缘向前的螺旋。假如我们能够径直飞进这个星系，将会看到这个带子上绝大部分恒星和尘埃都是围绕着我们的。与此完全相同的是，银河穿过夜空时看起来就像一条带子。

方，这样，地球上人们看到的球状星团才呈现出不对称分布的现象。

沙普利依据上述想法，大胆地把太阳放在偏离银河系中心的地方，那么由球状星团组成的天体系统的中心就是银河系的中心，此中心距太阳约 15000 秒差距 (1 秒差距等于 3.26 光年)，位于人马座方向。

射电天文学（运用那些巨大的碟形望远镜）发现了银河系的螺旋状结构：从银河系上面往下看，它就像一个旋转的转轮烟火。当然，银河系旋转得没有转轮烟火那样快：银河系自转一周把我们重新带到目前的位置需

要花 2.25 亿年——用天文学的术语来说，这被称做一个宇宙年。算了，这个转轮烟火表演可不怎么精彩，但你要知道，有很多东西都在跟着自转——有 2000 亿颗星星绵延长达 10 万光年。

脑海里记住转轮烟火的形象，我们可以想象一下，每个由众多星星组成的螺旋都从中心向外发散。每一个螺旋被称为一个星系旋臂，各自包含几百万颗星星以及大量的尘埃和气体。太阳和地球都位于所谓的猎户座支旋臂（或称"猎户的马刺"。众所周知，有时候我们也不能十分肯定，猎户座支旋臂究竟算是银河系名副其实的一条支臂，还是从银河系脱落掉的部分）的边缘地带，离银河系中心大约 3 万光年。

从我们所在的银河系家园向外看去，如果我们朝人马座和天蝎座方向遥望，会望见银河系的其余部分显得更为明亮；如果我们沿着银河系的平面朝猎户的马刺方向遥望，就会看到它显得更为暗淡。

观测卫星和国际空间站

那是一只鸟还是一架飞机（下页右上图）？都不是，这是国际空间站（ISS）。这种缓慢成长中的太空机器在夜空中看上去就像一颗星星，在几分钟之内，从西向东慢慢地游荡。

自从 1998 年 11 月 20 日第一个这样的东西上天以后，我们就能够看见这样的站点了，它被称为国际空间站。这就是俄罗斯的"曙光号"太空舱。自那时以来，我们又给它添加

了很多部件。每一个部件都使得国际空间站更加明亮，因此更容易看见。

那么，什么时候你能够目睹这个空间站？在这个了不起的现代化时代，你可以在便捷的网络上找到你需要的任何东西。美国国家航空航天局和其他机构都设有网址，你可以在那里输入你居住的地点，然后就会弹出适合你观测的精确时间和方位。

你所需要知道的唯一有用的事情是，弄清楚你观测位置的方向。知道太阳从天

国际空间站的图片，2001 年 7 月由"亚特兰蒂斯号"航天飞机执行 STS-104 任务时拍摄。

空的东边升起，在西方落下，这是个不错的开始。

当航天器与国际空间站对接的时候，它首先要接近空间站。你可以观看到这一操作过程，空中这两个飞舞的小亮点一天天地彼此靠近。然后，某天晚上，这两个点合二为一，根据具体情况，它们会再次"分开"，相隔一段距离。

但是，我们可以观看的不止这些，还有很多其他卫星在星空飞舞。你也许以为你看到的可能是飞机而不是卫星，但是没有飞机的声音也没有飞机闪烁的灯光，那么就只剩下一个可能：你看到的确实是卫星。卫星看似运行得很慢，这一点也颇能蒙蔽你的眼睛，其实绝大多数的卫星在以每小时 2.7 万千米的速度环绕地球运行，它们处在离地面有好几百千米的高空。根据这些参数，它们每 90 分钟环绕地球公转一周。

2000 年 2 月 17 日 18 时 57 分，在右侧，"亚特兰蒂斯号"航天飞机在国际空间站的前方运行。

天体	高度（千米）	
	极小值	极大值
哈勃太空望远镜	580	596
国际空间站	382	393
Cosmos 1143	404	406
Cosmos 2369	830	851

我们首先说到国际空间站，然后又谈到卫星，这是因为而且正是因为卫星反射太阳光线。当然，没有光线的时候，卫星也就没有光线可以反射。当卫星进入地球阴影处的时候，就会发生这样的情况。因此，你可能会想到，一个天体围绕地球转动到某个位置突然消失不见了，或者不知道什么时候、什么地点它又突然出现了，的确如此。

那么，你认为只有在夜晚才能看见卫星吗？不是的！有一种被称为铱星的奇妙航天器，它在白天晴朗的蓝天上空也能被看见。你一定会惊奇，它们为什么那么"耀眼"，那是因为它们的太阳能电池板就像一面完美的镜子（而面积只有一扇门大小），把太阳光向下反射到正好你所在的位置。如果你想要观测铱星闪耀的详细内容，切记一点，首先要弄清能够看到铱星预定出现的地点，然后你务必要处在该地点方圆 2 ~ 3 千米的范围之内，否则你将什么也看不到——太空真的就是这样精确。

这里是你能够看到的环绕地球的天体的一个小样本，只是想让你大致了解一下它们飞行得有多高。

由于国际空间站公转轨道的特性，假如你生活在北纬 70° 以北或南纬 70° 以南的地方，那么很遗憾，你将无法看到它。

彗　星

在太空深处存在着某种东西，它正在向太阳系内层飞来。最初它运行得很慢，但是后来速度一点点增加，终于有一天它那燃烧着的轨迹从天空中划过，使得我们这个渺小行星上的人们能够目睹它的身影。

这种东西就是彗星。事实上，天空中有许许多多的彗星，它们是数量最多的天体之一，而且不可预测，在太空中飞来飞去。海尔—波普彗星是近年来最漂亮的彗星，在 1997 年 4 ~ 5 月的夜空中清晰可见。

当然，最著名的是哈雷彗星，是以 17 世纪英国天文学家埃德蒙·哈雷爵士的名字命名的。在世界各地的历史上，没有哪颗彗星能像哈雷彗星那样得到那么多人的瞩目，关于它的最早纪录是在公元前 467 年。也许它最为我们熟知的一次回归发生在黑斯廷斯之战期间。那时，它的图案被编织进了巴约挂毯，以此纪念 1066 年诺曼底公爵威廉征服英国事件。

彗星是天空的定期访问者，历史上各种文明都有关于彗星的记载，但是即使当时最伟大的思想家也不知道它们究竟是什么东西。在古希腊，亚里士多德宣称它们是从地面流出并被带到天空的干热物质。它们遇热就会着火，快速燃烧就会变成流星，慢速燃烧就会变成彗星。但是，从严格意义上来说，他这话一点儿也不准确。差不多过了 2000 年，伽利略的理论也好不到哪里去：他认为，彗星是太阳光在地球大气中折射引起的。

要想找到正确的出发点，我们还得回到埃德蒙·哈雷那里去找答案。1678 年哈雷看到

一个真正神奇的景象：这是早在 1997 年 4 月拍摄到的海尔－波普彗星。

过一颗彗星，此后他开始对彗星发生了兴趣，并尽其所能找遍世界各地所有关于出现过彗星的记录。艾萨克·牛顿爵士关于万有引力的定律——就是牛顿与苹果的那个故事——刚刚发表，哈雷就运用这些定律进行探索。不久，他发现某些彗星看似拥有同一条轨道，而且它们被看到的日期相隔 76 年。这些分别被观测到的彗星有没有可能实际上是同一颗彗星呢？哈雷认为就是如此，他预言这同一颗彗星将会在 1758 年重新出现。果真如此，其后也是这样，历史就是这样被他们言中了。

　　从哈雷的工作我们懂得，有些彗星就像行星那样沿着各自的轨道运行。但是，直到 20 世纪 50 年代，我们才最终知道了彗星是由什么构成的。当时的天文学家弗雷德·惠普尔提出了一个理论，他认为，彗核（彗星的核心）只不过是一个直径大约 10 千米的"脏雪球"。这一理论并没有被普遍接受，但 1986 年哈雷彗星的回归彻底把这一问题弄清楚了。我们派出了一大批航天器从各种各样的距离去拦截哈雷彗星，最接近它的一艘航天器是欧洲航天

欧洲中世纪描绘的彗星形象经常都是刀剑的形状，这是因为它们通常被认为是带来厄运的使者。但是，忘掉那些不愉快的东西吧，毕竟它们只不过是"长毛"的星星！

1456 年在君士坦丁堡上空出现的大彗星

1744 年带有 6 条尾巴的明亮彗星

19 世纪哈雷彗星的蚀刻画

局的"乔托号"太空探测器。1986 年 3 月 14 日，"乔托号"探测器从距彗核仅 600 千米的地方驶过，它的发现证实了雪球理论。

但是，哈雷彗星看上去更像一个表面凸凹不平的巨大土豆，而不是我们原先预想的圆球形。

随着彗星雪球接近太阳，离彗核较远的雪球外层的冰开始蒸发，剥落了构成彗发的尘埃。彗发是由气体组成的光环，形成彗星明亮的头部。我们可以看到太阳光把这个光环推进至彗星充满尘埃的尾部。更加微弱的是彗星蓝色的尾部，彗尾由气体或等离子体构成，是由太阳风的磁场引起的。来自太阳的等离子体以每秒 400 ~ 720 千米的速度飞速流动。

据说，彗星是太阳系形成过程中的残存物。当太阳最初成形的时候，它把所有较轻的物质都吹拂开去，一直吹拂到冥王星轨道以外非常遥远的地方，形成一个称为欧特云的光环。这样，我们又有了一个理论。在那里存在着 1000 多亿颗彗星，每一颗都在等着万有引力的触发，一旦被触发，彗星就会朝着太阳方向落去。旅程中速度加快，达到每小时 150 万千米的时候，彗星就在太阳周围像鞭子一样抽打太阳；此后可能是由于再次受到万有引力的影响，它就会变成一颗周期性彗星，在固定的日期重返天空。另一方面，彗星也可能会飞回太空深处，重新加入到它在欧特云的朋友中间。

流 星

太阳系拥有行星、卫星、小行星、人造卫星以及空间站，可真是个热闹的地方。再者，还有前面刚刚提到的那些彗星，它们带有非常细小的微粒。虽然这些微粒只相当于沙粒大小，但是它们能在夜空中产生出最壮观的景象。如果这些微粒碰巧飞来跟地球的大气来个短兵相接，就会燃烧殆尽，结果我们会看到它们燃烧留下的遗迹在天空中像彩带一样划过。这种现象被称为流星。

很多人想必都曾经在看到一颗流星后许下了一个愿望，因为他们相信流星是一种比较罕见的天文现象。事实上，这些细小的微粒每时每刻都在撞击着地球的大气。太空中有很多这种物质飞驰而过，因此如果你凝望一下清澈的夜空，不论时间长短，你都会有所收获，可以看到流星。

这些细小的微粒在太空中飞舞的时候被称为流星体。它们撞击到地球大气的外层，然后转变成流星，速度高达每秒 74 千米。我们所看到的流星轨迹位于我们头顶上方80 千米 ~ 160 千米，持续时间通常不到 1秒钟。

那么，你指望每天晚上可以看到多少颗流星？在清澈的夜空并且较低的地平线以上，平均数字是每小时 5 颗。之所以说每时每刻都有很多微小的颗粒撞击大气层，是因为实际上每天高达 1 亿颗，但它们绝大部分都太小，不能变成看得见的流星。当然，也有很多是在白天发生的，那时候你基本上是

2002 年 8 月 12 日，一颗孤独的流星进入大气层，然后在上空大约 80 千米的地方蒸发了。

人们注意到的最早的流星暴之一是 1799 年的狮子座流星雨。这幅雕版画描绘的是在格陵兰岛看到的景象。

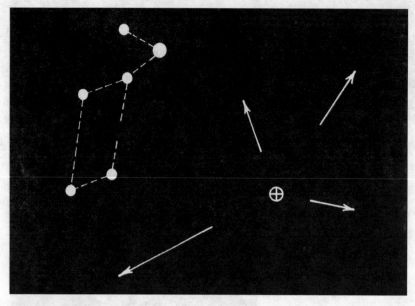

如果你观看流星雨，流星看似都是从某一特定区域发射出来的，那么该区域被称做辐射点。实际上，很少有流星从这一区域出现，但如果你逆着流星的轨迹寻根求源，就会找到这个地方。

没有机会看到它们的。

一些这样的流星痕迹是由微粒引起的，这些微粒漫无目的地在太空中飞舞，有的飞到地球上来，"嘭"的一声响，一颗流星诞生了。我们给这些东西取名叫做偶现流星，因为我们无法预测它们什么时候在哪里出现。但是，也有一些成群结队的微粒，它们在太空围绕太阳公转，每年都要定期光顾我们，我们能够预测它们，它们被称为流星雨。

在流星雨发生期间，我们看到流星的数量每小时都在大量增加。这些流星雨看上去好像是出自天空中同一个地点，这一地点被称为辐射点。简单地说，每一群流星雨的名称都取自于它的辐射点所处的星座名称。例如，4月份天琴座有一个辐射点，那么这群流星雨就被称为天琴座流星雨。

总而言之，如果你知道流星雨什么时候出现，以及它们将在什么地方出现，那么你就可以看到更多的流星。真是太方便了！

说到流星雨，我们自然会联想到彗星。这是因为，随着彗星从太空飞过，它们会遗留下一些残骸绕太阳公转，这些残骸就是流星体。当地球公转到这些残骸中间时就会产生流星雨。我们需要动用观测人员在不同的地点观测，并使用雷达计算出这些流星的轨道，以防止它们撞击地球。结果就是，因为这些流星的运行轨道与周期彗星相似，因此有力地证明了流星体是在这类彗星的衰变过程中产生的。

历史上最强有力的证据来自于1966年11月17日的狮子座流星雨（来自狮子座），

观测流星雨的超级提示

就观测单颗流星而言，月球可能非常令人头痛。月球越亮，天空被它的反射光冲洗得越厉害，所以以更多的"流星"被月光压了下去，无法看见。因此，在你费尽力气准备观测流星之前，应首先弄清楚当晚月球的情况。

祝你好运：从现在开始，每隔1个小时你最好至少许5个愿望。如果你非常走运，最好许100个愿望。

当在高峰期的时候，每分钟有 2000 多颗流星出现。这个流星群与坦普尔－塔特尔彗星有关，这颗彗星每 33 年绕太阳公转一周。最近一次它飞越我们是在 1998 年 2 月，当时只有使用双目镜才勉强看得见。在它那里，流星体都被串成一串，挤在紧贴着彗星轨道的一角，这就是为什么

1833 年的狮子座流星暴把一个观测者吓得直喊："世界着火了！"

它每 33 年才绽放一次。狮子座流星雨在 1999 年 11 月复归的那一次，人们都怀着极大的兴趣进行观测。有记录显示，当时的流星暴高达每小时 5000 颗。但很遗憾，在英国可不是这样，当时英国正覆盖着厚厚的云层，这在英国可是稀松平常的事。在接下来的年份，人们看到数量更多的狮子座流星雨，但是还没有哪一次能接近 1966 年的水平。的确，蚀刻画上显示的景象是历史上早期流星雨的壮观景象。

观测流星步骤指南

1. 做好准备，出门（当然要在恰当的时候）多穿些衣服，注意保暖。如果你是在花园里观测，白天光线好的时候，找一块视野最开阔并且远离街灯的地方，支好一把便携帆布躺椅，晚上你就可以直接坐上去观测了。便携帆布躺椅也非常有助于支撑你的脖子。对于所有的天文活动而言，最好使用蒙有红色过滤纸的手电筒，因为这样不会影响到你已经适应黑暗的眼睛。

2. 准备一个长颈瓶，里面装些温水，水不要太热，不然你看到的流星数量会激增，变得不可信。邀请两三个朋友，你们肯定会度过一个美好的夜晚。

3. 现在，如果你想做一个流星雨观测，并使观测对他人有用的话，那么你需要做一份观测报告，可以使用如下面例子中所列的详细信息。确保你出门的时候带上足够的钢笔或铅笔，因为在黑暗中这些笔在使用的时候往往容易掉到地上，然后在很小的黑洞里立刻消失，再也寻找不到了。还要确保你有一个走时准确的钟表，只有在正确的时机才能观测到流星。当然，因为你已经深入阅读了本书，给每一颗流星准确地定位，所以找到它们对你来说想必是小菜一碟。

天文学术语

星群（Asterism）

这个名称是指便于记忆的一组恒星，该组恒星通常但不是必须位于同一个星座之内。例子包括：北斗七星（大熊星座）、茶壶（人马座）和壮丽的 GSSC。

黑洞（Black hole）

黑洞的其中一种是老去的庞大恒星的残骸。该恒星的燃料以气体的形式存在，并在其内部剧烈燃烧，发出耀眼的亮光。但是，一旦燃料燃烧殆尽，支撑恒星的压力即告停止，万有引力占据上风，恒星就会自我坍缩。万有引力这种巨大的"吮吸"力量变得如此强大，以至于连光线都无法逃逸。恒星看起来呈黑色，由此得名。

拱极星（Circumpolar）

拱极星是指恒星或星座等天体，它非常靠近南天极或北天极，永远不会落到地平线以下。正如你可以环游地球那样，也即意味着你能够环绕着地球航行，拱极星的意思就是"环绕极点"。

黄道（Ecliptic）

这个希腊词的意思是"食缺的地方"。这条假想的线是太阳围绕天空运行 1 年所经过的路线。黄道经过 12 个星座，产生出"黄道十二宫图"。因为太阳系是一个由太空物质构成的大圆盘，所以我们发现月球和行星都贴近这条黄道线。

椭圆轨道（Elliptical orbit）

该轨道路线呈椭圆形而不是圆形。轨道椭圆程度越大，表明该天体受挤压得越厉害。地球围绕太阳公转的轨道略微成椭圆形，这就意味着我们在 1 月份比 7 月份离太阳更近，两者相差 500 万千米。

星系（Galaxy）

一个星系通常有 100 万左右或更多颗恒星，有时还包含很多尘埃和大量气体。这一切都因万有引力的作用而聚在一起，呈现不同形状，其中包括螺旋形和椭圆形。当我们使用大写字母 G 开头代表星系这个词时，意思是指我们的家园银河系。太阳及我们都是银河系的一部分。

天平动（Libration）

这一效果可以使我们看到总计达 59% 的月球表面，虽然每次我们只能看到 50%。这是几种因素共同作用的结果，包括：月球围绕地球的公转轨道是倾斜的，而且稍微呈现椭圆形，以及一天中在观察月球时我们所处位置的改变。

光年（Light-year）

光线在 1 年中所经过的距离，约等于 9.5 万亿千米。

星等（Magnitude）

一个天体在天空中看上去的亮度被称为它的视星等或目视星等。

星掩（Occultation）

一个天体遮掩来自另一个天体的光线，

比如月球运转到木星前面，这时就会发现星掩现象。如果一颗恒星或行星擦过月球的边缘，这种现象被称为切月星掩。

视差（Parallax）

这是一种确定天体离我们远近的方法，运用地球围绕太阳公转时在不同时间所处的不同位置来测定附近恒星的微小移动。就像你伸直手臂竖起一根手指，然后分别使用左眼和右眼观察手指后面的背景有什么变化一样。你会看到手指在背景中的位置有所改变，而同样，天文学们会测定出附近的一颗恒星在更加遥远的背景中的位置有所改变，然后加以计算。

行星（Planet）

行星是由岩石、气体或冰构成的围绕恒星转动的球体。太阳系的行星不像恒星那样，它们自己不发光。我们看到它们在遥远的地方闪烁，那是因为它们反射太阳的光线。一般而言，一个天体应当达到的标准是直径 2 000 千米或更大，才可以被称作行星。但是，确切的标准究竟应该是多大，目前还存在激烈的争论。

极星（Pole star）

这一名称是指任何明亮的恒星，它碰巧就位于地球的北极或南极上空，或在其附近。目前，北极星是位于北极的极星，而在南极则没有什么引人注目的极星。当地球在自转轨道上转动超过 2.58 万年时，它的自转轴就会指向天空中不同的位置，因此别的恒星也可能变成极星。在北半球，我们发现织女星（天琴座）和右枢（天龙座）将会成为未来的北极星，而在历史上它们曾经就是北极星。在南半球，相对应的南极星将会是水蛇座 α 星（水蛇座）和船帆座 γ 星（船帆座）。

自行（Proper motion）

你认为所学到的关于夜空的知识保险没错，但是恒星的运动却给你带来一点儿麻烦。的确，这些古希腊人看来"固定"的恒星实际上也在移动，但我怀疑它们究竟是怎样移动的。所有恒星都在太空中赛跑，不同的是，有些恒星与太阳的运行方式大不相同，在一定的时间后它们改变了位置，由此我们可以看出它们有所移动。这种看上去极其微小的移动被称为自行，以每年几角秒来计算。

辐射点（Radiant）

辐射点是指天空中的一点，看上去流星是从该点发射出来或者说辐射出来的。当然，流星可能从任何地方出现，但是如果你探寻每颗流星的踪迹，就会发现它们都来自辐射点。这是假定你看到的所有那些流星都是那个流星雨的一部分时所出现的情况。

恒星月（Sidereal month）

参照其他恒星，月亮围绕地球公转一周所需要的时间为 27.3 天。如果地球不围绕太阳公转，那么月相将会每隔 27.3 天重复出现一次。但是事实并非如此，因此就产生了太阴月。

太阳系（Solar system）

我们的"太阳系"包括太阳以及所有受到它的万有引力支配的天体：8 大著名的行星、这些行星的卫星、小行星和彗星等。太空中还有其他很多太阳系，同样由环绕该恒星转动的行星组成。宇宙中可能存在其他有生命的世界，但是就目前来说，太阳系是我们所知有生命存在的唯一地方。

恒星（Star）

恒星是由炽热气体构成的巨大球体，它们发光是因为内部深处正在进行核反应。你需要 1 000 万℃才能点燃恒星进行核反应。

超新星（Supernova）

恒星在结束自己生命的时候会发生超级强烈的大爆炸。超新星是一种变星，是所有只变一次即消失的变星的最终结果。它的超强亮度是由恒星万有引力的崩溃与剧烈的反弹引起的。

太阴月（Synodic month）

参照太阳，月球环绕地球公转 1 周所需的时间为 29.5 天，这也是月相重复出现所需的时间。因此，两次连续的满月相隔29.5 天。

世界时间（UT）

科学家们利用这样的天文时间行话已经愚弄了我们好多年，它其实就是格林尼治时间（GMT）在太空的应用。更复杂一些的还有，世界时间有很多变体，包括 UT0（世界时间初始值）、UT1（世界标准时间）和 UTC（世界协调时）。瞧瞧那些科学家和他们弄出来的怪异名称！

亏月（Waning Moon）

亏月是指月球从满月到新月的月相。开始，在太阳刚刚落下之后，就可以看到亏月的凸月相（半月和满月之间的月相），但是在天空中跟太阳的方向正好相反。一天天过去，月球朝着早晨太阳升起的地方运行并逐渐变小，先变成一半，再变成娥眉月，最终消失不见变成新月。

盈月（Waxing Moon）

盈月是指月球从新月到满月的月相。我们绝大部分人看到的正是在这段充盈时期的月相。月球起先是薄薄的娥眉月，出现在落日的天空附近。随着日子一天天过去，月球运动到远离太阳，逐渐变成半月、凸月，然后变成了满月。

第四章
它们是怎么工作的

航天器 "研究所"

最早的太空访客：V-2 火箭

火箭，又叫 V-2 "飞弹"，是第一个大型的远程火箭。它是在 1942 年研发成功的。第二次世界大战之后，V-2 火箭成了第一个到达太空的火箭，但是它从来没有进入过环绕地球运转的轨道。几乎所有的航天火箭都是以 V-2 火箭的设计原理为基础的。

我发现啦！

第一批火箭都是使用火药作为燃料的。最早的火箭是公元 1050 年左右由中国人发明的。第一个使用液体燃料的火箭由美国最早的火箭发动机发明家罗伯特·戈达德于 1926 年发明，它只到达了 12 米的高度。

未来到底会怎样？

美国计划利用卫星网络建立一张 "太空盾牌"，用以探测敌军的远程导弹，这样反击导弹就能及时在空中将其拦截。

弹头：导弹整流罩的 3/4 装满了一吨重的阿马托炸药，这是一种由硝酸铵和三硝基甲苯组成的烈性混合炸药。

V-2 火箭发射升空之后，喷嘴正下方的空气舵开始操纵方向。等到 V-2 火箭行进的速度足够快时，火箭尾端所安置的被称为燃气舵的金属板可以改变气流，诱导火箭朝正确的方向前进，也可以用来改变火箭前进的路线。

1951 年，V-2 火箭已经达到了 213 千米的高度，创造了当时新的纪录。

火箭发动机的工作原理

火箭利用了作用力与反作用力这一基本物理原理。当火箭发动机内部的可燃气燃烧爆发出后推力时，产生的反作用力就会将火箭向前推。燃烧需要氧气，但是太空中几乎没有空气，也就因此没有氧气了。火箭会携带液态氧或者一种富含氧气的化学物质，被称为 "助燃剂"。

控制系统：早期的 V-2 火箭按照预先设定好的程序自行操纵。后来的火箭则由来自地面的无线电信号进行控制。

燃料箱：火箭的上半部分装有将近 4 吨的混合液体。其中 3/4 是乙醇，这是一种可以充分燃烧的酒精，不过要在极高的温度下才能燃烧。剩余的 1/4 是水，其作用在于降低燃烧的温度。

V-2 火箭的发动机只能运行大约 65 秒，但是这已经足以使 V-2 火箭上升到 80 千米的高度并开始自由飞行。发动机失去动力后会坠落到地面大概离发射地点 300 千米的地方。

完成准备工作、准备发射的 V-2 火箭

发射 V-2 火箭

V-2 火箭是从一个特殊的钢铁发射台上发射升空的，该发射台的形状像一个矮桌。该发射台以及所需的其他设备由 30 辆卡车运送到发射地点。发射地点通常隐藏在茂密的森林中。V-2 火箭本身带有一辆牵引车，长约 15 米，重约 11 吨。负责发射火箭的工作人员要花 90 分钟的时间装配好发射平台，准备 V-2 火箭、燃料以及导航系统，然后点燃具有爆炸性的弹头。

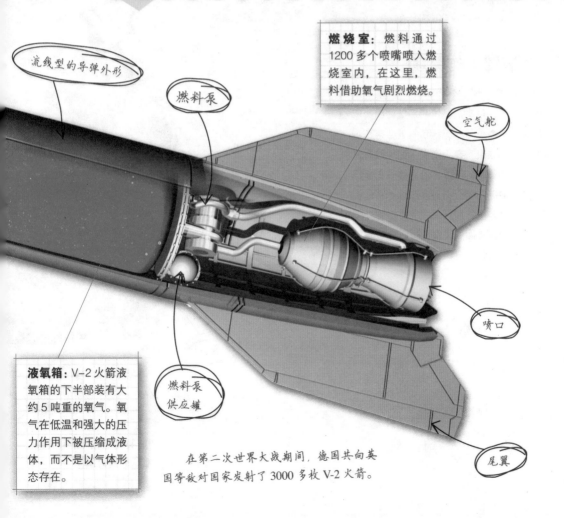

流线型的导弹外形

燃料泵

燃烧室： 燃料通过 1200 多个喷嘴喷入燃烧室内，在这里，燃料借助氧气剧烈燃烧。

空气舵

喷口

液氧箱： V-2 火箭液氧箱的下半部装有大约 5 吨重的氧气。氧气在低温和强大的压力作用下被压缩成液体，而不是以气体形态存在。

燃料泵供应罐

尾翼

在第二次世界大战期间，德国共向英国等敌对国家发射了 3000 多枚 V-2 火箭。

"斯普特尼克" 1 号人造地球卫星

1957 年 10 月 4 日，一则爆炸性的新闻震惊了全世界——苏联用 R-7 弹道导弹成功发射了世界上第一颗人造地球卫星"斯普特尼克" 1 号！它正式开启了人类的"太空时代"。"斯普特尼克" 1 号升空后在轨道中运行了 3 个多月，围绕地球转了 1400 多圈，之后就在返回地面的过程中燃烧殆尽了。

我发现啦！

轨道通信卫星不断接收和发出无线电信号，发挥的作用就好比一座极高的天线塔。英国科幻作家兼科学家阿瑟·克拉克于 1945 年首先提出了通信卫星这一想法。

"斯普特尼克" 1 号人造地球卫星在电池能量耗尽之前，一共持续发射了 22 天的信号，运行总里程共计 6000 万千米。

O 型环： 又称密封圈，是一个环形的接头，位于两个内罩半球之间，它们将卫星密封起来，将其存放在纯净的氮气之中。

✳ 轨道的工作原理

轨道，是一个物体——比如卫星围绕行星、月亮或星球——运转的曲形轨迹。轨道是向前运行和向下坠落两种力平衡的结果。在太空中，如果没有其他外力的影响，天体将沿直线一直运行下去。地球的地心引力会产生一种牵引力，让天体绕曲线行进，就好像要坠落一样。如果物体的高度和运行速度正好合适，它就会一直保持"坠落"的状态运行，而不会落到地面。

电源： 这三块电池很小但很沉，重量接近一个成年人的体重。其中两块电池是为无线电发射器提供动力的，还有一块电池为风扇提供动力，风扇用于控制卫星内部的温度。

内罩

天体试图沿直线一直运行下去。

地球引力

地球

轨道是向前运行和向下牵引两种力量平衡的结果。

通风扇

"斯普特尼克" 1 号人造地球卫星发射后的一个月，"斯普特尼克" 2 号再度进入太空，并载着第一位太空旅客——一条名叫莱卡的狗。

"斯普特尼克" 1 号人造地球卫星分解图

未来到底会怎样?

　　根据俄罗斯航天局的统计数据，截至 2005 年 4 月，太空中正在运行的卫星有 800 多个。目前，每发射一颗新卫星，都要设计好运行的轨道，以免与其他卫星相撞。

外罩: 两个半球形的卫星外罩是由铝、钛、镁合金制成的，两个外罩由 36 个螺栓接合而成。

　　"斯普特尼克" 1 号人造地球卫星正式开启了人类的 "太空时代"，表明机器乃至人类都可以进入太空，并存活下来。

天线: 4 根天线用来发射无线电信号，都是用钛—镍形状记忆合金制成的，长约 2 米多。

　　"斯普特尼克" 1 号人造地球卫星的信号发射器重约 3.7 千克。该装置会发射出两组无线电信号，一高一低，每一个持续 0.3 秒。

内罩

抗热外罩

　　"斯普特尼克" 1 号人造地球卫星由苏联发射，也就是现在的俄罗斯及其相邻的国家，在当时的苏联哈萨克斯坦共和国草原升空。当时，苏联的最大竞争对手美国对此非常震惊，一些美国人甚至认为这条新闻是一个恶作剧。

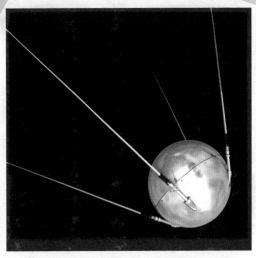

"斯普特尼克" 1 号人造地球卫星重 84 千克，直径 58 厘米——大小跟一个大号沙滩排球相当。

✳ 什么是逃逸速度?

　　如果我们要将航天器发射到高空中，地球的引力很快就会将它拉回到地面。目前，火箭是唯一一种能够提供足够动力的发动机，可以让航天器摆脱地球的引力，并进入太空。在地面上，物体的运动速度达到 7.9 千米 / 秒时，它所产生的离心力恰好与地球对它的引力相等，可以绕地球运行，这个速度被称为环绕速度。而当地表物体的运动速度达到 11.2 千米 / 秒时，就能摆脱地球引力，绕太阳运行，这个速度叫逃逸速度。

R-7 火箭发射时，将 "斯普特尼克" 1 号人造地球卫星放在整流罩中。

"东方" 1 号飞船

第一个进入太空的地球人是苏联宇航员尤里·阿列克谢耶维奇·加加林。1961 年 4 月 12 日，加加林乘坐"东方" 1 号宇宙飞船完成了史无前例的宇宙飞行任务，这使得加加林成为英雄，并开启了人类载人飞行的新时代。

我发现啦!

早在 1903 年，俄国科学家康斯坦丁·E·齐奥尔科夫斯基就预言人类利用火箭就能进入太空，认为人类有朝一日可能会在太空中旅行。那个时代的人们都认为他一定是疯了!

太空舱门：当宇航员进入宇宙飞船之后，太空舱门就会封闭起来。等到加加林重返大气层返回地面时，太空舱门会打开，让他带着降落伞跳伞。

返回舱：返回舱是宇宙飞船中装载着宇航员的球型部分，最后整个飞船只有返回舱回到地球。

观察窗：观察孔是一个观测镜，像一个固定的窗口，观察孔用来帮助将飞船定位在正确的位置和角度，利于飞船重返地球。

✳ 飞船怎样重返大气层

宇宙飞船返回地面的任务风险最大的部分是重返大气层，这个时候宇宙飞船从真空区返回，进入到下面的地球大气层中。当飞船的速度达到每秒 10 千米的时候，会与稠密的大气发生剧烈的摩擦，这会导致飞船温度骤然上升，变得格外炽热。因此，宇宙飞船表面会涂上一层特制的涂料，来保护船体，避免因摩擦生热而燃烧。关键在于飞船要以适当的角度进入大气层，如果冲进大气层的角度太陡，会导致飞船过热而焚毁。

弹射座椅：以火药为动力的弹射座椅将宇航员加加林弹出机舱，然后张开降落伞使其能够安全降落。

远程天线

隔热罩

压缩气瓶：球形的压缩气瓶内装有氮气和氧气，供宇航员加加林呼吸使用，此外还可为宇宙飞船的定位推进器提供动力。

加加林在"东方"1号飞船里面。

✳ 安全返回

在"东方"1号飞船大获成功的第一篇新闻报道中，负责小组说加加林已经随飞船一起着陆了，之后，他们又承认说在距地面7000米高度时，加加林和座椅一起从飞船中被弹射了出去。他和飞船分别借助降落伞从空中飘下来。着陆点在偏远的俄罗斯郊区。当地的一位农民及其女儿看到了一个身穿明亮橘红色"外套"（宇航服）和巨大白色头盔的人，他们还以为加加林是一位外星人！

加加林起初接受的是飞行员训练，当他进行第一次太空旅行时，才27岁。遗憾的是，1968年3月27日，在一次例行训练飞行中，加加林因一架双座喷气式飞机坠毁而罹难。

仪器舱

制动火箭发动机

天线：无线电信号在飞船和地球之间传送。当"东方"1号飞船进入预定轨道的时候，地面的工作人员听到加加林在吹口哨，吹的是一首著名的俄罗斯歌曲。

"东方"1号飞船宽2.4米，重4.7吨。

"土星" 5 号火箭

美国的"土星"5号火箭，是目前世界上使用过的最大、最重，也是推力最强的运载火箭。它将阿波罗计划中的宇航员送上了月球，开始了人类首次登月的太空征程。从1969年11月的首次阿波罗试验飞行，到1973年5月的最后一次离地升空，使用"土星"5号火箭的13次航天飞行全部成功。

我发现啦！

"阿波罗"13号很不幸，因为服务舱液氧箱爆炸，严重损坏了航天器，氧气和电力大量损失，从而中止了登月任务。三位宇航员用登月舱作为太空中的救生艇，并成功地返回地球大气层。

未来到底会怎样？

人类还会重返月球吗？美国计划在2015年至2020年期间再次将宇航员送上月球。

苏联的"能源"号运载火箭要比"土星"5号火箭稍稍强大一些，但是它只进行了两次试验性的发射，从来没有正式投入运行。

1973年，最后的"土星"5号只装载了两级火箭引擎，第三级装载了太空实验室的轨道空间站。

第二级：S-II，是"土星"5号的第二级，由北美航空制造，装有五台J-2火箭发动机。高达25米，重约500吨，和第一级一样，直径10米。

J-2 火箭发动机

第一级：巨大的"土星"5号的底部就是第一级，由波音公司制造。重量达2000余吨（相当于50辆卡车的重量），高达42米。这级火箭上超过2000吨的质量都是推进剂煤油和液氧。

✳ 引力辅助的工作原理

不仅仅是地球具有引力，所有物体都有引力，从小小的大头针到行星、月球和恒星。航天器经常在月球或行星附近飞行，这样一来，引力就会吸引航天器，并改变其运行的方向。在漫长的太空旅行中，这样可以节约燃料和时间。在阿波罗计划的历次任务中，计划者考虑到了月球引力的因素。月球的引力相当于地球引力的1/6。航天器要向着月球的侧面运行，就好像从月球旁边经过一样。之后，借助月球的引力将飞行器拉入正确的轨道。

F-1 火箭发动机：在第一级脱落之前，五台F-1火箭发动机将所有三级"土星"5号火箭推至60千米之上。

三个试验用的"土星"5号火箭分别陈列在位于休斯敦的美国航空航天局约翰逊太空中心，位于美国佛罗里达州卡纳维拉尔角的肯尼迪航天中心，以及位于汉斯维尔的大卫森中心。

探月舱：两个宇航员要转移到探月舱，以登陆到月球的表面。探月舱在接下来的几天中就是他们的基地，当他们返回到指挥舱时，会将探月舱的下半部分留下。

服务舱：服务舱中装有水、空气、其他一些生活装备物资、电池、无线电和科学设备，还有一个小火箭。这个小火箭直到重返大气层回到地球之前一直都是与指挥舱连在一起的。

发射救生塔

第三级火箭：是由道格拉斯飞行器公司制造的火箭级，高 17.8 米，宽为 6.6 米。在第三级火箭中使用一台 J-2 发动机（与第二级火箭中的发动机一样）。

指挥舱：在每次"阿波罗"任务中，都有三个宇航员。其中两个宇航员登陆到月球，另外一个留在指挥舱当中，绕月飞行。最后，三位宇航员都坐在指挥舱里返回地球。

"土星" 5 号火箭高 110.6 米，仅仅比伦敦的圣保罗大教堂矮 0.5 米。

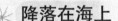

J-2 火箭发动机

✳ 降落在海上

苏联在宇宙飞船返回地球时采用的是降落伞着陆的方法，美国的宇宙飞船则是降落到海里。美国的任务管制员通过无线电跟踪"阿波罗"号飞船的指挥舱返航，然后派喷气式战斗机追随它。当指挥舱降落到海上后，直升机就放下潜水员，潜入海中。潜水员备有漂浮装置，像一个大型的橡胶圈，这样一来，指挥舱就不会下沉。

在发射升空时，"土星" 5 号火箭的重量超过了 3000 吨，比满载的大型喷气机要重 7 倍多。

"阿波罗"号飞船的指挥舱最终降落到了海面上。

"先驱者" 11 号探测器

太空探测器是不载人的航天器，由来自地面的无线电信号远程操控。1972 年 3 月 2 日，"先驱者" 10 号在美国发射升空。1973 年 4 月 5 日，美国又发射了"先驱者" 11 号探测器。这对孪生探测器都是人类派往银河系的大使，它们在途中拍摄了许多照片，而且现在仍然在以令人难以置信的速度飞向未知的深邃的宇宙。

我发现啦！

"先驱者" 11 号太空探测器发射之后，任务管制员意识到可以利用木星的强大引力去改变探测器的轨道，这样一来，"先驱者" 11 号探测器就能在"旅行者" 1 号和 2 号之前到达土星。

1979 年 9 月 1 日，"先驱者" 11 号从距土星 34000 千米的地方掠过，第一次拍摄到了土星的照片。

在"先驱者" 11 号探测器发送回来的照片中发现，土星的光环看起来很暗。然而，从地球上看，土星光环显得非常明亮。

小行星－流星体探测传感器

碟形天线： 这个形状像碗碟一样的天线直径 2.74 米，指向地球，发送并接收无线电信号。

✳ 旋转稳定的工作原理

在航天器飞往宇宙的途中，不可避免地会撞到小陨石等颗粒物，并会因此开始摇摆、震颤，变得不稳定。这也是为什么许多卫星和探测器都被设计为采用旋转的方式，以保持其在运行时的稳定，这被称为"旋转稳定"。此外，旋转还能将太阳光照射积聚的热量散发出去，否则航天器面对太阳的一面会变得过于灼热。"先驱者" 11 号约每 12 秒旋转一周，但是会一直保持其碟形天线背对着地球。

分离环

旋转控制器： 三对小型火箭助推器控制着"先驱者" 11 号探测器的旋转方向和速度。

1995 年，美国国家航空航天局与"先驱者"11 号探测器失去了联系。现在，"先驱者"11 号探测器正在飞往天鹰座（星群）的途中。它大约在400 万年以后才会到达那里。

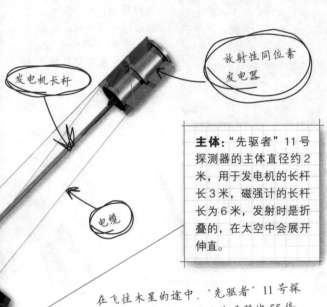

发电机长杆

放射性同位素发电器

电缆

主体："先驱者"11 号探测器的主体直径约 2 米，用于发电机的长杆长 3 米，磁强计的长杆长为 6 米，发射时是折叠的，在太空中会展开伸直。

磁强计： 行星的自然磁场为人们揭示其结构提供了一定的线索。磁强计必须置于长长的机臂（长杆）上，远离探测器的主体，以避免受到探测器电子设备和磁性设备的干扰。

在飞往木星的途中，"先驱者"11 号探测器的速度要比大威力的步枪子弹快 55 倍。这是受到木星引力吸引的结果。

磁强计长杆

当"先驱者"11 号探测器经过土星时，其发出的无线电信号要花 1 个多小时才能到达地球。

散热窗： 当探测器内部的电子设备温度过高时，这些狭缝上的外罩可以旋转并拧开，以便散热。

宇宙射线望远镜： 是"先驱者"11 号探测器众多设备中的一个。借助宇宙射线望远镜可以看到在宇宙中穿行的强大宇宙射线。

✳ 外太空真的有其他生命存在吗？

"先驱者"10 号和"先驱者"11 号探测器都携带了一块镀金铝板，宽约 23 厘米。上面刻有图案，描绘的是一个男人和一个女人，还画出了太阳系，图片底部还有一份示意图，标明了地球在众多星球之间的位置。"先驱者"号探测器会一直保持运行，除非它们撞到某个卫星、小行星或者陨石等。外星人有可能发现这两个探测器，看到镀金铝板，并因此来探访地球。

穿梭太空的航天飞机

第一架航天飞机于1981年发射，2011年全部退役，共执行了135次飞行任务。航天飞机主要包括轨道飞行器、两个高大的火箭助推器以及一个巨大的燃料外储箱。它为人类自由进出太空提供了很好的工具，而且可以重复利用，大大降低了航天活动的费用，是航天史上的一个重要里程碑。

我发现了！

航天飞机的火箭助推器能够提供2/3以上的推动力。当火箭助推器分离或往下脱落时，为了防止它们撞到轨道器，要使用16个非常小的火箭将它们推开。

飞行甲板：像一架大型的普通飞机一样，轨道器的前部有两个座位，分别是任务指挥员和飞行员的专座。

货舱：这个巨大的区域用来装载卫星、太空望远镜和其他设备，长18米，宽5米，空间宽敞得足够装载12辆私家轿车。

回收利用对于我们人类和我们的地球都大有益处，而美国的航天飞机大部分部件都是可回收、可重复使用的。

货舱门

✳ 火箭助推器工作原理

火箭助推器是额外的火箭，为航天飞机垂直起飞、飞出大气层进入轨道等其他活动提供额外的推力。航天飞机有两个固体火箭助推器。当其燃料耗尽的时候，会引爆螺栓，让它们在45千米的高空与航天飞机分离。前锥段里的降落伞系统启动，降落在大西洋上，空的火箭外壳在降落伞的保护下回到地面，可回收重复使用。任务完成后，轨道器重返地球大气层时会像一个巨大的滑翔机俯冲下来，着陆在跑道上。

装在货舱中的哈勃太空望远镜

主引擎：航天飞机有三个RS-24主引擎，它们可以稍稍旋转，指引推力的方向并操控机身。

在发射平台上，航天飞机的整个组成部分高56米，起飞重量令人难以置信——总计2000多吨。

未来到底会怎样？

在航天飞机退役之后，美国计划研发一种名为"战神"1号的两级火箭，旨在将新一代载人航天器"猎户座"号飞船在2015年送入太空。

美国的航天飞机共有六架轨道器："企业"号（仅用于着陆测试）、"发现"号、"亚特兰蒂斯"号、"奋进"号、"挑战者"号（1986年1月28日发射升空后爆炸）和"哥伦比亚"号（2003年返航时失事）。

双层舱壁

燃料舱： 燃料舱高45.6米，宽8.4米。它为轨道器的三个主发动机提供燃料。在起飞时，燃料舱重755吨，发射升空9分钟之后从轨道器上脱离。

航天飞机的发射和着陆返航一般是在美国佛罗里达州的肯尼迪航天中心完成。在糟糕的天气情况下，航天飞机的轨道器可以在位于美国西部加利福尼亚州的爱德华兹空军基地着陆。之后，将由一架波音747客机以背驮式的运输方式，飞越3500千米，运回佛罗里达州。

液体燃料

太空漫步

在航天飞机轨道器内，宇航员可以身着普通的衣物。但是要走出太空舱时，它们必须穿上宇航服。宇航服可以提供氧气用于呼吸，还可以避免阳光剧烈的照射，抵御阴暗处的寒冷，并防止宇宙微尘对宇航员的伤害。

火箭助推器： 全称为固体火箭助推器，高45.6米，重约590吨。在发射升空2分钟之后便与轨道器分离。

航天飞机宇航服由三个主要部分组成：活衬里、压力容器和基础性的生命保障系统。

船与潜艇的工作密码

水上利器：水翼艇

凭借船体底部支架上安装的水翼所提供的浮力，水翼艇就能在水面上"飞行"。当船的速度逐渐加快时，水翼就会产生向上的浮力，使得水翼升高，上面的船体也会随之被抬离水面。这样就大大减少了船只在水中航行时的阻力或摩擦力。

我发现啦！

水翼艇的发展经历了数个阶段，饱含着几代科学家和工程师共同的心血，包括英国船舶工程师约翰·桑尼克罗夫特、电话的发明者亚历山大·贝尔和意大利发明家恩里克·弗尔拉尼尼。

未来到底会怎样？

工程师们一直致力于新型水翼的设计，比如智能水翼，这种水翼能够根据行驶速度改变自身的曲线形状。

水翼坐艇就像是由快艇牵引的大型滑水撬上的一把椅子，在水面上"飞行"。

栏杆

舱壁

螺旋桨： 一个螺旋桨转动得比另一个螺旋桨要快，以此为船掌舵。

驱动轴： 这个长的驱动轴延伸到船体下面很深的地方，所以当船体被明显抬离水面时，螺旋桨仍然位于水中。

✳ 易于驾驶的航程

在很多地区，商用水翼艇的速度可以与渡轮相媲美。它们能够平稳而快速地航行，在湖泊、江河、水库、海湾，以及受保护的近海海域中驾驶起来都非常便利。跟其他的高速舰艇技术相比，水翼船的主要优点是能够在较为恶劣的情况下航行，例如大风浪中，船身的巅簸较少。

支架： 船身底部的支架非常薄，前后边缘都很尖锐，这样能够减少水的阻力。在一些水翼艇上，支架可以向左或向右旋转，发挥着和船舵一样的作用。

✳ 水翼艇的工作原理

　　从侧面看，水翼的形状是弯曲的，与气翼类似。水翼上表面的弯曲程度比下表面的大。因此，当水流经水翼的时候，从上方流过时的速度肯定大于从下方流过的速度。水流过的速度越快，意味着水产生的压力越小。因此，水翼上方较低的压力就等同于产生了一个向上的浮力，会将水翼向上"吸"，这样就会向上抬升船体，使之浮出水面。由于阻碍消除，船的速度大大提高，行驶更为平稳。

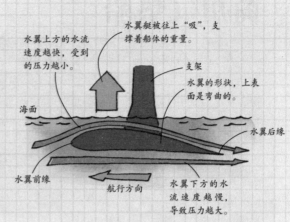

水翼艇被往上"吸"，支撑着船体的重量。

水翼上方的水流速度越快，受到的压力越小。

支架

水翼的形状，上表面是弯曲的。

海面

水翼后缘

水翼前缘

航行方向

水翼下方的水流速度越慢，导致压力越大。

　　一些冲浪爱好者将冲浪板和水翼安装在一起，以在驶离海岸在大海中航行时应对汹涌的波涛和海浪。

发动机：大部分商用水翼艇会有一个或两个柴油发动机，并安装在船体的下部，以保证船的稳定性和平衡性。

座位

驾驶桥楼

　　在好莱坞2002年拍摄的007系列电影《谁与争锋》中，一艘壮观的高速水翼艇经过香港到古巴再到伦敦，詹姆斯·邦德也追踪着这艘船绕遍了地球。

　　至20世纪80年代，水翼艇已被各国广泛用作导弹艇、猎潜艇、高速护卫艇等，排水量多在300吨以下。许多国家正进一步研究建造自控式水翼艇，500吨以上的水翼舰也在探索中。

水翼：有的水翼呈浅V形，有的则呈倒T或倒U形。其制作材料是坚固结实的金属。

船体：船体随着船速的增加逐渐上升。其制造材料是一种先进的碳纤维复合材料。

商用气垫船

在世界的许多地方，气垫船曾被用于运送乘客和车辆，它们可以在水上起飞，飞到一个坡道上，搭载乘客或卸客。这种气垫船的行驶速度很快，高达 100 千米／小时，且在风平浪静的天气里航行起来非常平稳。不过，这种气垫船在航行时噪音很大，而且遇到大浪船会颠簸和摇晃得比较厉害。

我发现啦！

早期的气垫船没有船底围裙，因此很容易翻船。1962 年，英国著名船舶设计师克里斯多弗·科克莱尔的同事——丹尼斯·布里斯发明了柔韧性很好的多段围裙，解决了气垫船的稳定问题。

未来到底会怎样？

人们将会驾驶一种新式的气垫船在偏僻的沼泽中探险。但即便他们关掉气垫船的发动机，观察那些稀有动物时，也难免会惊扰它们。

全世界最大的商用气垫船包括法国 1977 年下水的 N500 型气垫船和英国的 "SR—N4" 型气垫船。它们大约重 250 吨，有 50 米长，能够搭载 400 名乘客和 50 多辆汽车。

俄罗斯的 "野牛" 级军用气垫船是世界上最大的气垫船，重 550 吨，比满载的大型喷气式客机还要重 150 吨。

控件：气垫船的主要控件包括调整飞行高度的升力油门或控制杆、控制速度的主油门和控制船舵的舵轮。

驾驶桥楼：驾驶桥楼是大型船舶的控制中心，是船长、驾驶员和舵手监察和引航的地方。

雷达

座位

船底围裙

救生筏气箱

气垫船向左转。

螺旋桨推动气垫船向前行驶。

螺旋桨产生气流推动船舵转动。

船舵使空气向左转向。

船舵

气垫船的引航原理

和螺旋桨机一样，气垫船也是由螺旋桨推进的。在一些气垫船上，螺旋桨可在其支架上左右转动，以一定的角度吹动空气，从而控制转弯方向。其他一些气垫船则装有船舵，可以将空气推向一侧，使得气垫船转向。在强风天气中，气垫船很难稳定行驶。

气垫船在旅游、探险以及民事救援上也大有作为。气垫船的一个优点是其易于登陆，而旅游岛屿恰恰有多处随意登陆的需求。但旅游岛屿不可能在任何地方都设立码头或泊位。这时候，可利用气垫船的特性，随意在沙滩、滩涂及草地上登陆。

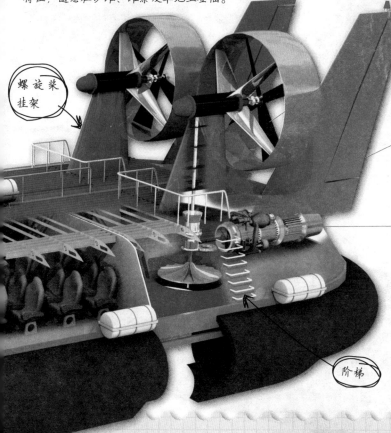

螺旋桨挂架

阶梯

螺旋桨：螺旋桨或推进风扇通常是由先进的复合材料制作而成的，每秒钟可以旋转 50 多次。

船舵：船舵在螺旋桨的正后方，在这里，它在高速运行的气流中会发挥出最大的效力。

发动机：较小的气垫船可用涡轮增压柴油机推动，大的气垫船则要用燃气轮机推动。

巨型“SR-N4”气垫船于 1968 年开始执行航海任务，但是，因为不断上涨的燃料成本，到 2000 年的时候被逐渐淘汰了。

✳ 海上怪物？

地效飞行器被美国人称为“里海怪物”。

地效飞行器是一种介于飞机、船舰和气垫船之间的新型高速飞行器。它既有机翼，也有船身形状的主体。当地效飞行器在水上加速行驶的时候，呈一定角度的机翼就会在机身和下方的水之间形成气垫，使机身升离水面。地效飞行器在距离水面 1～6 米的高度低空飞行，一旦出现紧急情况，可随时在水面降落。地效飞行器不能升得过高，因为一旦没有了地面效应，两个机翼就不能产生足够的升力。地效飞行器重约 500 多吨，靠涡轮喷气发动机推动，能以每小时 500 多千米的速度巡航。

邮轮：航向全球最美丽的角落

邮轮上娱乐设施齐全，从游泳池到电影院，到餐厅到健身房，应有尽有。而且邮轮在海上航行起来非常平稳。对于游客们来说，邮轮就是一座可以移动的度假屋。当邮轮靠岸后，乘客们就下船欣赏风景名胜，船上的工作人员则会迅速地补充船上所需的食物、水、燃料等必需品。

我发现啦！

历史上第一艘以载客为目的的邮轮"维多利亚·路易丝女王"号于1900年始航。这艘邮轮重4400吨，曾经穿越过大西洋和加勒比海，还去过地中海和黑海。1906年，这艘邮轮不幸搁浅，船长深感内疚和自责，开枪自杀。

未来到底会怎样？

将来的巨型游艇上可能会种植一大片草地，就像城市里的公园一样，曲径通幽，四周还有娇艳的花朵和葱郁的树木。

有"海上皇后"美称的"玛丽女王"2号是世界上最大、最豪华的邮轮之一，于2003年始航，船重150000吨，长344米，比三个足球场还要大。

雷达天线杆

驾驶桥楼

船首

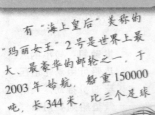

一艘大功率的拖船正牵引着邮轮入港。

牵引入港！

一艘大型的船艇要减速并停下来，通常需要行驶好几千米。在这期间，它可能会被海风吹离航向，或者被潮汐和洋流卷离海岸。拖船虽然很小，但是功率很大，可以用拖缆牵引大型船舰入港。拖曳设施包括拖钩、拖柱、系缆绞车等。拖船船长对当地的情况烂熟于心，可以拖着大船一点一点地慢慢移到正确的位置。两艘或更多的拖船可能会一起工作，以便应对突发状况。

货舱：船上的储藏品，如淡水和食物，都放在船底货舱里，而且东西必须捆紧或扎牢，以防遇上大浪时到处滚动或者掉下船去。将这些物品作为压舱物，可以增加船的稳定性。

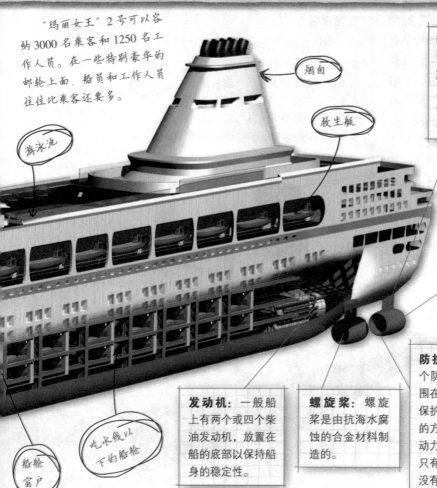

"玛丽女王"2号可以容纳3000名乘客和1250名工作人员。在一些特别豪华的邮轮上面，船员和工作人员往往比乘客还要多。

游泳池

烟囱

救生艇

套管：出于防水的需要，推进器中螺旋桨的传动轴需要用套管套住，通过齿轮与发动机连在一起。

方位推进器：这些推进器既能推动船往前运动，也能旋转，产生侧向力操纵船转向，因此，就没有必要使用舵轮了。

船舱窗户

吃水线以下的船舱

发动机：一般船上有两个或四个柴油发动机，放置在船的底部以保持船身的稳定性。

螺旋桨：螺旋桨是由抗海水腐蚀的合金材料制造的。

防护罩：推进器有一个防护罩，呈衣领状，围在螺旋桨的周边，起保护作用，还能控制水的方向，获得额外的推动力。有的推进器设计只有敞开的螺旋桨，而没有防护罩。

有一艘名为"世界"号的邮轮，上面建有公寓楼，你可以购买。当这艘船慢慢地四处航行，或环游世界的时候，你可以在上面住一段时间，也可以永久性地住在上面。

船体

螺旋桨传动轴

螺旋桨

防护罩或套管

旋转的方向

推进器转动，向各个方向施加作用力

推进器在旋转过程中会将水推向船后，利用水的反作用力推船前进。

✳ 船首推进器的工作原理

巨型邮轮常常要驶入小型的港口或港湾。主船舵在低速行进时根本无法运行，所以就需要船首推进器，作为主要的推进器，或者作为位于船首额外的小型推进器，也有可能在船尾。它们会不停地旋转，产生朝向各个方向的推动力。这样一来，邮轮就可以侧向航行、斜向航行或者向后航行。

海上运输专家：货轮

货船，货轮，或类似的船舶，就是海上不辞辛苦的“运输卡车”。它们纵横驰骋于世界各大海域，装载着各式各样的货物，从车辆到电视，到食物到鲜花。一旦货轮到达港口，就要马上卸载货物，然后装满其他的货物，并再一次起航。全球贸易都是大生意，时间就是金钱，容不得片刻耽搁。

我发现啦！

2500 多年前，在古希腊，起重机就用来为船只装载和卸载货物了。阿基米德发明了一座巨型起重机，它能将敌人的船舰高高地吊起，然后摔下大海。

近海贸易货船是吃水深度很浅的货船，也就是说这种船的船体伸入到水下的部分比较少。这类船可以在浅海域航行，能从岩石和暗礁上顺利驶过，而在这种地方，吃水深度比较深的远洋轮船则可能会搁浅。

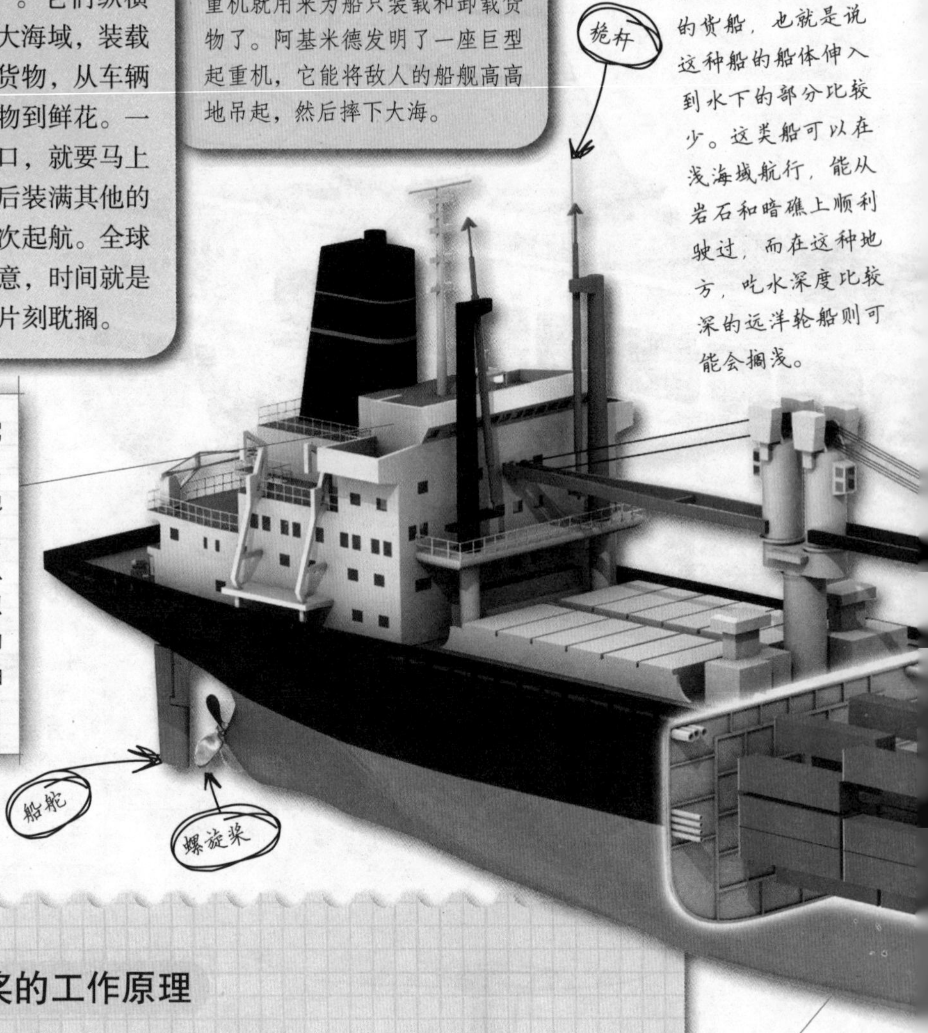

驾驶桥楼：驾驶桥楼是指挥、操纵船舶的地方，有舵轮、仪表盘等，从仪表盘上可以获得诸如发动机温度、燃油量之类的信息。

船体：大部分目前正在投入使用的货船船体都是由钢板焊接在一起的，这样是为了保持持久的强度和韧性，此外维修起来也方便。

螺旋桨的工作原理

螺旋桨就像一个一面旋转一面前进的扭转机翼，当叶片旋转将水向后推时，水产生的反作用力推动船向前运动。这些叶片的设计类似水翼，可以被推着往前运动，也可以被吸着往后运动。发动机上的传动轴或驱动轴连有几套轴承，使得推进器产生的力从螺旋桨传递到船体。

吊钩： 根据起重的载荷多少，起重机可以配装不同尺寸的吊钩。

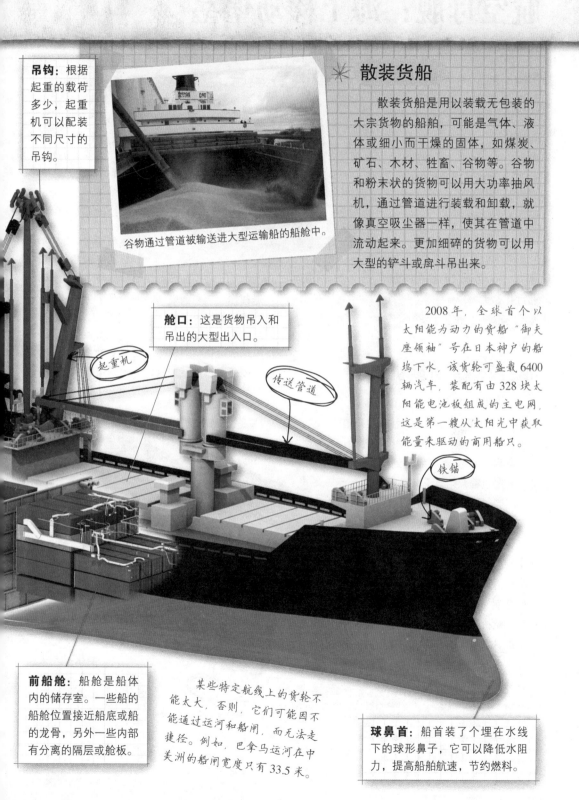

谷物通过管道被输送进大型运输船的船舱中。

✳ 散装货船

散装货船是用以装载无包装的大宗货物的船舶，可能是气体、液体或细小而干燥的固体，如煤炭、矿石、木材、牲畜、谷物等。谷物和粉末状的货物可以用大功率抽风机，通过管道进行装载和卸载，就像真空吸尘器一样，使其在管道中流动起来。更加细碎的货物可以用大型的铲斗或戽斗吊出来。

舱口： 这是货物吊入和吊出的大型出入口。

起重机

传送管道

2008 年，全球首个以太阳能为动力的货船"御夫座领袖"号在日本神户的船坞下水，该货轮可盛载 6400 辆汽车，装配有由 328 块太阳能电池板组成的主电网，这是第一艘从太阳光中获取能量来驱动的商用船只。

铁锚

前船舱： 船舱是船体内的储存室。一些船的船舱位置接近船底或船的龙骨，另外一些内部有分离的隔层或舱板。

某些特定航线上的货轮不能太大，否则，它们可能因不能通过运河和船闸，而无法走捷径。例如，巴拿马运河在中美洲的船闸宽度只有 33.5 米。

球鼻首： 船首装了个埋在水线下的球形鼻子，它可以降低水阻力，提高船舶航速，节约燃料。

航空母舰：海上移动堡垒

航空母舰相当于漂浮在海上的空军基地，可供军用飞机起飞和降落。除了运载喷气式飞机和直升飞机之外，船上还有其他武器，如导弹、鱼雷和海雷。此外，它们还在舰队中发挥着指挥中心、控制中心以及通信中心的重要作用。依靠航空母舰，一个国家可在远离其国土的地方，不依赖当地的机场进行作战行动。

我发现啦！

世界上最早驾机从军舰上起飞的是美国飞行员尤金·伊利。他于1910年11月14日驾驶"金鸟"号柯蒂斯双翼机从"伯明翰"号巡洋舰起飞。同时，他也是最早驾机降落在军舰上的飞行员。1911年1月18日，他成功驾机降落在"宾夕法尼亚"号巡洋舰上。

未来到底会怎样？

隐形飞机通过曲面机身、多棱折面和可吸收无线电信号的涂料，可以让雷达信号消散掉。同样的原理，隐形航空母舰也有类似的特征，而且已经通过了测试，在不久的将来就会得到应用。

飞行甲板：飞行甲板的全长超过了3个足球场，最宽的地方有76米。

燃料舱：飞机的喷气燃料要用大型舱室储存。很多航空母舰都是核动力驱动的，所以，它们的钚燃料芯块足以装满一辆小型卡车。

发射跑道

✳ 航空母舰的升降机

机库位于飞行甲板下面，因此，飞机在机库和飞行甲板之间移动需要借助升降机。航母升降机有两种使用方式，一种是固定地从甲板到机库的升降过程，相当于电梯的一层到二层的运输。另一种运行方式，就是它可以停到任何一个高度，以使装卸车实现直接从岸上运至升降机，升降机再运至甲板或机库口，然后再运至储藏室、弹药库等存放。航母舷侧装有将舰载机从机库升到飞行甲板或从飞行甲板送入机库的升降机。飞行甲板上还设有多部连接武器库和飞行甲板的弹药升降机。

防空火炮

船体："尼米兹级"航空母舰的合金钢船身长300多米，其飞行甲板离水面也有大约20米的高度。

锚

航空母舰的飞行甲板是世界上最危险的工作场所之一。因为甲板上充斥着飞机起降的轰鸣声和巨大的气流。那些工作人员每天都在这种恶劣的工作环境下实施复杂的操作，包括准备发射导弹、指挥飞机起落等。

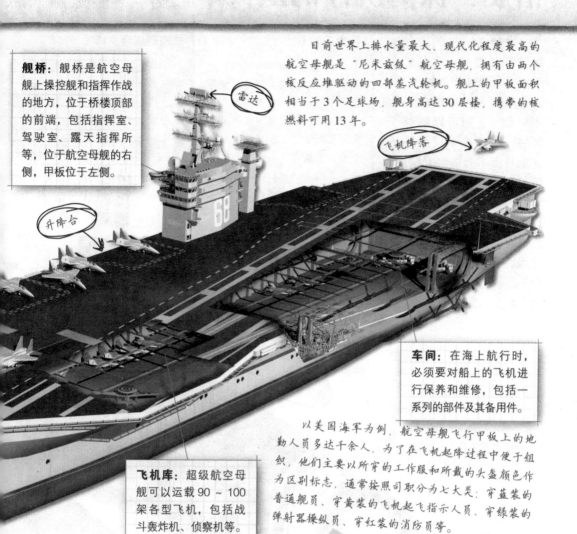

目前世界上排水量最大、现代化程度最高的航空母舰是"尼米兹级"航空母舰，拥有由两个核反应堆驱动的四部蒸汽轮机。舰上的甲板面积相当于3个足球场，舰身高达30层楼，携带的核燃料可用13年。

舰桥： 舰桥是航空母舰上操控舰和指挥作战的地方，位于桥楼顶部的前端，包括指挥室、驾驶室、露天指挥所等，位于航空母舰的右侧，甲板位于左侧。

雷达

飞机降落

升降台

车间： 在海上航行时，必须要对船上的飞机进行保养和维修，包括一系列的部件及其备用件。

飞机库： 超级航空母舰可以运载90～100架各型飞机，包括战斗轰炸机、侦察机等。

以美国海军为例，航空母舰飞行甲板上的地勤人员多达千余人，为了在飞机起降过程中便于组织，他们主要以所穿的工作服和所戴的头盔颜色作为区别标志，通常按照司职分为七大类：穿蓝装的普通舰员、穿黄装的飞机起飞指示人员、穿绿装的弹射器操纵员、穿红装的消防员等。

大型的航空母舰上不仅有多达3000人的船务人员，还有3000多人的机务人员，其中包括飞行员和维修工程师。

✳ 雷达的重要性

雷达，即无线电定向和测距系统，和声纳的工作原理非常相似，只是用无线电代替了声波。雷达不仅可以探测到附近的船只、海岸线和海上冰山等类似的危险，也可以捕捉到高空中几百千米以外飞机和其他物体的信息。然而，雷达不能用于海面以下的探测，因为无线电信号在水底的传播非常微弱。

一艘现代化航空母舰上有错综复杂的雷达和无线电杆。

潜艇：深海沉浮的幽灵

潜艇是一种既能在水面航行又能潜入水中某一深度进行机动作战的舰艇。大部分大型潜艇都在军队中服役，它们可以隐身于海底，一连几个星期甚至几个月都不会被对方发现。潜艇通常备有足够的燃料、食物等必需品，不过，它们可以制取淡水供乘员饮用，也可以制取氧气以供呼吸，这两样都能从海水中获得。

我发现啦！

17世纪20年代，荷兰人德雷贝尔发明并建造了世界上第一艘潜艇，在英国泰晤士河上试航时，成功地潜入水下4～5米深。这艘潜艇用木料制成，外面蒙了一层涂油的牛皮，船上载有12名水手，船内装有羊皮囊充当水舱，用人力划动木桨使潜艇向前航行。

潜望镜：潜望镜的主要部件是一根长钢管桅杆，可升至指挥塔外5米高的位置。

未来到底会怎样？

潜艇赛可以说是世界上最奇怪的比赛之一。观众们企图通过潜艇冒出的气泡或者潜望镜来确定潜艇的位置。不过，那可不是那么容易看到的！

弹道导弹

塔楼：鳍板、潜望塔或者指挥塔就是人们出入舱口、在水面上观察情况的地方。

指挥舰桥

✳ 海底世界

现在，很多海岸地区都有观光潜艇，携带着游人深入海底，观赏各种鱼、珊瑚和其他海底生物，这可比深水潜水容易多了。最新型的观光潜艇长20米，可以搭载50名游客潜到100米深的海中，停留一个多小时。一般来说，观光潜艇都由使用可充电电池的电机驱动，所以几乎没有污染。

铺位

声纳球形导流罩

1958年，隶属于美国海军的"鹦鹉螺"号潜艇，开始了代号为"阳光行动"的北极之旅，最终成功地在厚厚的冰层下穿越了北极。

潜艇分解图

大部分潜艇只能潜到几百米的深度，如果潜到500米以下，就可能会被强大的水压压碎。但是，俄罗斯的"共青团员"号潜艇却能潜到1200米的深度。

餐厅

船上厨房

核反应堆：核反应堆被安放在一个耐辐射的容器里，在很多潜艇中，它每12～15年才需要补充一次燃料。

涡轮机：核反应堆放出的热量能将水煮沸，产生很高的气压，迫使涡轮机的叶片旋转，从而带动螺旋桨转动。

螺旋桨：潜艇通常采用七叶大侧旋螺旋桨，因为七片桨叶是非对称的，不容易产生共振，噪音小。而且非对称的螺旋桨产生的气泡比较少。此外，多桨和大侧叶情况下相同推力所需的转速较小，可以降低噪音。

726

水平升降舵：艇首和尾部各设有一对水平升降舵，用以操纵潜艇变换和保持所需要的潜航深度。艇尾的方向舵则能变换航向。

压载水舱：双壳潜艇艇体分内壳和外壳，内壳是钢制的耐压艇体，保证潜艇在水下活动时，能承受与深度相对应的静水压力；外壳是钢制的非耐压艇体，不承受海水压力。内壳与外壳之间是主压载水舱和燃油舱等。主压载水舱位于两层艇体壳之间，外层是防水艇体，内层则是抗压艇体，承受着深海处难以置信的高压。

一些潜艇能在水下停留六个多月，受限的并不是燃料、饮水或者氧气，而是工作人员的食物。

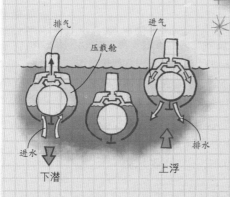

排气　进气
压载舱
进水
下潜
排水
上浮

✳ 潜艇的工作原理

潜艇是靠改变潜艇自身的重量来实现上浮和下潜的。潜艇有多个压载水舱。要下潜时，蓄水舱里的空气被排除，并往里注水，增大了艇体的重量而使其下沉。要上浮时，海水形成的压缩空气被高压注入蓄水舱，空气开始膨胀，将水排出舱外，潜艇重量减轻，自然就上浮了。

深海潜水器

深海潜水器专门用来潜入深水，主要用于科学研究、海底探测以及沉船打捞。载人深海潜水器内部必须充满空气，因为其外部周围的高强水压能轻易地摧毁一艘普通潜艇。抵抗侧压最好的形状就是像"里雅斯特"号似的球形。1960年，这艘潜艇潜到了西北太平洋马里亚纳海沟最深处的挑战者深渊（深约11000米），从来没有航行器或者人类如此接近过地球的中心。

我发现啦！

1985年，深海潜水器"阿尔文"号像一艘海底雪橇一样，在大西洋洋底的西北部航行，并探测到了巨型游轮"泰坦尼克"号的残骸。"泰坦尼克"号游轮1912年沉没后一直沉睡在这里。

未来到底会怎样？

在人们可以居住和工作的"海底城"里，科学家们能够更方便地研究海洋生物。这样一来，他们就不用常常慢速减压回到水面上，也就降低了人们患"减压病"的风险，这是经常潜水的人容易得的一种病。

曾经探测过马里亚纳海沟的人只有雅克·皮卡尔德和多纳·沃尔什。他们在海底必须承受8吨重的压力。

机器人潜艇是无人操纵的深水潜艇，通过上面系着的缆索对其进行控制。有的上面还有摄像机和机械手，方便水面上的操作者进行即时的观测和操控。

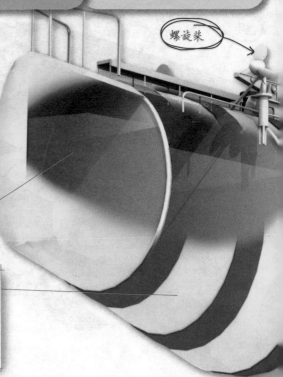

螺旋桨

压载水舱：需要下潜时，向压载水舱中注入海水。

浮力舱（汽油舱）：浮力舱内充满比海水比重小得多的轻汽油，为潜水器提供浮力。

压舱物：在潜水球内放进铁砂等压舱物，以帮助潜水器下沉。

抛弃压载铁

✳ 深海潜水器的工作原理

深海潜水器是由13厘米厚的钢板建造而成的，重达8吨，因此，在水中很容易沉入海底。深海潜水器和潜艇的下潜方法相同，都是向水舱中注入海水，但上浮的方法不同。潜艇上浮时，会使用压缩空气把水舱中的海水逼出去。而深海潜水器由于下潜深、环境压力大，压缩空气不足以逼出水舱中的海水，它采用抛弃压载铁的办法。深海潜水器一般是通过电磁铁控制压载铁，所以万一深海潜水器失去动力，电磁铁失效，压载铁会在重力的作用下自动脱离潜水器，使潜水器上浮。

2009 年，美国潜水器设计师格雷厄姆·霍克斯发明了一种重量轻到可以在游艇上下水的新一代深海潜水器——"深海飞行"深海潜水器，它下潜深度可达 11270 米，续航时间为 24 小时。

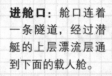

进舱口：舱口连着一条隧道，经过潜艇的上层漂流层通到下面的载人舱。

潜水通气管

"里雅斯特"号是是花了 5 小时才抵达马里亚纳海沟底部。由于海底 11 千米处的压力比海平面高出至少 1000 倍，深海潜水器的舷窗玻璃出现了轻微的裂痕，它只在海底呆了 20 分钟，就不得不匆匆上浮。

隧道

"米尔"号深海潜水器正在探测"泰坦尼克"号的残骸。它是由俄罗斯科学院海洋研究所研制的。

✳ 深入海底

"阿尔文"号是世界上最著名的深海潜水器之一，由美国伍兹霍尔海洋研究院研制成功，于 1964 年下水试航。它可以携带三名乘客潜到 4500 多米深的地方观光，停留时间可长达 10 个小时。1977 年，"阿尔文"号在太平洋的洋底第一次发现了"黑烟囱"，也就是深海热水的喷口。1985 年，它还在大西洋找到了"泰坦尼克"号的残骸。

"里雅斯特"号结构图

鳍板

挑战者深渊就是海底一条很深的狭长裂缝，属于马里亚纳海沟的一部分，其深度甚至超过了珠穆朗玛峰海拔 8844.43 米的高度。

载人舱：载人舱是一个直径为 2 米的钢制球壳，除了控制仪器外，球壳内仅仅能够挤下两个人。

窗口

解剖车辆

骑行天下——山地自行车

在过去的一百多年中，自行车的总体设计几乎没有发生任何变化。自行车主要是由许多简单的零件或者基本的机械装置组成，可以使骑车的人通过运动来锻炼身体。此外，由于自行车既不需要发动机，也不会排放污染性气体，因此它的环保功能非常显著。

我发现啦！

19世纪初，世界上第一辆自行车在德国和法国诞生。然而，当时的自行车并没有脚踏板，因此骑车的人必须双脚蹬地，以便使自行车能够向前行进。

未来到底会怎样？

电动自行车正日渐普及。它以蓄电池为辅助能源，有两个车轮，能实现人力骑行、电动或电助动功能，时速可超过30千米，相对较环保。

1996年，也就是普通自行车比赛诞生100年之后，山地自行车运动正式成为奥运会的正式比赛项目。

后拨链器：一种被称为变速器的装置，使链条从一个链轮转换到另一个链轮，从而达到换档的目的。

后链轮

变速线

链条

前链轮

脚踏板：这些脚踏板使前链轮（其齿牙紧扣在链条上）与链条上的缺口连接起来，这就提供了一种防滑的方法去转动后链轮。

✳ 自行车链条和扣链齿是如何工作的？

自行车后面的齿轮和前面的齿轮拥有不同数量的轮齿。在低速档的位置上，前链轮每转动一圈意味着后面的飞轮将转动两圈。前链轮转动一圈并不意味着你可以骑得更快，但是可以使你踩脚踏板时更加省力。在高速档上，链子运动到更小的飞轮上。这时，如果前链轮转动一圈，那么后面的飞轮将转动三圈。因此，这个时候脚踏板每转动一圈，你的骑行速度将更快，但是也更加费力。这种设计的用意在于，通过换档来保持你踩脚踏板的速度和用力的持续性，从而达到最适合你的骑行速度。

1985 年，奥运会自行车运动员约翰·霍华德创造了时速 245 千米的世界记录。他骑行在一块锥形的挡风玻璃后面，这块挡风玻璃被固定在一辆在他前面快速行驶的汽车上，这大大减小了他在骑行时遭受到的来自风的阻力。

悬架弹簧： 弹簧属于减震器。当后轮在颠簸的路面骑行时，自行车的车架会向上翘起，并挤压一个大的弹簧，从而达到减震的目的。

变速器： 即刹车，车把上利用拇指进行控制的控制杆，通过变速线与变速器连接起来。在通常情况下，左边的变速杆控制前面的变速器，而右边的变速杆控制后面的变速器。山地自行车有很多变速档，最多的可以达到 27 档。

在有些机场，警察使用赛格威双轮自平衡电动滑板车。

自平衡电动自行车

自平衡电动自行车有两个安装在平台两侧的小轮子。向前拨动安装在每个轮子的电动马达上的开关，就可以使自平衡电动自行车开动起来。而将车把向某一侧倾斜，可以使其中的一个电动马达加快运转，实现拐弯的目的。在自平衡电动自行车平台的内侧，有一个被称为回旋器的小轮子，用来调整发动机的转速，从而保持车的平衡。

刹车线

变速线

车架的下舌

2007 年，奥地利车手马斯·斯托克尔着一辆标准自车从智利安第山脉的一个斜上向下骑行了，他的时速达到了 210 千米。

外胎

刹车盘片： 巨大的金属圆盘为制动垫片发挥作用提供了大片的区域。金属圆盘上有很多的洞，这些洞使金属圆盘能够尽快地冷却下来，从而避免它因为猛烈地刹车而过热。

制动垫片

旅行摩托车

修长而又低矮的旅行摩托车是公路上外形最酷的一种车。或许，旅行摩托车不是两轮车中最快的，但是它却能使在高速路上的行驶更惬意。这种摩托车马力充足，能够适应颠簸的路段，能够急速行驶，并且能够长时间地驾驶。

我发现啦！

1885年，德国人戈特利伯·戴姆勒将一台发动机安装到了一台框架的机器中，世界上第一台摩托车诞生了。1884年，英国人埃德华·布特勒在自行车上加装一个动力装置，制成了一辆三轮摩托车。1885年，德国"汽车之父"特利布·戴姆勒制成用单缸汽油机驱动的三轮摩托车，并获得专利，被世界公认为是摩托车的发明者。

未来到底会怎样？

电动摩托车和电动小型摩托车正日益受到人们的欢迎，行驶速度也在不断加快，现在的时速记录已经超过了270千米。

哈雷戴维森旅行摩托车

车座

散热片

卷曲的弹簧阻尼悬架

排气管： 废气从这些长长的管子中直接排出，以使发动机更好地工作。此外，这些管子还有助于降低或者减少发动机的噪音。

✳ 弹簧阻尼悬架是如何工作的？

弹簧悬架能使摩托车能够应对坑坑洼洼、颠簸和其他的糟糕路况。但当弹簧被压缩，然后伸展，并再次变长，它变得易于弹跳，会忽短忽长，可以借助位于弹簧内部的节气闸减少这种弹跳现象。节气闸是一种里面充满密闭汽油的管子，在节气闸管子里还有一根细管，可以像望远镜那样滑动。浓稠的汽油慢慢滑下来，并消除任何快速的滑动，这就缓解了弹簧大幅弹跳的影响。

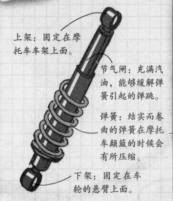

上架：固定在摩托车车架上面。

节气闸：充满汽油，能够缓解弹簧引起的弹跳。

弹簧：结实而卷曲的弹簧在摩托车颠簸的时候会有所压缩。

下架：固定在车轮的悬臂上面。

传送装置： 由一系列的齿轮组成，这些齿轮先把发动机产生的运转能量传送到传动皮带上，然后再传送到后轮上。

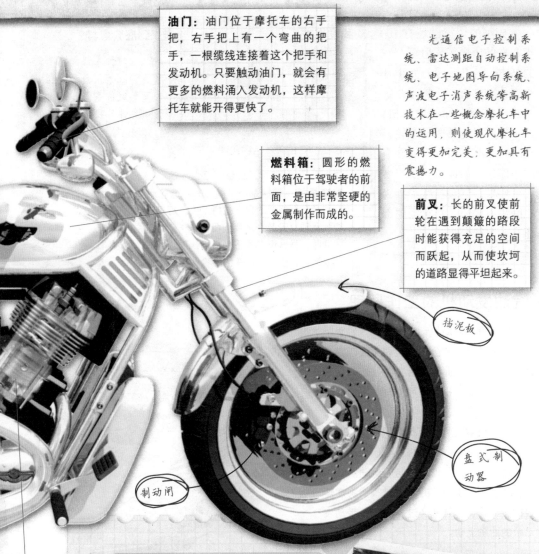

油门：油门位于摩托车的右手把，右手把上有一个弯曲的把手，一根缆线连接着这个把手和发动机。只要触动油门，就会有更多的燃料涌入发动机，这样摩托车就能开得更快了。

燃料箱：圆形的燃料箱位于驾驶者的前面，是由非常坚硬的金属制作而成的。

光通信电子控制系统、雷达测距自动控制系统、电子地图导向系统、声波电子消声系统等高新技术在一些概念摩托车中的运用，则使现代摩托车变得更加完美，更加具有震撼力。

前叉：长的前叉使前轮在遇到颠簸的路段时能获得充足的空间而跃起，从而使坎坷的道路显得平坦起来。

挡泥板

盘式制动器

制动闸

✳ 电动摩托车是什么样子的?

　　较之普通摩托车，电动摩托车一般车轮更小，而且大多数车的车罩表面呈流线型。早期的电动摩托车速度并不是很快，开起来也不是很稳。新一代电动摩托车不仅改进了齿轮，使齿轮机械化了，而且能够适用汽油发动机或者电力发动机，因此已经变得更快、更舒适、更安全了。

发动机：发动机由两个1584毫升排量的汽缸组成，处于前后轮之间，这种设计使摩托车更稳定，不容易在小路上翻车。

电动摩托车相当于一辆理想的轻便汽车。

舒适实用的家庭轿车

典型的轿车已经有100年左右的历史了，但至今它的基本设计几乎没有发生什么变化。它有四个轮子，一个位于前面车厢的发动机，这个发动机能够驱动车轮转动。在轿车车身内，前面有两个座位，后面有两个或者三个座位，驾驶员座和乘客之间没有隔板，在车厢尾部还有一个行李厢。

我发现啦！

1885年，德国工程师卡尔·本茨制造出了第一辆装汽油机的马车式三轮汽车。经过反复试验，1886年，卡尔·本茨为其机动车申请了专利，这就是世界上公认的第一辆现代汽车。

未来到底会怎样？

未来的无人驾驶汽车是一种智能汽车，会通过利用全球卫星定位系统和连接在大量中央计算机上的无线电自行驾驶。

独立悬挂：悬挂系统是指由车身与轮胎间的弹簧和避震器组成的整个支持系统。每只车轮由螺旋弹簧独立安装在车架下面，当一侧的车轮发生跳动时，另一侧车轮不受影响，两边的车轮可以独立运行，提高了汽车的平稳性和舒适性。

✳ 汽油发动机的工作原理

每个汽油发动机都有一个在汽缸里上下运动的活塞，它分四个步骤（或叫四个冲程）工作：1.进气：活塞向下运动，通过一个入口阀，把燃料和空气的可燃混合物吸到汽缸里面。2.压缩：活塞向上运动，并挤压可燃混合物，使其容积缩小、密度加大、温度升高。3.燃烧：电子火花塞点燃可燃混合物，并使活塞向下运动。4.排气：活塞再次上升，并通过排气阀将燃烧过的废气排出。活塞通过一根连杆带动发动机的曲轴运动。

前照灯

散热器面罩

在20世纪早期，最快的轿车以蒸汽或者电为动力。

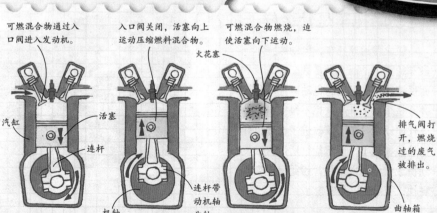

可燃混合物通过入口阀进入发动机。

入口阀关闭，活塞向上运动压缩燃料混合物。

可燃混合物燃烧，迫使活塞向下运动。

火花塞

排气阀打开，燃烧过的废气被排出。

汽缸 活塞

连杆

连杆带动机轴曲轴。

机轴

曲轴箱

第一步　　　　第二步　　　　第三步　　　　第四步

发动机：典型的家庭轿车的发动机排量都在2000cc（即2升）以上。图片中的引擎是一个V型的8缸发动机（V8），这一发动机分两组，每组有4个汽缸，两组汽缸呈V型角度排列。

1908年，福特T型汽车大规模投入生产，从此普通人也能买得起汽车了。

阿斯顿·马丁汽车

后轮传动：传动装置将传送轴连接到车轮的后半轴上。

传动轴：很多轿车都是由前轮驱动的。发动机输出的动力经过变速箱减速增扭后由传动轴传递到汽车驱动轮。

合金车轮

这今最成功的轿车是丰田公司于1966年开始生产的花冠。1974～1978年，第三代花冠在短短五年内即创造了700万辆的销量。

在20世纪60年代，Austin Mini 微型车是当时家家户户都渴望拥有的一款时尚车。Austin Mini 微型车用一个横向引擎驱动前轮行进，这种设计节省了汽车的空间。

电动汽车可以在街头充电，可通过IC卡进行缴费。

✳ 绿色节能环保型汽车

混合动力汽车是指车上装有两个以上的动力源：不仅有一个小型的汽油发动机，还有一个带电池的电动马达。这种车可以靠电池非常安静的行驶，而且不会产生污染空气的废气。如果电池耗尽了，汽油发动机就会启动，取代电动马达开始运转。此外，汽油发动机也能够为电动马达增加动力，产生更快的行驶速度。

炫酷的超级跑车

对那些富裕的人来说，发动机强劲的跑车是他们首选的顶级公路汽车。跑车内的空间狭小，而且容易在颠簸的路段被划伤。但是跑车造型优美、速度惊人，非常引人注目。跑车拥有低矮的车身设计和流线型的外观，这使它能够在最低的空气阻力下稳定行驶。

我发现啦！

20世纪60年代，扰流板开始出现在跑车和赛车上。它们上平下凸，可以减少车辆尾部的升力。如果车尾的升力比车头大，会导致车子转向过多、后轮抓地力减小、高速稳定性差。扰流板可以增加汽车对地面的压力，从而使轮胎更好地着力，并有效地提高驾驶速度。

未来到底会怎样？

由英国汽车工程师所设计的超音速汽车"侦探犬"正在研发制造中，预计将耗资1500万英磅。它号称是世界上速度最快的汽车，最高设计时速将超过1600千米。

W16 发动机： W16 发动机由两个 8 缸发动机组成，16个汽缸分列为四排，每排有四个发动机，这四排发动机呈一定角度排列，就像两个连在一起的"V"一样。

✳ 变速箱是如何工作的？

手动变速箱是由不同齿比的齿轮组构成的，它工作的基本原理就是通过切换不同的齿轮组，来实现齿比的变换。作为分配动力的关键环节，变速箱必须有动力输入轴和输出轴这两大件，再加上构成变速箱的齿轮，就是一个手动变速箱最基本的组件。动力输入轴与离合器相连，从离合器传递来的动力直接通过输入轴传递给齿轮组，齿轮组是由直径不同的齿轮组成的，不同的齿轮比例所达到的动力传输效果是完全不同的，平常驾驶中的换挡就是指换齿轮比。

可伸缩的车翼： 后面的尾翼被称为扰流板，它可以使风力直接产生向下的压力，提高车速。

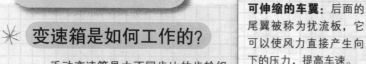

排气管

变速箱： 威龙采用七挡变速箱，由电脑控制，可以在不到 0.2 秒内实现变速。驾驶者使用紧挨着方向盘的小变速杆即可实现操作。

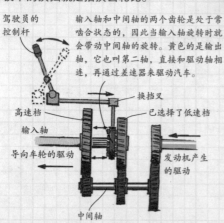

驾驶员的控制杆

输入轴和中间轴的两个齿轮是处于常啮合状态的，因此当输入轴旋转时就会带动中间轴的旋转。黄色的是输出轴，它也叫第二轴，直接和驱动轴相连，再通过差速器来驱动汽车。

换挡叉

高速档

已选择了低速档

输入轴

导向车轮的驱动

发动机产生的驱动

中间轴

布加迪威龙合计有0个散热器,其中有三个用于发动机,两个用于汽车空调。

勒芒耐力赛的参赛选手要驾车在同一环形赛道上不停地转上350多圈。

✳ 勒芒24小时汽车耐力赛

作为世界上最负盛名的赛事之一,勒芒大赛的参赛跑车要不间断地跑24个小时。按照规定,每个车队只允许有一辆车,但却可以有3个赛车手轮番驾驶,所以每人连续驾驶时间不会超过4个小时。参赛车要提前30分钟进场,整个赛程有5000多千米,平均时速要超过200千米!

刹车:刹车圆盘采用的是碳复合材料,推压在圆盘上的活塞采用的是钛金属。这些材料的采用,使刹车圆盘和活塞在很大程度上减少了巨大热量对它们的影响。

布加迪威龙汽车

多年来,布加迪生产了很多令世人惊异的汽车。它于20世纪20代推出的"Royale"四门四座跑车体型很大,采用了12升发动机,其引擎罩比很多现代的小汽车还要长。

传动轴:中置发动机或后置发动机的四轮驱动跑车,都是由传动轴将发动机的回转力传递给车的前轮。

半轴:每一个负重轮都有自己的半轴。威龙是一款四轮驱动的跑车。

宽的低断面轮胎

合金车轮

电器们是怎么工作的

运算高手：电子计算器

很久以前，人们进行数字运算，要么是用铅笔在纸上写写算算，要么用一台带有许多齿轮的像桌子那么大的机器进行计算，要么就在自己的脑子里算，也叫心算。到了20世纪60年代，出现了便携式电子计算器，它们跻身于第一代小型的电子器具之列。现如今，在办公室、学校、工厂和家里，几乎随处都能看到它的身影。

我发现啦！

在2000多年前的古希腊和古罗马，人们使用的一种计算工具叫做算盘。当时的算盘由一排排的鹅卵石或小珠子组成，排放在桌子或沙地的凹槽里。

未来到底会怎样？

科学家们正在研究一种可折叠的计算器，将按键和显示器植入一块像手帕那么小的薄薄的软布之中。

外壳：电子计算器的外壳通常都是用坚硬的塑料做成的，能够抵御一定程度的刮擦和撞击。

集成电路俗称芯片，它们包括一些精微的部件，比如晶体管、电阻器，都被"集成到"一个像晶片一样的硅芯片上面了。

印刷电路板：电子元件由一些金属条连接在一起，像被"印刷"到一块绿色的塑料板上，用于制作这种电路板的材质是一种绝缘体，是不导电的。

微处理器：任何一个电子装置的"大脑"都是一个芯片，这个芯片被称为微处理器或CPU（central processing unit的缩写）。它要通过按键输入指令，才能进行运算。

✳ 便于携带的电源

早期的计算器使用的是LED显示屏，那需要消耗大量的电池电量。后来LCD液晶显示屏逐渐兴起，这种显示屏使用的电量较少，因此，能将光能转化为电的光电池或太阳能电池，就可以为一个小的电子计算器提供充足的能量。大多数现代小电器都有内置的副电池——充电电池，只要插到电源上就能充电了。

最复杂的微处理器或中央处理器，在指甲大小的芯片上就有一千多万个电子元件。

专用的电子计算器被广泛地应用在科学、工程设计乃至运动等众多领域。这些计算器能够计算出盖一座摩天大楼所需要的材料总量；能够预测出天气情况；能够在你戴水肺潜水的时候告诉你还剩下多少氧气。

显示窗口

液晶显示器： 在昏暗的情况下，液晶显示器可利用背景光源，而不是利用反射的光线。然而，背光灯所消耗的电量要比显示屏本身用的电要多。

液晶显示器工作原理

液晶是一种有机化合物，在常温条件下，呈现出既有液体的流动性，又有晶体的光学各向异性。在电场、磁场、温度、应力等外部条件的影响下，其分子容易发生再排列，使液晶的各种光学性质随之发生变化。液晶显示器正是利用液晶的这种"电－光效应"制成的。在不同电流电场作用下，液晶分子会做规则旋转90°排列，产生透光度的差别，如此在电源 ON/OFF 下产生明暗的区别，依此原理控制每个像素，便可构成所需图像。

按键

橡胶垫

按键： 通常，数字键是有标准位置的。此外，还有一排运算功能键，通常设置在右边，以进行加、减、乘、除运算。

带缆连接器

后视镜

玻璃

负电极

正电极

偏光膜

偏光膜

液晶层

玻璃

显示图像的玻璃罩

100%

电池盒： 较大的电子计算器，需要使用寿命较长的电池或充电电池，这样计算器的使用时间才能长一些。尤其是在昏暗的情况下，这个时候太阳能电池无法提供充足的电量。

后面板

全新视觉体验：纯平显示器

在电脑显示器、彩电和闭路电视、数码相机、摄像机、卫星导航装置和手机的显示器等装置中，都能看到纯平显示器。平面屏幕的技术主要有两种：一种是LCD，即液晶显示器；另外一种则是等离子。在20世纪90年代，纯平显示器就取代了传统的玻璃屏幕的显示器，这种显示器样子老旧，较为笨重，耗电量要远远大于纯平显示器。

我发现啦！

第一台纯粹的电子电视系统，没有任何活动的部分，是在19世纪20年代到30年代之间，由一名匈牙利的工程师卡尔曼·蒂豪尼和俄裔美国发明家弗拉迪米尔·兹沃尔金共同研发出来的。

屏幕比例： 大多数纯平显示器用于宽屏观看模式的图像宽高比是16∶9，也就是说，屏高与屏宽的比例是9∶16。

透明盖

✳ 等离子显示屏的工作原理

等离子显示屏由数以万计的小空间排列而成，每一个小空间被称为单元。此外，等离子显示屏还有两个或两极像线一样的电触头，相互形成直角。每个单元都能沿着横穿该单元的两个特定电触头运送电脉冲，从而被确定"地址"。电脉冲会加热单元内的惰性气体，从而形成一种叫做等离子的形态，而这又会形成一块区域，由有色物质——磷光体组成，会发出一两秒钟的光和热。整个屏幕上来自不同"地址"的数以百万计的电脉冲每秒钟同时发光，刺激红、绿、蓝三色磷光体，就形成了整体的彩色图像。

遥感器： 一种小的红外传感器，能够探测到我们手中的遥感器发出的不可见的红外线（热）。

底座

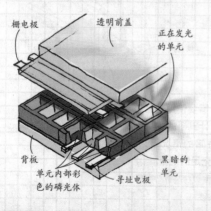

栅电极　　透明前盖　　正在发光的单元

背板　　　　　　　黑暗的单元
单元内部彩色的磷光体　　寻址电极

最大的LCD平面屏幕的尺寸是108英寸，即274厘米。这是屏幕上斜对着的一角到另一角的距离，也是测量屏幕尺寸的传统方法。

1925年，苏格兰发明家约翰·罗杰·贝尔德发明了电动机械电视系统。从1929年到1937年，该系统一直为英国广播公司（BBC）所使用。

未来到底会怎样?

高清或者说高分辨率显示屏，要比标准的平面屏幕多五六倍微小的色点（像素）。这就使得图像的色彩更加鲜明、画面更加清晰、色彩更加丰富，而且画面更加流畅，播放动态影片时，较少出现动作跳跃或急拉的现象。

四倍高清平板电视的小色点（像素）比高清平板电视的要多五六倍。但是大多数人的眼力没有那么好，不太可能区分出四倍高清平板电视与高清平板电视的区别。

接收器：电视的接收器单元是电子电路板的一部分。接收器可以调节不同的频道和滤波器，还能增强依靠天线接收到的信号，并准备对接收的信号进行电子处理。电脑显示器只能接收已经处理过的信号，因为它缺少接收器。

通风槽：外壳需要在后面设计狭长的通风槽，好让热量散发出来。如果热量不散出来，恒温器就会让屏幕出现黑屏现象，以防止部件温度过高。

电子设备：一台典型的高清平板电视大约有 1000 多个微型芯片和其他零部件。

大多数液晶显示器平面屏幕采用的是薄膜晶体管（Thin Film Transistor，TFT）。晶体管的一些元件能够产生像素中的色点，它们是在一定厚度的透明屏幕中形成的。

外框和背衬：外框是用来固定屏幕的，保证屏幕的安全，并且包裹着后面的电子元件。一些平面屏幕的厚度甚至还不到 2.5 厘米。

✳ 数字广播

老一代的电视广播被称为模拟电视。在模拟电视中，图像信息和声音信息都是通过各种强度的无线电波信号传送的。而在数字广播中，则把信息以开关信号的形式进行编码，每秒进行数百万次。一个模拟信道所使用的无线电波能够传送多达 10 个数字信道。

碟形卫星接收天线，可接收太空中的卫星所发出的数字信号。

个人电脑，让你的生活变得丰富多彩

以前的电脑像冰箱那么大，自从 20 世纪 70 年代以来，个人电脑得到了迅速发展，变成了小巧而精致的套件，能够摆在桌子上面，也能够放在桌子下面，现在几乎在每个都市家庭都配备了个人电脑。通常说来，个人电脑是一台独立的单机，这意味着它能自己独立运行，不需要通过共享设备连接到网络上，比如服务器或其他电脑。

许多现代计算机都有无线电外围设备（一种连接装置）。这种设备采用短距离的无线电波，比如蓝牙系统，用来传送信息。这样就不需要使用拖尾电线了，因此使得计算机移动起来比较容易。

我发现啦！

第一台成功的个人电脑是科莫多宠物（Commodore PET，个人电子处理器），诞生于 1972 年。1981 年，IBM 公司正式推出了家用电脑，也就是 IBM PC 机，从而确立了电脑行业的标准。

未来到底会怎样？

摩尔定律表明，电脑的性能，也就是微型芯片上的可容纳的部件数量，以及它们运行的速度，每 18 个月会增加一倍。摩尔定律是由戈登·摩尔于 1965 年提出来的，直到今天，事实证明这一定律依然是正确的。

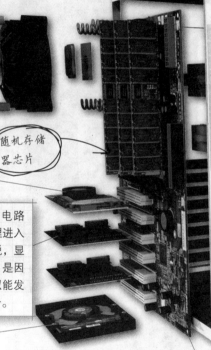

冷却风扇

中央处理器：中央处理器相当于电脑的"大脑"，连接着一些其他的微型芯片。它根据程序应用的指令执行主要的操作和处理——改变数据（信息）。

随机存储器芯片

卡板：一些较小的印刷电路板被称为卡板，用于处理进入和输出的信号。举例来说，显示屏之所以能显示图像，是因为有显卡；扬声器之所以能发出声音，则是因为有声卡。

硬盘驱动器：电脑中主要的存储盘，用于永久性地存储信息，被称为硬盘或硬盘驱动器。

主机板：主要的印刷电路板，通常被称为主机板。主机板上面安装着大部分主要的微型芯片，以及与其他较小的印刷电路板相连的连接器。

✳ 键盘的工作原理

许多小器具都是靠各种各样的按钮或键盘才能起作用，这些按钮或键盘所依靠的科技非常简单，与电灯开关的原理非常相似。在每个按键的下面都有两个金属导体，被一个小小的间隙分隔开来。按一下按键，就会让两个金属导体连在一起，于是就产生了电流。每个按键都有自己的电脉冲编码。外壳保护膜能够防止灰尘进入键盘里面，甚至能防止洒在键盘上的酒水饮料渗进去。

光驱: CD（激光唱片）或 DVD（光盘）要在这里插入，利用光学原理运行。激光束读取光盘发光面的小凹点。

相对于20年前，现在买一台典型的家用电脑只需要花费1/4的价钱，然而，其性能却超出过去10倍。

纯平显示器

互联网

互联网是由连入国际网络的计算机组成的计算机全球系统。起初，在1969年的时候，互联网还只是作为局域网供美国军事之用。到了20世纪70年代，互联网得到了进一步扩展，研究中心和大学开始联网。20世纪80年代，开始为商业所用。到了20世纪90年代，互联网向公众开放。

人们可以在互联网上以进入万维网的形式浏览网页和文件。

2008年，IBM计算机公司历时6年，研发出了最新军用超级计算机"走鹃"，是当时世界上运算速度最快的超级计算机。2009年11月，美国橡树岭国家实验室的"美洲豹"计算机以峰值运算2331.00亿次的性能，超过走鹃成为世界上最快的超级计算机。

键盘: 键盘是计算机的主要输入设备。按下键盘上的字母、数字和符号（例如 + 和 &），它们就会以编码的形式将信息输入计算机中。

鼠标: 激光束或滚球随着鼠标的移动而移动。这就能使屏幕上的光标或插入点与鼠标的移动保持一致。无线鼠标则是依靠蓝牙短波无线电进行运转，因此没有电线这个尾巴。

留住美好瞬间——数码相机

照相机可以对景色、人物或物体进行永久的形象化的直观记录。大多数照相机都有镜头，用于聚集光线，以获得清晰的图像。数码相机是静态数码相机的简称，也有人称之为数字相机，用于及时地记录在一瞬间"静止"的物体。数码相机可以通过数字技术将光线转变为电子信号，存储在微型芯片中。

我发现啦！

1988年，日本富士公司推出了一款型号为DS-1P的相机，该相机将CCD的电子信号转换成数字信号，然后传输至IC卡上来完成对图像的存储，可以说，这是世界上最先使用数字方式存储图像的数码相机。

未来到底会怎样？

早期的数码相机拍摄的图片大约是100万像素的。到了21世纪初，数码相机的像素增加到了600万像素，后来增加到了1720万像素。随着CCD芯片功能的提高，数码相机的像素还会继续增加。

自动对焦： 不可见的红外光束遇到相机前的物体反弹回来，这样就能探测出其返回需要花费的时间。这就显示出了物体到聚焦镜头的距离有多远。

光圈： 根据亮度情况，可以将这个孔径调得更大或更小，以让更多的光或更少的光进入。

相比胶片相机，数码相机的优点在于可以随时向你展示已经拍摄和存储的图像，如果有需要的话，可以将不想要的图片删除。此外，数码相机要比一卷胶卷储存的图像多得多。

镜头： 镜头系统有几个弯曲的玻璃片或塑料片，根据拍摄对象的距离，可以向前或向后移动，以聚焦图像。

快门按钮

电池

存储卡

✳ 百万像素及分辨率

百万像素，就是100万个像素，而像素，即图像元素，是一整张图像中细小的区域或小点。每个像素都是由红、绿、蓝三种光组成的。这三种颜色进行不同的组合，就会产生其他各种不同的颜色。这三种颜色融合在一起，就形成了白色。在一个特定的区域内，像素累积得越多，图像越清晰，细节也越丰富，这也就是我们所谓的分辨率由低到高。

快门： 快门是镜头前阻挡光线进来的装置。按一下快门键，就能在瞬间打开一个像门一样的盖子，让光线传到CCD图像传感器上。

许多数码相机都能拍摄下简单的连续的动态图像，也能录摄视频，同时还能录下声音。

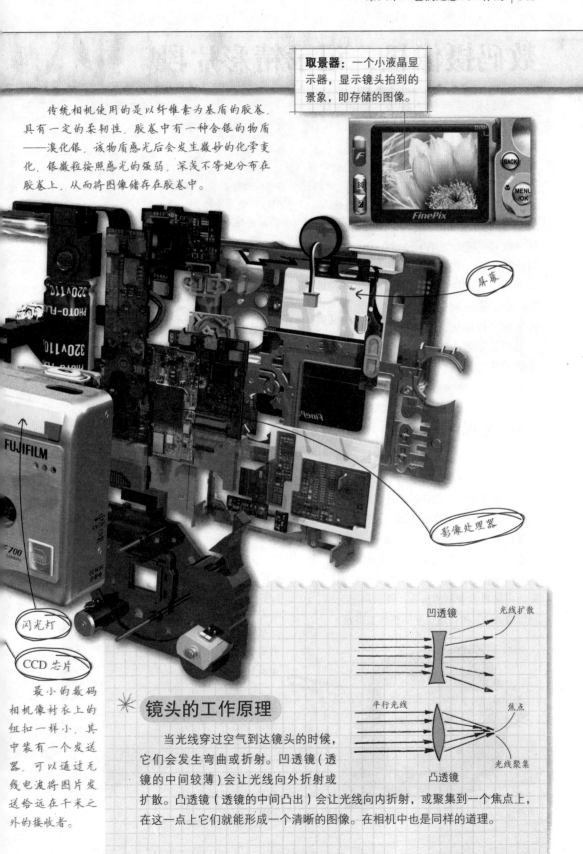

取景器： 一个小液晶显示器，显示镜头拍到的景象，即存储的图像。

传统相机使用的是以纤维素为基质的胶卷，具有一定的柔韧性。胶卷中有一种含银的物质——溴化银，该物质感光后会发生微妙的化学变化，银微粒按照感光的强弱，深浅不等地分布在胶卷上，从而将图像储存在胶卷中。

屏幕

影像处理器

闪光灯

CCD 芯片

最小的数码相机像衬衣上的纽扣一样小，其中装有一个发送器，可以通过无线电波将图片发送给远在千米之外的接收者。

凹透镜

光线扩散

平行光线

焦点

凸透镜

光线聚集

镜头的工作原理

当光线穿过空气到达镜头的时候，它们会发生弯曲或折射。凹透镜（透镜的中间较薄）会让光线向外折射或扩散。凸透镜（透镜的中间凸出）会让光线向内折射，或聚集到一个焦点上，在这一点上它们就能形成一个清晰的图像。在相机中也是同样的道理。

数码摄像机，记录精彩片段

数码摄像机是一种专门用于录制视频的摄录工具。它能够在一瞬间极为迅速地将有序的静态图像拍摄下来，看起来就像是运动中的画面一样，并且还能将它们记录下来，留待之后回放。此外，它也能在同一时间录制声音，与拍摄图像同步进行。有的摄像机采用模拟或数字来录制磁带。还有的是数字摄像机，存储卡中使用的是非常小的硬盘或电子微型芯片。

我发现啦！

第一台摄像机是电影摄像机，使用的是摄影胶片。19世纪80年代，摄像机用来录制早期的电影或电影中的动作画面。20世纪50年代起，小型的手持式摄像机开始变得越来越流行。

未来到底会怎样？

光探测集成电路能够像一台简单的摄像机一样工作，有朝一日可以将这种芯片植入人的眼中，这样你就可以永久性地记录下你所看到的一切了。

变焦环：一个小的电动机和齿轮传动系统会让镜头移动，这样摄像机就可以进行聚焦，并拉近镜头，让一个小小的区域呈现得大一些。

镜头盖

外壳：防划的外壳能够给予机身一定的防护，有防撞击功能。

相比模拟摄像机，在对数码摄像机录制的视频进行后期复制和编辑的时候，图像质量所受的影响较小。

主处理器：主要的微型芯片，将来自电荷耦合器（CCD）的数字信号处理成易于储存在存储器中的形式。

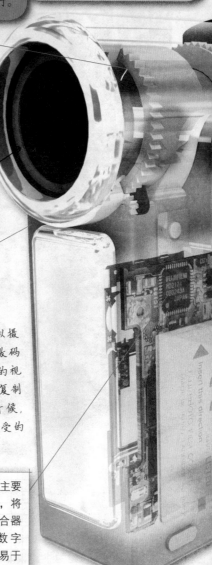

✳ 卫星可视电话

卫星可视电话并不像移动电话所用的那样，将无线电与当地的电信网络或手机网络连接在一起，而是将无线电直接与太空中的卫星轨道相联。发送接收机被装在一个手提电脑大小的箱子里。头戴式耳机携带着摄像机，用来录像，话筒用来说话，显示屏和头戴式受话器要么用来显示录制的东西，要么用于分程传递通过卫星传送过来的视频和声音。

头戴式摄像机（左边）记录下这个人面前的情况和事情。

麦克风：一个小的麦克风在录像过程中进行录音。为了录音更精确，在一些摄像机中，麦克风和机身是分离的，通过一根电线或无线电波与摄像机连接起来。

早期的摄像机都是为了拍摄电视节目而研发的，用于现场报道和录像的摄像机都很小巧，也很轻便。

取景器：一块液晶显示屏，可以让你看到已经录制下来的画面，如果不想要，可以将之删除，或者可以挑选出你仅仅想要保留的部分，对之进行"编辑"。

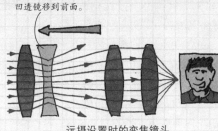

凹透镜移到前面。

远摄设置时的变焦镜头

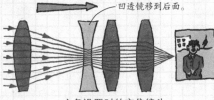

凹透镜移到后面。

广角设置时的变焦镜头

✳ 变焦镜头的工作原理

变焦镜头将画面推近时，能够将一处景物放大，与此同时，也只能显示出全景范围中相对较小的一部分。变焦镜头将画面拉远至广角镜头时，能够摄录更多的景象，但是降低了其放大率，因此物体看起来比较小。变焦系统采用可移动的凹透镜（凹透镜中间要比四周边缘薄），将光线扩散开去或分散。一些变焦镜头则通过小电动机起作用，还有一些则靠手动扭转或拉伸。

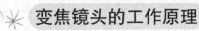

液晶显示屏

电池

USB 记忆棒

屏幕控件：屏幕上有一些控件，用来控制屏幕的亮度、对比度、色平衡等。不管是在户外耀眼的阳光之下，还是在室内昏暗的房间里，你都可以调节这些控件，舒适自如地观看屏幕上显示的画面。

网络摄像头很小，是一种简单的视频摄像机，不能将图像和画面记录下来，而是把它们直接传到电脑上或数字网络上。

大多数胶片摄像机每秒能录制24帧独立的静态图像或画面。便携式摄像机通常每秒能录制30帧画面。当回放录下来的这些画面时，你的眼睛不可能将这些画面一帧一帧地单独区分出来。你的大脑将这些画面模糊地组合在一起，因此这些画面给人的印象就是流畅的动作。

"过目不忘"的扫描仪

图像扫描仪通过探测图像上每个小点的颜色和亮度，逐点逐点地探测，然后将这些信息转换成数字编码，最终实现对图片的"数字化"，存储在计算机的硬盘或者其他的电子介质上。

我发现啦！

第一台图像扫描仪出现在20世纪60年代，是人体扫描仪研发工作的一部分，旨在作为医学之用。到了20世纪80年，扫描仪被应用于商业领域。随后到了20世纪90年代早期，发展为家用扫描仪。

未来到底会怎样？

三维扫描仪包括两个安装在框架上的数码相机。这两个数码相机围绕着被扫描的物体来回移动，从而在计算机内存中形成一个三维图像。

扫描技术涉及到观察一排细小的区域，并以直线的形式探测，然后一点点地向前慢慢移动，接着再对下一行进行同样的处理，然后一排排地不断重复这个过程。通常这种动作需要做上成千上万次。

驱动壳

光源： 指的是扫描仪机身内部的灯管，发出纯白色的光，照射在要扫描的图像上。光线会从图像上反射回来，反映出该图像每个部分的颜色和亮度。

电路板

导轨： 扫描头沿着一个金属导轨来回移动。它在一个齿形带的驱动下前进。齿形带与齿轮相啮合，保证每一步移动都很准确。

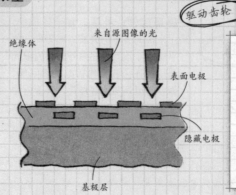

✳ 电荷耦合器件的工作原理

电荷耦合器件是一个微型芯片，上面有数百万个细线状的电极，这些电极形成了一个交叉网。当一束光照射在这个区域，或照射在两个相邻电极的边界上时，就会引起一种名为电子的小微粒在它们之间跳动。这就促使芯片上那个点产生微弱的电流脉冲——就这样光被转换成了电荷。

驱动齿轮

绝缘体　来自源图像的光　表面电极　隐藏电极　基极层

控键按钮： 扫描仪有一些用手工操作的控件，比如调整扫描头、只扫描局部范围或者直接复制。扫描仪的大多数控件都是与电脑程序相连接的。

扫描仪扫描出的细节精度如何，有一个重要的衡量参数，那就是 dpi（Dots Per Inch 的缩写）——每英寸所扫描的点数或线数，也就是扫描精度。这一参数显示出在一英寸（2.54 厘米）长的范围内被探测到的色点数有多少。

托架

直接输出（复制）

如果一个图片的大部分面积都是同一种颜色，那么电脑就能节省内存了，因为电脑只需要赋予它们那一种颜色的缩减版编码，而不需要提供整个面积内每一个小点的完整编码。这是压缩计算机文件，使之变小的一个办法。

密封外壳：把扫描仪的内部部件密封起来，能防止灰尘进入。在扫描仪里有内置的镜面、镜头以及电荷耦合器件，如果灰尘堆积在这些部件上面，就会大大影响扫描的质量。

红色的 T 恤变成了蓝色的 T 恤，反过来，蓝色的 T 恤也能变成红色的。

平板：把要扫描的图像平放在玻璃平板上，以进行平板扫描。一些扫描仪有着与众不同的设计，在这些扫描仪中，要将扫描的图像环绕在一个圆筒上，顺着扫描头旋转过去。滚筒式扫描仪可以达到细节更加丰富的扫描效果。

电源开关

主齿轮箱：在扫描仪的主齿轮箱内有一面镜子。这面镜子会反射从图像上反射出来的光。镜子将这种光反射到电荷耦合器件上，电荷耦合器件则会把这些光线中的颜色和亮度模式转换成相应的电子数字信号。

✳ 视觉特效

使用电脑的键盘输入指令，电脑就能改变或处理文字。同样地，电脑也可以处理图像，这被称为图像处理，或者视觉特效。举例来说吧，电脑可以根据指令把一幅图片中一块特定的红色部分变成蓝色。

个人音乐播放器，让音乐无处不在

各种厂家生产的便携式个人音乐播放器也叫数字音频播放器。苹果公司生产的个人音乐播放器叫苹果音乐播放器，其他公司生产的则统称 MP3。MP3 这个术语指的是一种转换方式，即把声音转换成数字代码并进行压缩，以节省存储空间，而且还不损害音质。

我发现啦！

在苹果公司首席执行官史蒂夫·乔布斯的密切关注下，苹果公司用了差不多一年的时间获得了迅速的发展。在 2001 年，苹果公司以"你口袋里的 1000 首歌曲"为广告语，推出产品，从那时起直到现在，苹果音乐播放器一直都是畅销品。

未来到底会怎样？

MP4 比 MP3 的传送速度更快，具备音频和视频功能，所占内存容量更小，更适合通过互联网对数据流进行实时转换。

MP3 代表 MPEG-3，是 MPEG-1 layer 3 的简称，即音频数据压缩技术。"MPEG"即动态图像专家组（由国际标准化组织与国际电子技术委员会于 1998 年联合成立，专门致力于运动图像及其伴音编码标准化工作）。它指的是电子专家组运用一系列的运算法则，算出图像及声音是怎么被转换成数字电子格式的。

显示器： 液晶显示器能够显示菜单选项，如正在播放的曲目、耳机音量及其他特性等。

电池组

iPod
Music
Videos
Photos
Podcasts
Extras
Setting
Shuffl
Now

轻薄外壳

驱动电动机
磁盘
磁头驱动臂
读写磁头
电源插座

硬盘： 所有的音频信息都存储在这个迷你版的计算机硬盘上，通常用千兆字节来衡量存储空间的大小。

硬盘驱动器的工作原理

硬盘驱动器简称硬盘，由一个或一叠磁盘组成。每张磁盘的外层覆盖有一层薄薄的磁性材料。磁头驱动臂上的读写磁头在磁盘表面做旋转运动，因此与磁盘表面基本接触不到。写入信息，读写磁头在一个特殊部位创建磁点；读出信息，读写磁头检测已创建的磁点。

防震： 数字播放器的硬盘是很坚硬的。但硬盘表面还裹着一个橡胶条或类似的包装，这样能起到防撞抗震的作用。

一些带显示屏的数字音乐播放器内置了一些视频游戏，如俄罗斯方块、单人纸牌游戏等。

苹果播放机的分解图

闪存，是一种具有非易失性的存储器。这意味着不需要使用电源，就可以刷新或保存数据。在无需电源的情况下，微型芯片中的数据能保存多年。

画面图像

母板

闪存

一些 MP3 使用闪存，闪存就是一个能存储信息的微型芯片。存储的信息可以被删除或重编。与小硬盘或微型硬盘相比，闪存芯片或闪存条具有体积小、价位低、信息存储量比较少的特点。然而，闪存耗电量少，因此它的电池使用时间比微型硬盘的电池使用时间要长。把闪存插入到播放器、电脑或网络 USB 接口就可以工作了。

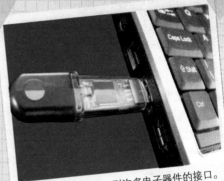

USB 闪存条可以插入到许多电子器件的接口。

点击式转盘：在菜单选项上选择播放、暂停、快进、向后跳、音量，或返回上级菜单，只需点击这个转盘上的部位就可以完成。

触摸式传感器：这一系列的平板组件叫电容检测器。当一个物体，例如手，接近这一系列的平板组件时，就会使其顺着手的方向发生移动。屏幕显示内容会使电容检测器保存的电量发生改变。也就是说，屏幕上一显示内容，电容器的电量就会减少。

人们先使用的是便携式激光 CD 播放机，随后才有了苹果、MP3 播放器。便携式激光 CD 播放机比 MP3 播放器的体积大 10 多倍，重量也大。而且经常一移动就会导致光盘发生跳读。

人人都爱游戏机

自20世纪60年代开始，就有了电脑游戏机和电视游戏机。早期的版本只有几个简单的游戏，比如打网球，只有两个球拍和一个小球，而且是黑白两色的。新型游戏机的游戏种类则数以百计，急速动作、三维图像及丰富多彩的颜色让游戏玩家连连叫好！你可以自己玩，可以和朋友对战，或联机与世界各地的人一起玩。

"太空入侵者"曾经是最受欢迎的游戏之一。这款游戏在1978年推出的时候被众多游戏厅所用，后又发展为家用游戏机游戏，简直风靡全球！

✳ 虚拟世界

互联网视频游戏变得越来越复杂。这些游戏差不多引领着人们在电脑虚拟世界里有了另外一种生活方式。虚拟角色是游戏玩家的身份代号。每个游戏玩家都可以给自己选一个虚拟角色，而且还可以经常改变，从喜欢的人物形象到动物、怪兽、机器人、机械，甚至是简单的符号和图标。

我发现啦！

1952年，出现了第一款电脑游戏：井字游戏，使用的是图像，也就是图形和符号，而不是文字。1958年，出现了网球游戏。1962年，第一款真正的电脑游戏——太空大战问世啦！

未来到底会怎样？

一些人建议电视游戏应该内置休眠期，每连续工作1小时就停10分钟。这样不但有利于人体健康，而且还能阻止人们对游戏过于着迷。

索尼游戏机

主机板

芯片：许多微型芯片都包含一个时钟芯片。这个时钟芯片用来确保所有电路能正常工作，并且能在彼此之间准时发送信号。

电视游戏机正处于第七代时期，游戏型号有索尼游戏平台3、微软XBOX360及任天堂游戏平台等。

光盘驱动器：一些高级游戏机能播放DVD和蓝光光碟。它还可以当作光盘播放机，在高清电视或电脑显示器上播放电影。

PLAYSTATION

✳ 运动传感器的工作原理

电源开关

一些手持控制器，例如任天堂株式会社研发的独特的遥控器，能感知游戏运动，能向操纵台发送游戏任务的信息。有一种类型的控制器，内部有一个小陀螺仪，这个陀螺仪旋转产生的旋转力使控制器具有防倾斜、防滑的功能。其他一些控制器装有弹性片或弹簧圈，它们在接收控制台信息的时候，具有滞后性。

传感器接收来自手持遥控装置的信息。

无线手柄的惯性运动

传感器

手持无线遥控器。

显示器

传感器探测运动及加速度。

图标：图标是世界各地的人都常用的、大家都看得懂的小图像、符号或记号。

侧肩按钮：要用食指来按侧肩按钮。如果侧肩按钮有两个，大概得用中指按这些按键了。

电池

SONY

START

SELECT

一个典型的电视游戏团队从业人员有100多人。游戏团队负责开发游戏的整体外观、游戏图形、游戏动画、游戏音乐、游戏声音、游戏本身的规则及策略。

力反馈：带有偏移重量的小电动机旋转引起耳机产生振动。例如，如果你开的赛车脱离了轨道，开到了颠簸的路上，就会引起振动。

操纵杆：操纵杆是安置的一个小蘑菇形的游戏杆，靠拇指尖或拇指肚来操控。它有两个互成直角的传感器，在360度的圆圈内沿着轨道任意运动。

控制器：通过操作无线电遥控器的按钮来选择菜单，菜单在屏幕上显示，操作按钮来移动屏幕上的条目，像开门关门、开箱关箱、开火及其他任务操作等，这些都要取决于游戏本身的需要。

2005年，索尼系列游戏机的销售数量超过一亿台，创造了惊人的销售纪录。

非一般的感受：虚拟现实

现实是真实的。虚拟则是不真实的，但给人的视觉、听觉及触觉等却带来了真实的感觉。最好的虚拟现实或虚拟现实系统给人脑带来视觉、听觉、运动的真实感，使人相信这些都是真实的，是实际存在的，而不是人造的。虚拟现实系统可应用于娱乐方面及一些重要用途，例如训练飞行员模拟飞行及外科医生做模拟手术。

我发现啦！

最早出现的虚拟机是训练飞行员及机务人员的飞行模拟器。第二次世界大战期间，为了训练机乘人员执行夜间任务，科学家发明了一台高达13.7米、能容纳整个轰炸机机组人员的巨大机械——天文导航训练设备。

未来到底会怎样？

虚拟现实设备发展得越来越快，越来越复杂，带给人的身体感越来越强烈。头戴耳机能释放不同气味的小颗粒，例如可以释放出火烟味，制造一个虚拟的火海，来训练消防员如何应对这一情况。

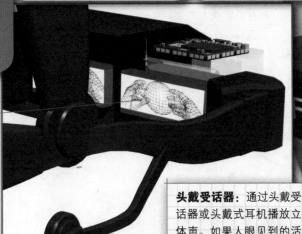

屏幕： 就像人的眼睛一样，两个屏幕呈现的景象略有不同。大脑把这些景象拼接成三维影像。

虚拟茧是一种神奇的头盔，它采用虚拟现实技术，能刺激人体的所有感官，让人们感觉自己在旅行，而且可以到达世界各个地方，从非洲大草原到深遂的海底洞穴。

头戴受话器： 通过头戴受话器或头戴式耳机播放立体声。如果人眼见到的活动是在左面进行，那么相对应的左耳耳机音量就会比较大。

✳ 虚拟飞行

全动态飞行模拟器展示了机舱外部宽广的视野，根据飞行员的操控指令而改变路线。当功率变大、下面的液压活塞发生快速作用的时候，模拟器也会随之发生倾斜和摇动，从而使飞行模拟器再次发生运动。这会让新手出现晕机现象。

飞行员在波音727模拟器内进行培训。

虚拟手术，能延展到远程手术或遥控手术，即外科医生和病人在不同的地方，医生通过远程控制自动设备给病人进行手术。

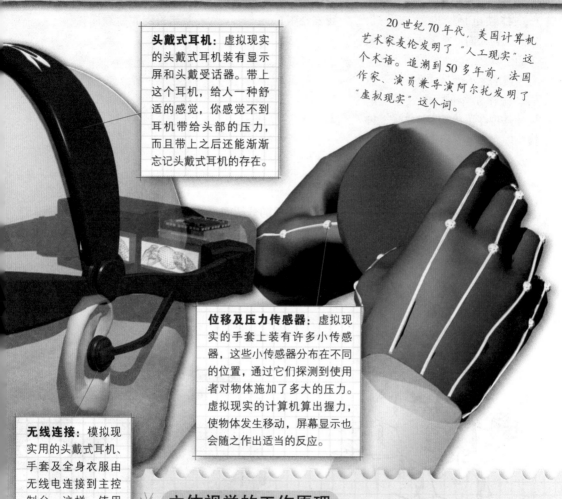

头戴式耳机：虚拟现实的头戴式耳机装有显示屏和头戴受话器。带上这个耳机，给人一种舒适的感觉，你感觉不到耳机带给头部的压力，而且带上之后还能渐渐忘记头戴式耳机的存在。

20世纪70年代，美国计算机艺术家麦伦发明了"人工现实"这个术语。追溯到50多年前，法国作家、演员兼导演阿尔托发明了"虚拟现实"这个词。

位移及压力传感器：虚拟现实的手套上装有许多小传感器，这些小传感器分布在不同的位置，通过它们探测到使用者对物体施加了多大的压力。虚拟现实的计算机算出握力，使物体发生移动，屏幕显示也会随之作出适当的反应。

无线连接：模拟现实用的头戴式耳机、手套及全身衣服由无线电连接到主控制台。这样，使用者就能自由移动了，屏幕上也就会出现相应的反应。

20世纪60年代后期，有了第一台虚拟现实用的头戴式耳机。这些虚拟头戴式耳机很沉，以至于不得不悬挂在一个框架上，防止压坏使用者的脑袋！

✳ 立体视觉的工作原理

人的左眼和右眼所看到的景象略有不同，称为立体视觉。离物体越近，能看到这些视图的不同点就越多。大脑通过比较这些不同点，计算出人眼与物体间的距离。虚拟现实的头戴式耳机的屏幕上显示两个不同的视图，每个视图对应一只眼睛所见到的。人们看正常的电视屏幕时，每只眼睛所见的视图也是不一样的，不会存在重叠区域。左眼和右眼所看到的视图传到大脑，大脑把这两个视图合成一个完整的像，就形成了物体的立体感，因此就能看到或感觉到物体的远近了。

大脑把左眼和右眼的影像合并起来，形成一个三维图像。

左眼影像　　　　右眼影像

现代通信之王——手机

移动电话，也就是手机，已经成为人们日常生活中不可缺少的工具之一。人们难以想象没有手机的生活会是什么样子。然而，就在 20 年前，老式手机的尺寸是现在手机的 3 倍之大，价钱比现在要贵五倍多，而且还没有发短信的功能。与过去的手机相比，现在的手机在尺寸上虽然没有缩小太多，但是增添了更多的功能，如游戏、照相机、录音、卫星导航、收音机及电视等。

我发现啦！

在 20 世纪 80 年代，早期移动电话有砖头那么大，也有砖块那么沉。除了在芯片及无线电电路上获得技术进步外，一个最大的进步就是电池变小变轻了，并且电池寿命是过去的好几倍。

未来到底会怎样？

随着科技的进步，未来的手机很有可能比小手指还要小。然而屏幕、图标及按钮也会随之变得更小以至于难以看见，而且也不好操作。声控技术的进步或许能解决这一问题。

2008 年卖出的手机，每五部中就有两部是诺基亚公司生产的。

苹果手机的分解图

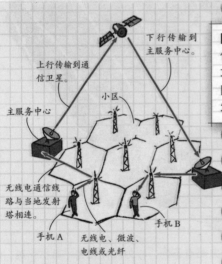

下行传输到主服务中心。

上行传输到通信卫星。

小区

主服务中心

无线电通信线路与当地发射塔相连。

手机 A

无线电、微波、电线或光纤

手机 B

图标： 图标就是代表信息或特殊功能的小图片、图像或符号，如发短信。

✳ 手机的工作原理

每个小区域都有一个无线电发射塔和接收塔在有规律地发射各自的识别码。手机探测到最强的识别码，然后向它发送通话信号或短消息。发射塔通过无线电、微波或电线与主服务中心相连，主服务中心再与卫星在内的整个通信网相交流。网络搜寻接收手机，并向最近的接收塔发送信息。

在平坦而空旷的地方，一部典型的移动电话与最近的发射塔、接收塔的距离大约为 40 千米以内时，手机才能收到信号。

镍氢电池： 镍氢电池体积小，但容量大，是持久耐用的充电电池。较大点的镍氢电池能量更大，可用于电动汽车及卡车上。

在自然风景优美的地方，把手机发射塔、接收塔装扮装成树的样子，那样就不会破坏自然景象了。

屏保

发短信比打电话方便，也更便宜。

为什么发短信？

短信服务能传送多达160字节的数字、字母以及像"&"和"@"之类的符号。发短信在拇指按下的那一瞬间就能完成，而且比打电话要便宜得多，此外不用把手机拿到耳边就能完成。有人担心传送的无线电波会伤害人耳，甚至伤害人脑。然而，到目前为止，还没有医学检验证明使用手机发短信会比打电话过多地危害人体。

触摸屏：触摸屏摒弃了以往操作时需按手机键盘的模式，现在只需在手机界面上触摸按钮图标就可以完成。根据手机模式，触摸屏可以轻松自如地改变按钮图标，如通讯录、游戏或短信。

开关休眠：按开关键就能让手机进入节能模式，即休眠状态。按这个开关键时间稍长一点，就会让手机进入开机或关机状态。

金属外壳

电话图标

连接处：通过插口使手机与电脑或网络相连，下载（发送）或上传（接收）如图像、声音、短信及游戏等信息。

根据手机用户的潜在数量及地形的高低情况，手机信号发射塔、接收塔的设立有一定的间隔。在高楼林立的地方，发射塔和接收塔就会相对密集。

回家看电影：家庭影院

扬声器： 标准的扬声器配置是 5:1。重低音音响摆放在任意位置都能听到深沉浑厚的低音，带立体声效果的左、右前置扬声器弥补了声音只能从中间的前置扬声器发出的不足，再加上左、右后置扬声器，给我们带来震撼的环绕声效。

等离子平面屏幕

组件搁板

DVD 播放器： 一个标准的 DVD 内存大约是 4.7GB，是 CD 内存的六倍多。这个容量的播放器能播放时长两个多小时的有声彩色电影。

连接电缆： 连接电缆种类很多。有狭长的 21 针斯卡特插头，红、绿、蓝视频组件插头，小圆 S 视频插头，接电脑显示器的 DVI（数字视频接口）插头，及最新款式的 19 针 HDMI（高清晰多媒体接口）插头。

音响系统： DVD 声频信息输入到音响系统，它有一些诸如音量、低音、高音、平衡、减弱等控件。

　　蓝光光盘看起来像蓝色的 CD 或 DVD，它使用蓝色激光光束来进行读写操作。与常见的红色激光的 DVD 相比，蓝色激光能读取光盘表面更微小的点。这就使得蓝光光盘能存储更多的信息（25GB 甚或 50GB），也就能看高清电影了。

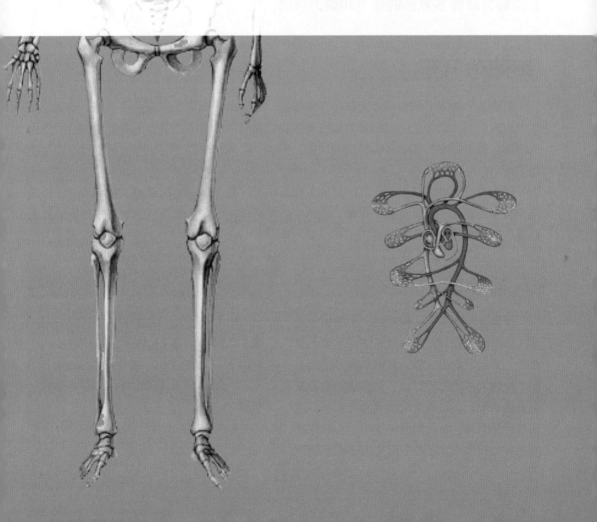

第五章
认识我们的身体

人体生理系统

许多器官和组织联系起来共同完成人体某项生理功能，它们组成为一个系统，只有当所有系统都互相配合有效工作时，人体才能保持健康。本章所要讨论的是人体的结构构成和系统功能，了解细胞、组织和器官的基本形态。

复杂的"机器"

我们可以把人体看作是一台复杂的机器。这台机器需要用食物提供的能量来工作，并且具有自身的监控系统，出现故障时在一定程度上可以自行修复。在经过了漫长的进化后，人体可以承担更多的功能，适应各种环境，并且能够完成许多复杂的体力和脑力活动。

细胞的分布

细胞是生物体中结构和功能的最基本单位，人体由数十亿个细胞组成，部分细胞在人体内构成组织，最常见的组织就是肌肉和骨头。在身体的某些部位，不同类型的组织组合成器官。每个器官都有它自己特殊的功能，例如，心脏这个器官的任务就是驱动血液在体内循环。

许多器官和组织联系起来共同完成人体某项生理功能，它们就组成了一个系统，只有当所有系统都互相配合有效工作时，人体才能保持健康。在本章以后的章节中我们将讨论以下几个系统。

人体系统

骨骼是由许多骨头构成的一个框架，支撑人体的其他部分，是运动系统的重要组成部分；神经系统由大脑、脊髓和神经组成，用于控制人体的思想行动，并且辅助监控其他人体系统；心脏和血管组成循环系统，将血液运往全身，在我们的一生中，心脏在持续不停地跳动；与之紧密相关的呼吸系统不

知识库

● 人体组成元素的分布：氧（65%），碳（18.5%），氢（9.5%），氮（3.2%），钙（1.5%），磷（1%），其他元素（1.3%）。

● 人体约含有200种不同类型的细胞。

● 水分约占人体比例的70%。

断地把外界空气中的氧气吸入到肺泡中，由血液循环把氧气运输到全身，同时又通过血液循环把二氧化碳和水运送到肺泡里，通过呼吸作用排出体外；消化系统一方面消化吸收食物中的营养物质，一方面排出废物；泌尿系统可以排出可溶性废物，帮助保持身体内盐和水分的平衡；男性和女性的生殖系统负责种族的延续；内分泌系统由一系列腺体组成，将分泌的神秘化学物质——激素和其他液体，借血液循环输送到机体中，维持内部平衡；最后是免疫系统，这个系统保持身体不受到传染性疾病和异物的侵害。

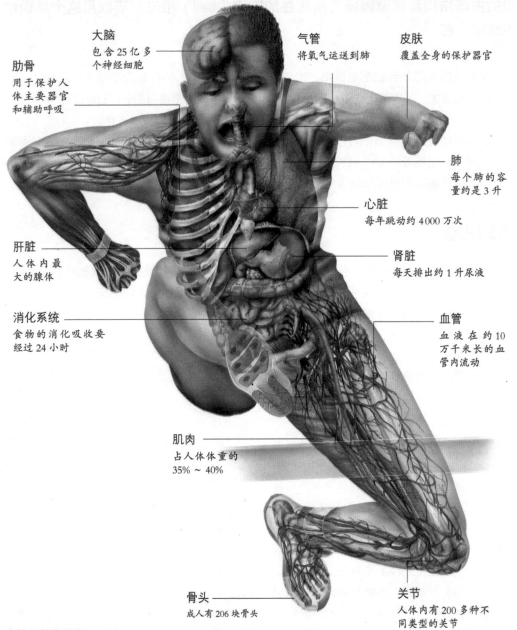

大脑
包含 25 亿多个神经细胞

气管
将氧气运送到肺

皮肤
覆盖全身的保护器官

肋骨
用于保护人体主要器官和辅助呼吸

肺
每个肺的容量约是 3 升

心脏
每年跳动约 4000 万次

肝脏
人体内最大的腺体

肾脏
每天排出约 1 升尿液

消化系统
食物的消化吸收要经过 24 小时

血管
血液在约 10 万千米长的血管内流动

肌肉
占人体体重的 35% ~ 40%

骨头
成人有 206 块骨头

关节
人体内有 200 多种不同类型的关节

人体的基本结构
此图标明了人体内主要器官和组织的分布位置以及相对大小。在不知不觉中，组成人体的几亿个细胞在不停地进行着上千种不同的活动，使得我们可以呼吸、运动、饮食、思考、繁衍，美好地生活着。

细胞是生命活动的基本单位

组成人体的细胞超过50亿个，这些细胞有200多种类型，大小形态各异。细胞极其微小，却非常重要。17世纪的科学家罗伯特·胡克认为，植物组织的内部结构和修道院修士所居住的密室（cell）相似，所以用这个单词给细胞命了名。

人体内的大部分细胞都很微小，肉眼看不到。即使是人体内最大的细胞——卵子，也只有针尖那么大。但是在这些微小的单位里都进行着生命的全部过程，它们可以移动、呼吸、繁殖，对刺激做出反应，并且生成能量。所有细胞在一起共同构成了人体。

透过显微镜观察细胞，可以看到细胞呈袋状结构，细胞的最外面是细胞膜，它是一种双层的薄膜；细胞膜内是一种胶冻状的物质——细胞溶质，其中分布着叫做细胞器的微小单位，细胞器能够实现细胞的活动。细胞器和细胞溶质合称为细胞质。

细胞器

最大的细胞器是细胞核，它是细胞的控制中心，包含遗传物质，保证细胞的正常繁殖；线粒体是呼吸作用和能量生成的场所；溶酶体可以分解有毒物质，清除废物；核糖体辅助蛋白质的生成；中心粒在细胞分裂中起着重要的作用；内质网是细胞内物质流动和蛋白质合成的通道；戈尔吉器能够对蛋白质进行加工处理再将它释放到细胞膜中。微管是细胞的支架，帮助物质运动。

DNA

细胞核内包含着细胞分裂和复制所必需的物质，这就是被称为DNA（脱氧核糖核酸）的物质。细胞通过分裂的方式复制。在这个过程中，细胞核分解，DNA变为成对的线状结构——染色体。每个染色体上都承载着基因。细胞根据基因上的遗传密码制造组成新细胞所需的物质，并且控制基因的活动。

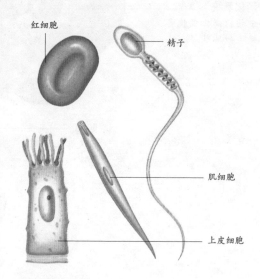

红细胞

精子

肌细胞

上皮细胞

细胞的种类

人体内的细胞形态各异，承担各种各样相应的功能。例如，精子有一条便于游动的尾巴，红细胞中包裹着血红蛋白，胃部的上皮细胞有柱状外缘，可以增大吸收面积，肌细胞会形成伸长的组织束。

细胞的构造

这幅插图表现了人体细胞的典型外观和切面。多数人体细胞只有在高倍显微镜下才能看到。

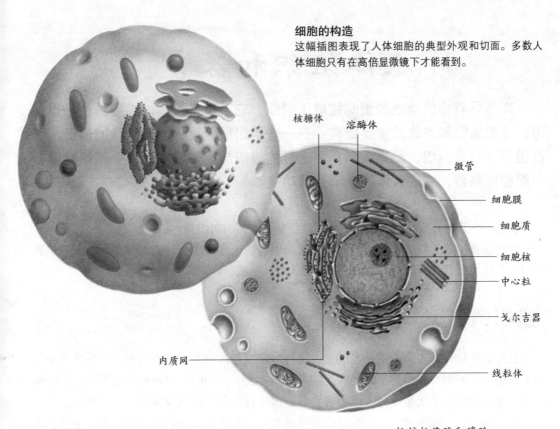

核糖体　溶酶体

微管

细胞膜

细胞质

细胞核

中心粒

戈尔吉器

线粒体

内质网

双螺旋结构

DNA 的形状是双螺旋结构，就像是一个旋转的阶梯。它以核糖核苷酸和磷酸二酯键为支架，以成对的化学物质碱基为梯级。碱基包括胞嘧啶、尿嘧啶、腺嘌呤和鸟嘌呤。胞嘧啶只能和尿嘧啶互补。腺嘌呤只能和鸟嘌呤互补。当一条 DNA 复制时，它双链的一端开始解螺旋，其上的互补碱基也随之分离。两条链各自成为独立的模板，与互补碱基形成新的链。原先的单条 DNA 变成了一对 DNA，每条 DNA 分别有一条旧链和一条新链。

核糖核苷酸和磷酸二酯键相连，组成 DNA 的"脊柱"

胞嘧啶（C）
鸟嘌呤（G）
胸腺嘧啶（T）
腺嘌呤（A）

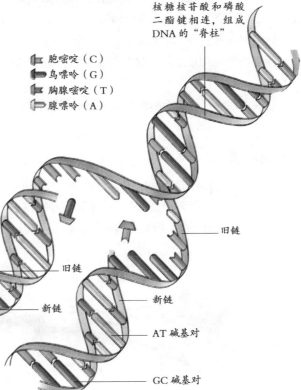

旧链

旧链

新链

新链

AT 碱基对

GC 碱基对

人体组织和器官

　　许多具有相似功能的细胞构成了组织，它不仅是人体的主要结构，也是绝大多数植物和动物的主要结构。有一些组织很柔软，例如皮肤的内层、肝脏组织和肌肉组织，而骨头和指甲这样的组织却比较坚硬，多个组织联系在一起组成器官，完成人体的各项生理功能。

　　我们将在此处介绍组织的主要类型，以及某些特殊的组织和它们的功能。

　　我们还将了解不同类型的组织是如何构成器官的（后文将会讨论人体的主要器官以及它们在人体内所具有的功能，诸如心脏、肺、胃、肝脏、性器官和肾脏）。

组织的类型

　　上皮组织覆盖在人体的内外表层上，这种组织通常位于结缔组织的上方，由许多密集的上皮细胞连接而成。最常见的上皮细胞分布在血管、肺和心脏内部的腔壁上，它们由单层扁平细胞组成，消化系统的上皮细胞则厚很多，而且会分泌酶和黏液，消化道的上皮细胞有细小的可以波动的绒毛，从而保持黏液的流动。膀胱上分布着过渡性的上皮细胞，当膀胱中充满尿液时，这些细胞会伸展。

　　身体的表面由多层坚韧的上皮组成，最外面的表皮层包含一种坚硬的物质——角质，另一些上皮细胞构成腺体。这些细胞所包含的物质要么流入一个中心腔，要么就扩散到血液中去。

　　纤维和其他基质位于结缔组织的组成细胞周围。软骨中包含有弹力纤维，当我们说话时，

骨的构造

　　骨是一种特殊的结缔组织。它并非是实心的，而是具有一个中空的骨髓腔，骨髓里每天会生成几百万个红细胞。从图中的股骨构造可以看出，骨的外层是坚硬密实的骨密质，内部则是比重较轻的骨松质，血管和神经通过外层的管道进入中空的骨髓腔。

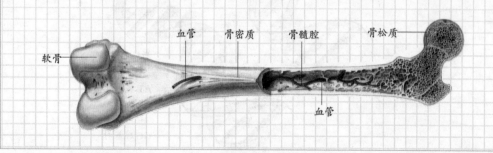

软骨　　血管　骨密质　　骨髓腔　　骨松质　　血管

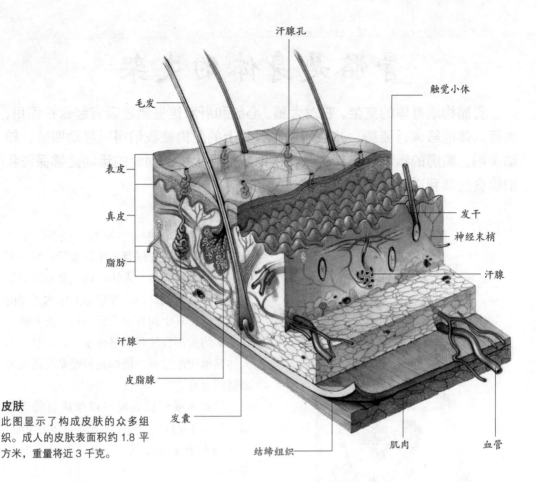

汗腺孔

触觉小体

毛发

发干

表皮

神经末梢

真皮

汗腺

脂肪

汗腺

皮脂腺

发囊

肌肉

血管

结缔组织

皮肤
此图显示了构成皮肤的众多组织。成人的皮肤表面积约 1.8 平方米，重量将近 3 千克。

会厌软骨就会振动。有一些结缔组织和骨头结合在一起，例如分布在椎间盘之间的纤维软骨，透明的软骨覆盖在骨头的末端上，紧密的结缔组织用于构成韧带和肌腱，而疏松的结缔组织则用来连接不同的器官，同时也是神经和血管穿行的地方。还有一种脂肪组织用于储藏脂肪。

血液是一种液态的组织。血液中流动的血清含有三种主要细胞——红细胞、白细胞和血小板。

神经组织构成人体内的神经系统，此外，大脑和脊髓也由神经组织构成。

淋巴组织中的淋巴管遍布全身，淋巴组织中含有淋巴细胞，这种白细胞可以进入循环系统吞噬异物，它们负责人体免疫，产生抗体，清除侵入体内的微生物。

肌组织是健康人体内主要的柔软组织。

器官

器官由不同类型的组织组成。人体内重要的器官包括大脑、心脏、肝脏、眼睛和肺。皮肤也是人体最大的器官之一，它由肌肉、脂肪、神经、血液和结缔组织构成，并且有上皮组织覆盖其上。

骨骼是身体的支架

　　骨骼构成身体的支架，它对大脑、心脏和肝脏这些精密器官起保护作用，也使人体能够保持姿势，并且通过附着其上的肌肉使我们得以移动四肢，转动头部。胸廓的运动使肺部扩张，协助我们呼吸，头面骨的运动能够保证我们饮食的顺利进行。

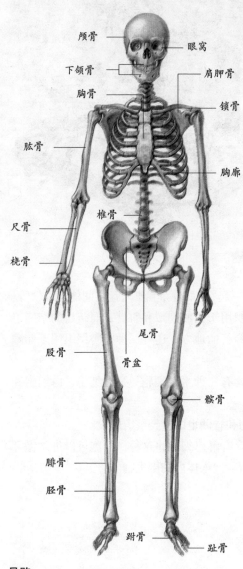

颅骨
眼窝
下颌骨
肩胛骨
胸骨
锁骨
肱骨
胸廓
椎骨
尺骨
桡骨
尾骨
股骨
骨盆
髌骨
腓骨
胫骨
跗骨
趾骨

骨骼
上图标明了组成人体支架的主要骨骼。有一些骨头因为太微小，所以没有在图中标出，例如中耳处的 3 块骨头和支撑舌部肌肉的舌骨。

　　骨骼是一个独特的结构，一方面，它十分强壮，有力地支撑着人体的重量；另一方面，它又足够轻盈，人体可以轻易承载它的重量，并且活动自如。骨骼是人体内重要的活化工厂，其中包含着大量的钙、钾和磷。这些矿物质不仅使骨头坚硬有力，而且参与人体其他代谢过程，例如是神经系统活动所必需的元素。

　　当骨头受到损伤时可以生成新的骨细胞，进行自我修复，当骨头处于重压之下时，它还会合成更多的钙质，从而加强自身的力量。

各类骨骼

　　全身的骨骼可以分为两部分：其一是中轴骨骼，包括头骨、肋骨、椎骨和胸骨；其二是附肢骨骼，包括四肢、锁骨、肩胛骨和

知识库

● 婴儿的骨头有 350 多块，成人的骨头只有 206 块，这是因为在骨骼的成长过程中，有一些较小的骨头结合成了较大的骨头。

● 人的手和脚包含 120 多块骨头。

● 骨头是人体最耐久的部位之一，有时骨头可以保存上百万年。

骨盆。

　　头面骨由 22 块骨头组成，其中保护大脑的 8 块骨头被称为颅骨，头骨同时也对眼睛和耳朵起保护作用；下颌骨能够帮助人们咀嚼食物；脊柱由 26 块骨头组成：颈椎 7 块，胸椎 12 块，腰椎 5 块，以及骶骨和尾骨各 1 块。人体的每个上肢包含着 32 块骨头，每个下肢包含 31 块骨头；大多数人都拥有 12 对肋骨，少数人会多出一根或几根，肋骨呈弓形，前端和胸骨相连，末端和胸椎相连，肋骨以这种方式围成了形状像骨笼的胸廓，心脏、肺、胃、肝脏和肾脏等器官位于其中。

　　人体内最大的骨头是股骨，它们的重量约为全部骨骼重量的 1/4。位于中耳处的镫骨则是人体内最小的骨头，它只有 3 毫米那么长。

骨骼上所附着的肌肉

　　肌肉是使骨骼运动的动力器官，许多骨头都有特殊的表面，可以使肌肉牢固地附着其上。例如，大而平坦的肩胛骨为肌肉提供固定的附着点，肌肉通过韧带这种结缔组织和骨骼连接，从而为肩膀和手臂的运动提供动力。

关　节

　　骨头本身很坚硬，但是骨头在连接处形成关节，这样人体才会弯腰、旋转或翻身。人体内拥有的关节有 200 多种类型。

　　膝关节（股骨和胫骨的连接处）表面滑膜分泌一种叫做滑液的黏液，用于润滑骨头末端的软骨，环绕在关节上的韧带在关节活动中起保持稳定的作用。但并不是所有的关节都能够运动，例如头面骨。

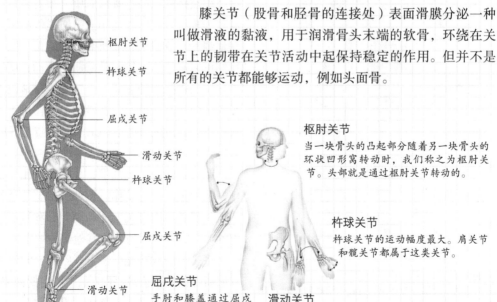

枢肘关节
当一块骨头的凸起部分随着另一块骨头的环状凹形窝转动时，我们称之为枢肘关节。头部就是通过枢肘关节转动的。

杵球关节
杵球关节的运动幅度最大。肩关节和髋关节都属于这类关节。

屈戌关节
手肘和膝盖通过屈戌关节的作用弯曲。

滑动关节
手腕和脚踝通过滑动关节的作用转动或弯曲。

枢肘关节
杵球关节
屈戌关节
滑动关节
杵球关节
屈戌关节
滑动关节

人体的发动机

肌肉的重量约占人体体重的一半，它也是一种主要的软组织。肌肉为我们四肢的活动和心脏的规律跳动提供必要的动力，并且控制着人体内多数系统的工作。

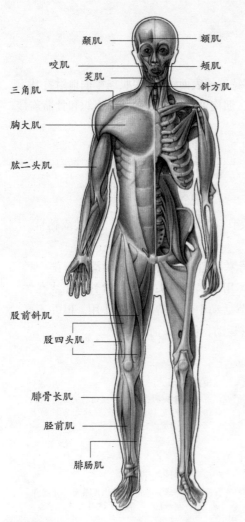

颞肌
咬肌
笑肌
三角肌
胸大肌
肱二头肌
额肌
颊肌
斜方肌
股前斜肌
股四头肌
腓骨长肌
胫前肌
腓肠肌

肌肉的分布
上图中标明了大部分骨骼肌。当我们活动四肢时，有一些肌肉虽然没有剧烈活动，但是它们可能也在收缩。肌肉的收缩，或者说是肌肉的紧张性塑造了人体的形态。

人体内有 3 种不同的肌肉：骨骼肌，又称为随意肌；平滑肌，又称为不随意肌；还有心肌。这 3 种肌肉在遇到刺激时都具有收缩、拉长和回复原状的能力。因为肌肉只能拉伸，所以每块肌肉运动拉长时，都需要一块与之对应的肌肉将它拉回原位，所以肌肉通常成对分布。

肌肉的构造与功能

骨骼肌是由肌原纤维这种肌细胞通过结缔组织连接而成的，骨骼肌中分布着丰富的血管和神经，它可以运用血液所提供的氧气和葡萄糖生成肌肉收缩所需要的能量。因为我们可以有意识地控制骨骼肌的运动，所以骨骼肌又被称为随意肌。骨骼肌成对地附着在人体内所有骨骼上。在骨骼肌的作用下，我们可以通过关节的运动来活动四肢、弯腰、做出表情、转动头部和呼吸等动作。

在大脑的统一控制下，几组肌肉相互协作，从而做出上述动作。例如，抬腿的过程不仅和腿部肌肉有关，还需要背部和臀部肌肉的参与，才能保持身体其他部位的平衡。

将平滑肌放在显微镜下观察时，它没有骨骼肌上的交错横纹，平滑肌一名由此而来。平滑肌的收缩速度比骨骼肌缓慢，它分布在内脏器官，如消化系统的器官，子宫，膀胱和血管上。

肌肉的收缩

　　四肢的活动需要许多对肌肉的参与，右图中弯曲手臂的动作即是一例。首先是肱二头肌收缩，将前臂骨骼拉起，然后是肱三头肌收缩，将骨骼拉下，从而使手臂伸直，这种运动在关节处很常见，右图中的运动见于肘关节处。参与这种运动的肌肉称为对抗肌。

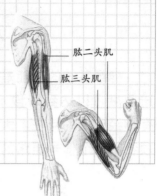

肱二头肌

肱三头肌

　　平滑肌的活动不受大脑的控制，因此它又被称为不随意肌。例如，在我们凝聚眼神或者消化食物时，我们无须进行思考，是一种无意识的活动。

　　心肌只分布在心脏。心肌的特点是它的节律运动从不停歇。组成心肌的纤维相互连接，从而迅速地形成神经冲动，使心肌迅速有力地收缩。与平滑肌一样，心肌完全不受人的意识支配，它属于不随意肌。

肌肉的收缩

　　每条肌纤维都由几百万条细小的丝状纤维构成。丝状纤维主要有两种，一种从肌凝蛋白转化而来，这种纤维短而厚；另一种纤维较薄，是从肌动蛋白转化而来。在肌肉收缩的起始阶段，大脑发出一个信号，通过神经传导到肌肉。然后神经末梢释放出一种叫做乙酰胆碱的化学物质，使肌动蛋白纤维滑动到肌凝蛋白纤维之间，肌肉的末端被拉至中间位置，从而使肌肉收缩。这个过程所需要的能量来源于呼吸作用中所产生的化学物质 ATP（腺苷三磷酸）。在肌肉收缩过程中，ATP 的化学能量转变为机械能，将分子连接在一起。

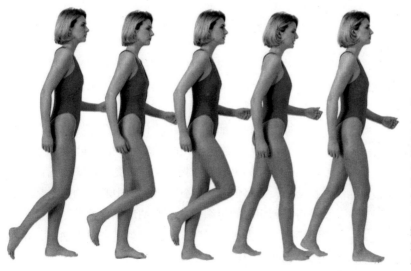

行走
人体使用两条腿行走，图中这样复杂的运动需要多组肌肉的协调配合，在这个过程中，人们需要轮流抬起两条腿，使之交替前进，并且整个身体也必须保持平衡，维持一定的节奏。注意观察这位女士是如何用手臂进行辅助行走的。

人体的信息网

神经系统的功能是将信息从身体的一部分传递给另一部分，它的最高传送速度可以达到每秒 120 米。神经末梢遍布于全身各处，从器官到皮肤都有神经末梢的存在。大脑操控着这个功能非凡的网络，以控制中心的身份统领着数亿个信号通路的活动。

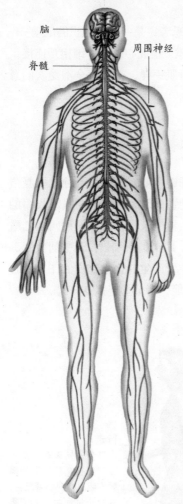

脑
脊髓
周围神经

神经的结构

单独的神经细胞被称为神经元。神经元所传导的细微电冲动组成神经信息，感觉神经元会将冲动传入大脑，运动神经元则将冲动传出。神经元的大小和形态多种多样。

人体的神经系统可以分为两部分。第一部分是大脑和脊髓构成的中枢神经系统，头面骨保护着极其复杂和精密的大脑。

脊髓位于脊柱椎管内，上端和大脑延髓相连，其中含有大量的神经细胞。大脑、四肢和躯干之间的数万个神经冲动都通过脊髓这个通路进行传导。

在横切面上，脊柱中央为灰质，包在灰质外面的是白质。组成白质的神经细胞将神经冲动向上传导到脑或是向下传导到脊髓，灰质则控制着神经细胞之间的信息传送。

成对的脊神经从大脑和脊髓发出，从椎间孔中穿出，这些神经的分支遍布全身，构成神经系统的第二部分，我们称之为周围神经系统。周围神经系统的神经末梢常常向我们提示身体内部和外部的情况。周围神经和肌肉的联系使肌肉遇到刺激时发生收缩反应，从而产生运动。

神经系统

大脑和脊髓构成中枢神经系统。周围神经系统遍布于全身各组织和器官，它包括由大脑发出的脑神经和由脊髓发出的脊神经。

每个神经元都有一个细胞体和一个细胞核，以及微小的突起。大多数神经元都有多个短的突起，叫做树突，以及一个长的突起，叫做轴突。树突以电冲动的方式接收信号，并将信号传递到神经元的中心。轴突则是将信号传出到相应的组织上。轴突的周围常常有一层髓鞘，髓鞘中含有大量的脂肪，它通过封裹来保护轴突，并加速神经冲动的传导。

细胞体

树突

细胞核

神经冲动的传导

当神经元受到刺激时，在它的细胞膜表面，电量发生细微的变化，形成神经冲动的传递。神经冲动沿神经传导时，必须穿越所有轴突和树突末端的空隙（突触），神经冲动在到达轴突末端时消失，并引起轴突末端释放一种化学物质——递质。通过递质的作用，突触的细胞被激活，神经冲动得以继续传递。

动物性神经系统中的神经元遵循我们有意识的指令，例如走路、谈话和书写。植物性神经系统中的神经元完成我们无意识的活动，诸如改变心率和控制食物消化的速度。

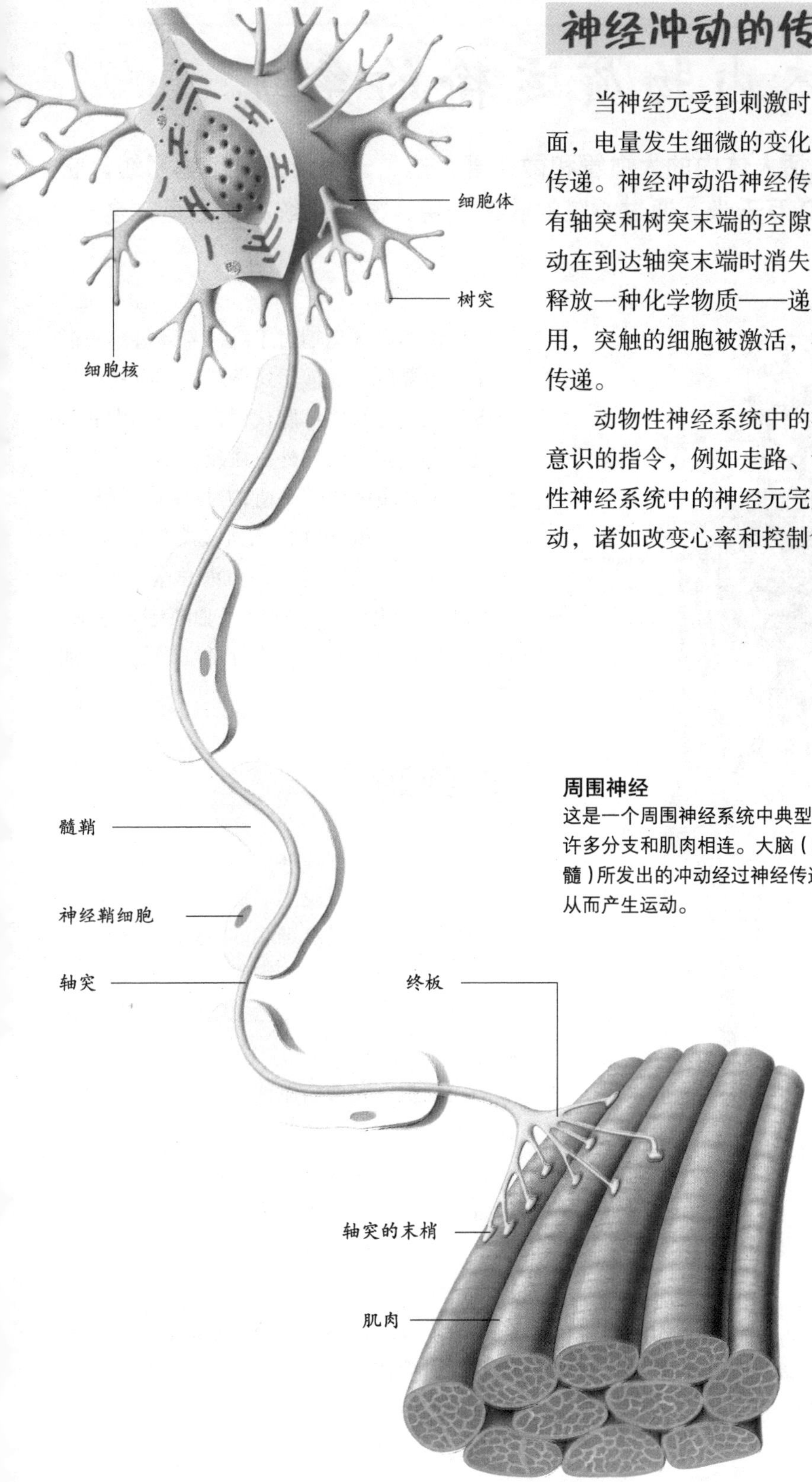

周围神经
这是一个周围神经系统中典型的神经元。神经元通过许多分支和肌肉相连。大脑（或者是反射作用中的脊髓）所发出的冲动经过神经传递到肌肉，使肌肉收缩，从而产生运动。

髓鞘

神经鞘细胞

轴突

终板

轴突的末梢

肌肉

体内物质运输的系统

　　循环系统包括人体内的大血管和微血管，这是一个复杂的运输系统，它的总长度约为 10 万千米。通过心脏的收缩作用，循环系统将血液运往全身，从而维持生命。

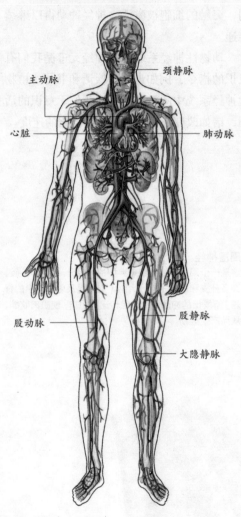

主动脉

颈静脉

心脏

肺动脉

股动脉

股静脉

大隐静脉

循环系统
静脉将血液运到心脏，在图中标为蓝色；动脉将心脏内的血液运出，在图中标为红色。连接心脏和肺的肺动脉中流动的是静脉血，除此之外，所有动脉中都流动着动脉血。

　　血液的有效运输对于维持身体健康来说是至关重要的。血液运送着氧气和食物中的营养物质，并且将细胞代谢过程中产生的二氧化碳等废物排出体外，血液还维持着人体内的水分比重和化学平衡，并保持体温恒定。

　　一个成年女子体内的血液总量是 4 ~ 5 升，一个成年男子体内的血液总量是 5 ~ 6 升。血液中将近一半是血浆（血浆中含有水、蛋白质和盐分），其他成分是红细胞、白细胞和血小板。

血细胞

　　红细胞又称红血球，呈无细胞核的扁平结构。人体每立方毫米的血液中约有 500 万个红细胞。骨髓是红细胞的诞生地，每秒钟可以生成约 200 万个红细胞。血液中运送氧气的血红蛋白中含有铁，因此红细胞呈现红色。

　　白细胞，又称白血球，比红细胞略大一些，有细胞核。人体每立方毫米的血液中大约有 5 000 个白细胞。有些白细胞（巨噬细胞）可以包围并吞噬进入体内的异物，例如微生物，还有一些白细胞能够抵抗各种病菌的感染，产生各种抗体。

　　血小板这种细胞较小。当血管壁受到损伤时，血液在血小板作用下凝固成块，起到止血的作用。

血液运输

　　如下图所示，动脉由上皮细胞层、结缔组织和肌肉层组成。静脉中的瓣膜起到防止血液回流的作用，血液流经全身血管。白细胞分为5种类型，它们占血液容积的10%。红细胞的数量是白细胞的1000倍左右。

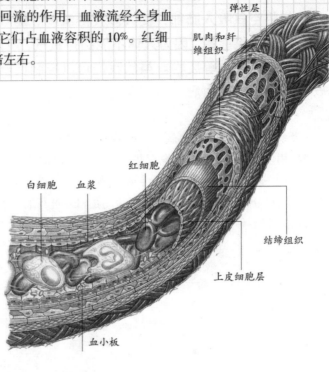

血管

　　人体内的血管所组成的网状系统遍布全身各处，其分支可达全身各处细胞。最有力的血管是动脉，因为动脉壁必须承受从心脏流出血液所产生的高压。动脉分支为小动脉，小动脉又分支为毛细血管。毛细血管将血液运往全身各个组织。食物和氧气经过毛细血管的薄壁进入细胞，同时二氧化碳等废物被运出细胞。毛细血管里的血液再次汇合到小静脉，小静脉里的血液又到静脉，最后将血液运回心脏。

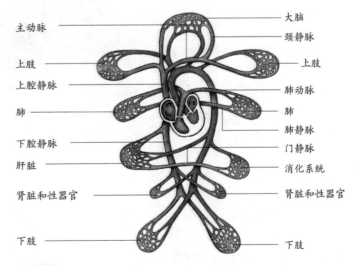

血液循环

肺动脉将血液运送到肺部，血液在肺部得到氧气，并将氧气运送到全身的组织和器官，然后通过静脉流回心脏。消化系统的血液要先流经肝脏，肝脏储存营养物质后，血液才到达心脏。

我们是怎样呼吸的

我们将空气吸入肺部，使人体获得氧气。氧气起着驱动呼吸的作用，并为人体细胞提供能量。因为人体不能储存氧气，所以我们必须不间断地呼吸，然后呼出二氧化碳等废物。虽然我们可以控制自己呼吸的快慢，但呼吸仍然是一种无意识的行为。

呼吸系统包括鼻子、咽喉、气管、肺和一些胸部肌肉。在这些器官的协调工作下，通过呼吸作用使人体获得氧气，同时把二氧化碳排出体外。呼吸的频率随机体所承担的功能而变化。在一般情况下，我们每分钟呼吸约 10 次，而在剧烈运动或受到惊吓时，呼吸频率可能增加到每分钟约 80 次。通常呼吸运动是自发进行的，不过我们在清醒的状态下也可以控制自己的呼吸频率。

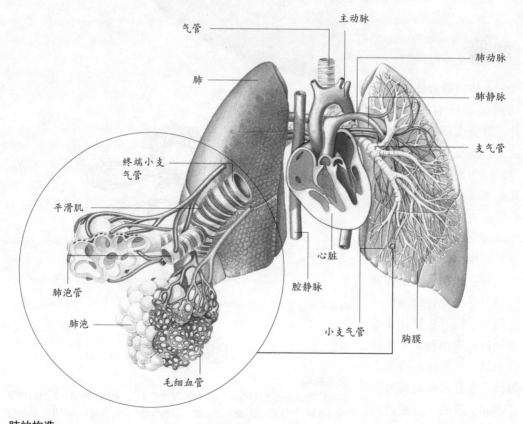

肺的构造

当空气进入肺，空气通过许多支气管最后到达肺泡。肺泡的周围包围着大量的毛细血管。当血液流过毛细血管时，氧气从肺泡进入到血液，同时二氧化碳从血液进入肺泡，气体交换过程就发生了。

呼吸作用的原理

　　如右图所示，人在吸气时，胸廓抬高，横膈膜（将胸腔和腹腔隔离的肌肉层）变平，这使得胸廓扩大，肺内压力低于外界大气压，因为空气总是从压力高的地方流向压力低的地方，所以气体就进入到肺内。通常每次呼吸吸入气体量约为500毫升。

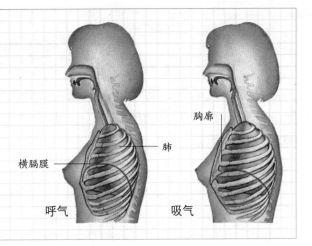

呼气　　　　　　吸气

呼吸系统的构造

　　首先，鼻腔或嘴吸入空气，并对其进行加温。

　　然后，空气进入咽喉和器官。鼻毛和鼻黏膜分泌的黏液可以过滤并吸附灰尘颗粒，阻挡它们进入肺部。气管下端分为左右支气管，分别和两肺相连。两肺位于胸腔，分布在心脏的两侧，围着它们的是一层叫做胸膜的组织，横膈膜位于肺部下方。

　　支气管进入肺后多次分支，形成小支气管，小支气管和肺泡相连接。肺部约有3亿个肺泡，如果平铺开来，肺泡的面积有网球场那么大。

呼吸运动的调节

　　影响呼吸运动的是血液中的二氧化碳含量，而不是氧气含量。脑干细胞会对体内气体浓度的微小变化迅速作出反应，调节肺部呼吸。

气体的交换

　　肺动脉将静脉血运送到肺部（上一页图中蓝色），肺静脉将动脉血运回心脏（上一页图中红色），肺动脉和肺静脉的分支形成的毛细血管包围着肺泡。肺部的氧气通过薄薄的肺泡壁进入毛细血管，加速血液流动。血液运输的氧气通过心脏到达全身的各个组织和器官，与此同时，二氧化碳等废物进入肺泡，随呼气排出体外。

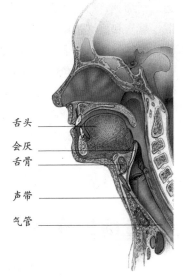

舌头
会厌
舌骨
声带
气管

咽喉

咽喉位于气管上端。当我们发音时，空气穿越咽喉，使喉腔内的声带振动，然后通过舌头、嘴唇和脸部肌肉的运动，把这种振动转化为各种各样的声音。

细胞的呼吸

在呼吸运动中，氧气进入血液，二氧化碳被排出体外，这是个物理过程。除此之外，在呼吸运动的作用下，细胞中还发生着复杂的化学反应，为人体的活动提供能量。

在空气中的氧气进入人体细胞的过程中，血红蛋白起着关键性的作用。血红蛋白是一种含有铁成分的蛋白质，每个红细胞中的血红蛋白分子约有 2.8 亿个，成熟的红细胞中没有细胞核，从而可以容纳更多的血红蛋白分子。

首先血红蛋白从肺部装载氧气，将氧气运送到细胞，然后回到肺部开始新一轮的运载。氧气和血红蛋白在肺部的毛细血管结合形成鲜红色的氧合血红蛋白，血红蛋白卸载氧气之后变成暗红色的去氧血红蛋白。每个血红蛋白分子可以装运 4 个氧原子，人体每分钟都在运输着 56 000 艾[1 艾 (可萨)=1018]个氧原子。人体在缺氧的状态下，例如处于海拔很高的地区时，会自动生成更多的红细胞，从而产生更多运载氧气的血红蛋白。

能量的生成

当氧气到达细胞后，脱离血液，通过细胞膜进入细胞。血液将消化系统中的葡萄糖（见第 35 页）运送到细胞中，葡萄糖和氧气结合，产生一系列的化学反应。在这个化学反应中，葡萄糖中的能量被释放出来，同时产生二氧化碳和水等废物。线粒体是细胞中发生这些化学反应的场所。

在高倍电子显微镜下，可以看到线粒体呈圆柱状，内层表面布满褶皱。这些褶皱增大了上述生成能量反应的发生面积。

无论是运动时的肌肉收缩还是蛋白质的合成，都需要利用细胞所生成的能量。

线粒体
所有的细胞中都含有线粒体。线粒体是一系列化学反应发生的场所，葡萄糖在这里被分解，从而为细胞提供能量。能量以化合物 ATP 的形式储存。

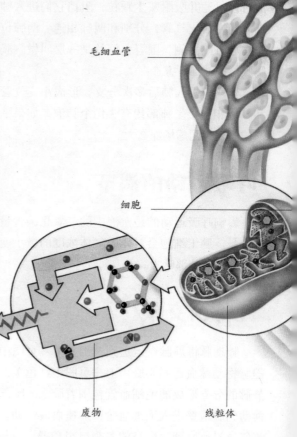

毛细血管

细胞

废物

线粒体

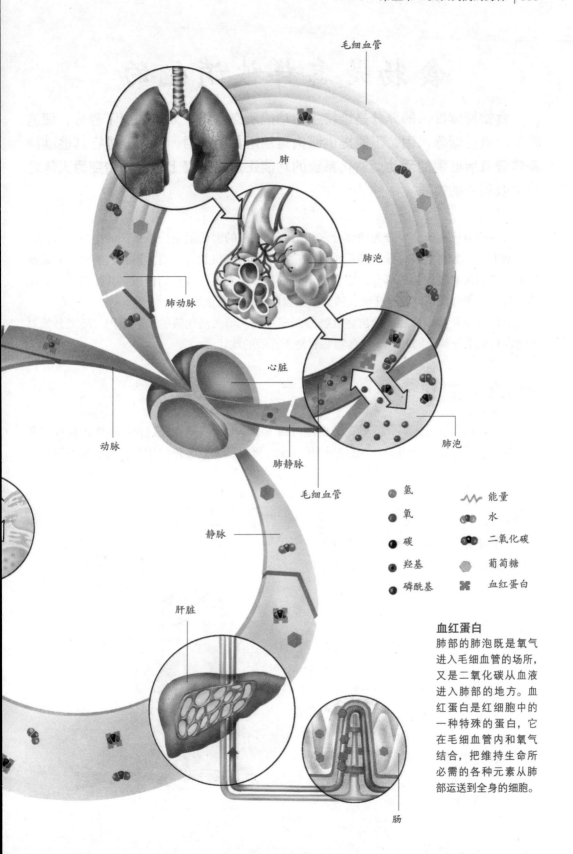

毛细血管

肺

肺泡

肺动脉

心脏

动脉

肺静脉

毛细血管

肺泡

静脉

氢

氧

碳

羟基

磷酰基

能量

水

二氧化碳

葡萄糖

血红蛋白

肝脏

血红蛋白

肺部的肺泡既是氧气进入毛细血管的场所，又是二氧化碳从血液进入肺部的地方。血红蛋白是红细胞中的一种特殊的蛋白，它在毛细血管内和氧气结合，把维持生命所必需的各种元素从肺部运送到全身的细胞。

肠

食物是怎样被消化的

食物持续提供的养分是维持生命功能所必需的。人体缺少了养分，细胞就不能进行新陈代谢，不能提供肌肉运动所需的能量，也不能进行其他维持身体健康所必需的活动。消化系统的功能正是将餐桌上的食物转变为人体可以吸收利用的物质。

人体的消化系统主要分为两部分。从口腔到肛门的消化道是一条很长的中空管道，它的内壁上大部分有皱襞，最窄的部位是食管，最宽的部位是胃；消化器官、消化腺和其他组织构成消化系统的第二部分，它们在消化过程中起着不可或缺的作用。具体而言，消化系统的第二部分就是口腔、肝脏、胰脏和胆囊所分泌的消化液。

消化过程开始于口腔，牙齿将食物分割成小块，增大消化液的接触面积，唾液开始对食物进行化学分解，同时舌头将食物卷成便于吞咽的球状。

食物的消化

食物通过食管进入胃，它将在胃里停留约 3 个小时，其间会经过胃部肌肉的搅拌，和胃壁分泌的消化液充分混合。在这些消化液中，胃蛋白酶分解蛋白质、脂肪酶分解脂肪，

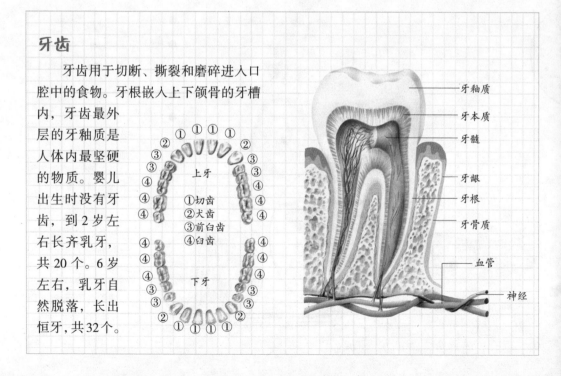

牙齿

牙齿用于切断、撕裂和磨碎进入口腔中的食物。牙根嵌入上下颌骨的牙槽内，牙齿最外层的牙釉质是人体内最坚硬的物质。婴儿出生时没有牙齿，到 2 岁左右长齐乳牙，共 20 个。6 岁左右，乳牙自然脱落，长出恒牙，共 32 个。

上牙
①切齿
②犬齿
③前白齿
④白齿

下牙

牙釉质
牙本质
牙髓
牙龈
牙根
牙骨质
血管
神经

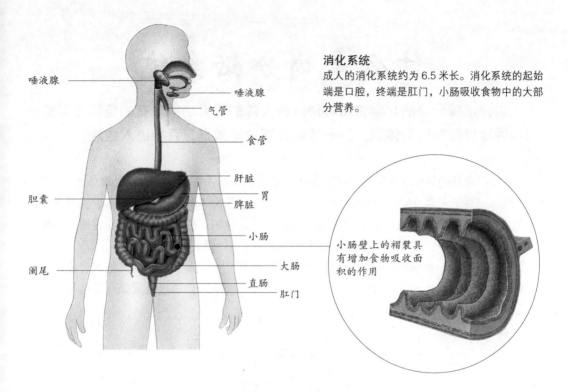

唾液腺

唾液腺

气管

食管

肝脏

胃

脾脏

小肠

大肠

直肠

肛门

胆囊

阑尾

消化系统

成人的消化系统约为 6.5 米长。消化系统的起始端是口腔，终端是肛门，小肠吸收食物中的大部分营养。

小肠壁上的褶襞具有增加食物吸收面积的作用

盐酸则用于增强胃蛋白酶的作用，并杀死细菌。然后食物进入小肠的第一部分——十二指肠。

在十二指肠中，小肠壁和胰腺分泌更多的酶（加快食物分解的化学物质）来消化食物。唾液淀粉酶将淀粉分解成一种糖——麦芽糖，胰蛋白酶和胰凝乳蛋白酶将蛋白质分解为更小的分子。十二指肠只吸收一部分食物，小肠后部的回肠吸收大部分的食物。在回肠中，糖分转化为更小的形式，蛋白质被分解为氨基酸。小肠的褶襞以及小肠上的微小突起——绒毛具有增加食物吸收的作用，其上分布着丰富的毛细血管，已消化的蛋白质和碳水化合物经过小肠壁进入血液。

经过小肠的消化后，食物中的大部分有用物质已经被人体吸收。含有黏液和消化液的食物残渣进入大肠，大肠的结肠部位会重新吸收食物残渣中的水分。剩余的废物形成粪便，移动到消化道的终端——直肠，粪便在直肠内短暂停留后经肛门排出体外。

蠕动的作用

在消化系统中，食物通过蠕动向前移动。例如，通过平滑肌的收缩和舒张，食物从食管进入胃部。

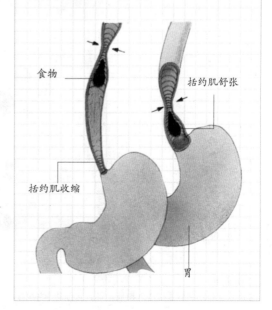

食物

括约肌舒张

括约肌收缩

胃

什么是内分泌系统

内分泌腺分泌的化学物质辅助维持人体的正常功能。有的腺体直接将分泌物通过导管输送到体表，另一些腺体则分泌激素，直接进入血液。

人体内有两类腺体，我们可以根据分泌物输送路径的不同而区分这两类腺体。

外分泌腺通过微小的导管释放它们的分泌物。如汗腺（分泌汗液降低体表温度）、唾液腺（分泌口腔中的唾液）和泪腺（起到清洗眼睛的作用）都是外分泌腺。胃壁和肠壁上都分布有此类腺体，这些腺体分泌的酶进入消化道，加强消化功能。

人体内的另一种腺体是内分泌腺。内分泌腺没有导管，这些腺体的细胞所合成的化学物质——激素，直接进入血液。有时被称为化学信使的激素会通过血液循环输送到体内其他腺体和器官。

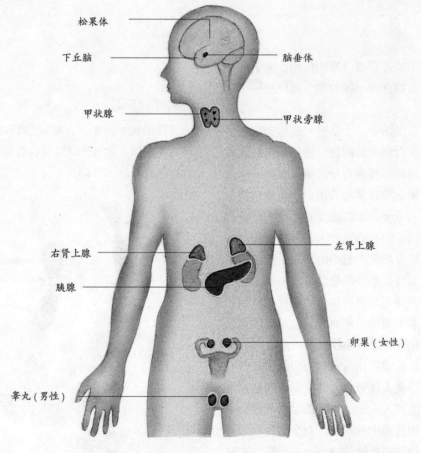

松果体

下丘脑

脑垂体

甲状腺

甲状旁腺

右肾上腺

左肾上腺

胰腺

卵巢（女性）

睾丸（男性）

内分泌腺

内分泌腺的分泌物直接进入血液循环，合成化学物质，即激素。上图表明了人体内的主要内分泌腺。

激素控制系统

在一种激素激发细胞作出预期反应后，这种激素就会停止作用，直到人体再次需要这种激素。这个过程是这样实现的：下丘脑分泌的激素（图1），激发脑垂体分泌某种激素（图2）。脑垂体所分泌的激素通过血液循环到达目标腺体，激发目标腺体分泌另一种激素（图3），血液循环再将这种激素运

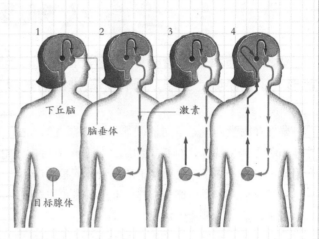

送到所需部位。此激素的一部分会到达下丘脑，使原先激发脑垂体的激素停止作用（图4）。

激素的功能

激素用于控制人体内各种功能的活动，每种激素控制一项具体的活动或过程。比如说，松果体控制人的情绪和睡眠。

垂体控制着许多其他腺体的活动，因此常常被视为最重要的腺体，它的活动处于丘脑的控制之下。垂体分泌的激素控制肾脏的功能、人体的生长发育以及性腺的活动。其中性腺指的是男性的睾丸和女性的卵巢。在青春期，性腺分泌性激素，促进男女性成熟，为人类繁衍后代做好准备。垂体还控制着人体的肤色，随着阳光强度的变化，垂体激活人体内的黑素细胞，从而产生黑色素。甲状腺同样受到垂体的控制，它所分泌的甲状腺素控制着细胞对能量的利用，如甲状旁腺素控制着体内钙的代谢，维持骨骼的力量。

垂体还影响肾上腺的功能。肾上腺分泌两种激素：肾上腺素和去甲肾上腺素。这两种激素控制精神紧张时人体的反应，并为人体的紧急行动做好准备，肾上腺还起着协调人体生长发育和新陈代谢的作用。

战斗还是逃跑？
在某些情况下，例如人们恐惧或气愤时，大脑会向垂体发送一条信息，激发肾上腺分泌肾上腺素，人体随之发生变化，肌肉会做好准备帮助人们战斗或逃跑。

生命从哪里来

人的生命起始于受精卵。当单个精子的细胞核和卵子的细胞核结合时，就形成了受精卵。卵子从母体卵巢排出的过程称为排卵过程。

睾丸在阴囊内，是一对椭圆形器官。睾丸的主要生理功能是产生精子和睾丸激素。男性体内每天产生约3亿个精子细胞，精子形成后进入附睾，附睾是一根蜷曲的导管，精子在附睾中成熟并储存，之后精子离开人体或被分解。

精子很小，长约60微米，只有用显微镜才能看到。精子的形状似蝌蚪，有长尾，能游动。一个精子就是一个雄性生殖细胞。

卵巢每个月排出一个卵子，这个过程就称为排卵过程。卵子经过输卵管到达子宫，在这个过程中，卵子周围的数千个细胞通过纤毛的运动将卵子推向子宫。

染色体数

精子和卵子上的遗传物质运载着遗传信息，这些遗传信息决定了后代的特征。除精子和卵子外，人体内的所有细胞都含有23对染色体。精子和卵子中各含有23条染色体，在卵子受精后，染色体结合成为23对，形成一套完整的染色体。

生殖器官

左图是男性生殖器官的侧面图，右图是女性生殖器官的正面图。

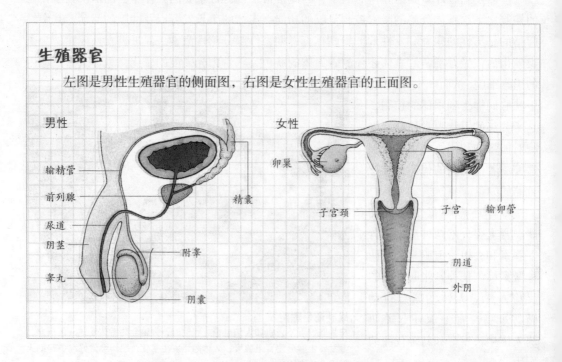

受精

未受精的卵子被精子包围。上图：只有一个精子可以
使卵子受精。中图：原先包围卵子的积细胞脱落。下图：
精子的细胞核和卵子的细胞核结合，形成胚胎。

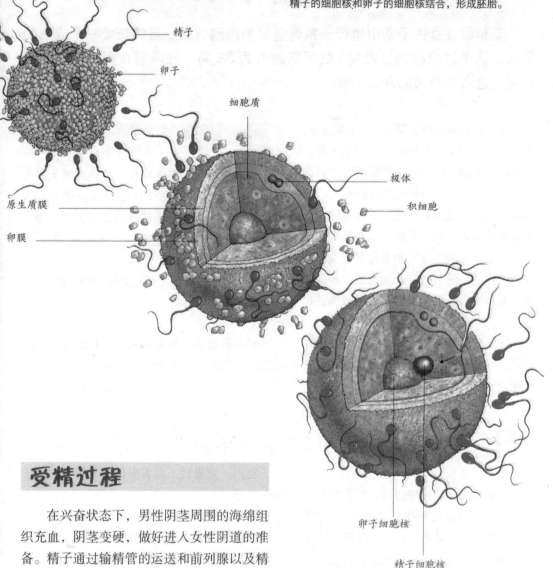

精子

卵子

细胞质

极体

积细胞

原生质膜

卵膜

卵子细胞核

精子细胞核

受精过程

　　在兴奋状态下，男性阴茎周围的海绵组
织充血，阴茎变硬，做好进入女性阴道的准
备。精子通过输精管的运送和前列腺以及精
囊的分泌物混合，成为精液。

　　尿道一次射出（通过肌肉的收缩）的精
液约4毫升，其中含有近3亿个精子细胞。
精子首先到达子宫的底部，然后通过摆动鞭
毛向上游过输卵管，最终接近卵子，通常只有几百个精子能到达卵子的位置。精子和卵子
接触后，卵子立即被精子所包围。如果某个精子能够成功穿越卵子的外层，这个精子的细
胞核就可能会和卵子的细胞核结合，成功受精。

人的孕育和出生

受精卵在女性子宫中进行一系列重复的细胞分裂，最终长成一个成形的婴儿，这个过程称为妊娠期，妊娠期通常为 38 周。妊娠前 8 周的婴儿称为胚胎，之后则称为胎儿。

卵子在输卵管内受精后，开始细胞分裂，大约一周以后，胚胎从输卵管到达子宫，胚胎开始分泌酶，使子宫内膜脱落，然后进入子宫的空心，这个过程称为胚胎植入。胚胎植入之后，胎盘开始形成。胎盘为胎儿的生长发育提供氧气和营养物质，并处理胎儿发育过程中产生的废物。胎盘还起着隔离有害物质的作用。随后脐带开始形成，脐带连接着胎儿和胎盘，胎儿通过脐带从母体获得营养物质。

知识库

● 女性发育成熟后，月经周期大约为 28 天，此间卵子在卵巢中形成并到达子宫，为受孕做好准备。如果卵子没有受精，则子宫内膜脱落，使经血流出，这就是一次月经。

● 子宫肌肉是人体最有力的肌肉。

胚胎的脊柱形成在妊娠期的第 3 周末，胚胎的心脏通常在妊娠的第 4 周开始跳动，此时可以观察到肺部和肝脏。妊娠第 8 周后的胚胎称为胎儿，胎儿有手指和脚趾，并且开始会移动。

胎儿的发育

胎儿出生前在羊膜内生长发育，羊膜位于子宫内，呈囊状，起着保护胎儿的作用。羊膜内充满羊水，起缓冲作用，防止婴儿受到伤害。

在妊娠的前几个月，胎儿的四肢和器官正在发育，胎儿极易受到传染性疾病的侵袭。例如，德国麻疹是胎儿在这个时期容易感染的疾病之一，它会导致耳聋和心脏缺陷。此外，酒精和烟草中的有害物质也会伤害胎儿。

在妊娠第 12 周，胎儿的内部器官已经发育完成，手指和脚趾上的指甲清晰可见。在妊娠第 16 周，可以观察到胎儿的外生殖器。随后胎儿持续稳定生长，在妊娠期 32 周左右胎儿在子宫内转变为头朝下的位置。

分娩

当胎儿准备出生时，母体开始分泌激素，做好分娩准备。首先子宫的肌肉开始收缩，这是分娩的起始阶段，然后子宫颈变宽，以便于胎儿通过，羊膜也开始破裂。子宫的收缩更加强烈，将胎儿的头部推出体外。胎儿脱离母体后，脐带被马上切断。分娩之后，胎儿靠母乳或其他奶类喂养，母乳中的成分有利于胎儿抵抗疾病。

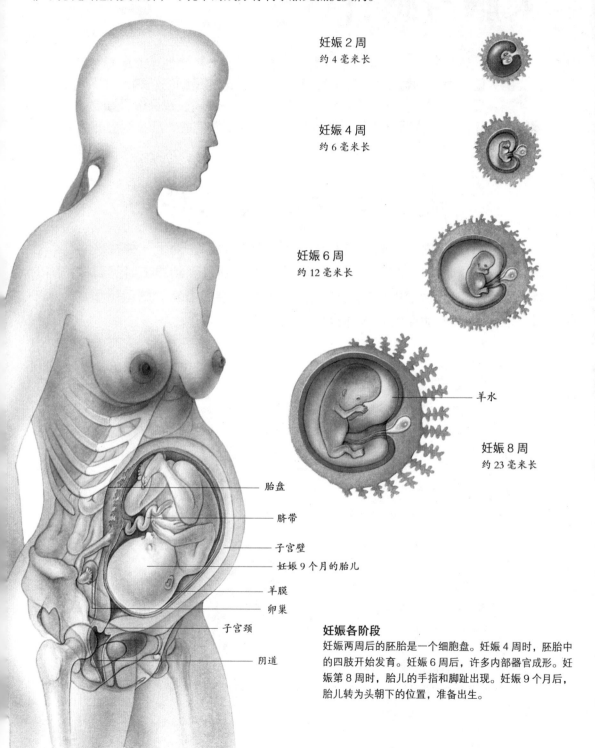

妊娠 2 周
约 4 毫米长

妊娠 4 周
约 6 毫米长

妊娠 6 周
约 12 毫米长

羊水

妊娠 8 周
约 23 毫米长

胎盘

脐带

子宫壁

妊娠 9 个月的胎儿

羊膜

卵巢

子宫颈

阴道

妊娠各阶段
妊娠两周后的胚胎是一个细胞盘。妊娠 4 周时，胚胎中的四肢开始发育。妊娠 6 周后，许多内部器官成形。妊娠第 8 周时，胎儿的手指和脚趾出现。妊娠 9 个月后，胎儿转为头朝下的位置，准备出生。

大脑与感官

脑是人体内最大的器官，也是最复杂的器官。人类是地球上最聪明的生物，人类的大脑是所有动物中最发达的。本章所要讨论的是脑的结构，并深入阐述脑的功能。还将介绍一些与人脑密切相关的器官——眼睛、耳朵以及嗅觉、味觉等器官。人体通过这些器官认知周围世界，为大脑提供信息，产生相应的活动。

大脑的构造是怎样的

脑位于颅腔内，它受脑膜和厚厚的颅骨的保护，处于一种特殊的营养性液体——脑脊液中。脑脊液具有缓冲作用，在颅骨受到冲击时起到保护脑的作用。脑是神经系统的中枢，也是人体内最复杂的器官。脑虽然重约 1.3 千克，但所消耗的能量约占人体全部能量的 20%。

人脑内包含数亿个神经元（神经细胞）和神经胶质细胞，神经胶质细胞起着支撑和保护神经元的作用。

人脑主要包含 3 部分：大脑约占人脑总重的 90%，是脑中最大的部分，大脑的外层是大脑皮层，大脑皮层上的褶皱所形成的凸起叫做"回"，凹槽叫做"沟"，每个人大脑皮

脑部受到的保护

脑部这个精密的器官受到 1 层脑骨胳（即颅骨）和 3 层膜（即脑膜）的保护。脑脊液处于脑膜的中间层和内层之间，当头部受到外伤时，脑脊液起到缓冲作用。此外，脑脊液中含有丰富的葡萄糖和蛋白质，为脑细胞提供能量。脑脊液中还含有淋巴细胞，帮助脑抵御病菌的感染。脑脊液在脑和脊柱之间流动，并流经脑部的 4 个腔——脑室。

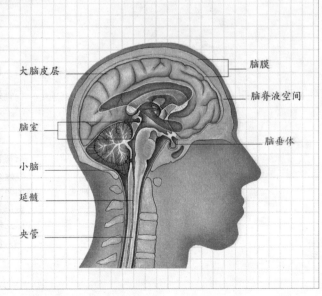

层的褶皱都不完全相同，组成大脑皮层的神经元叫做灰质，灰质的下面则是白质，白质大多是由长长的神经束或轴突组成（见第23页）。大脑是由左、右两个大脑半球组成，这两个脑半球通过神经纤维相联系。每个脑半球根据其上的裂纹可分为4部分：枕叶、颞叶、顶叶和额叶。

脑的第 2 大部分是小脑，小脑位于大脑的边缘。小脑的形状像是一只合上翅膀的蝴蝶，在中心区两侧各有一个小脑半球。小脑的表面是灰质，灰质形成脊状薄层。位于灰质下面的是树枝状的白质，白质中包含有更多的灰质，它们的功能是将信息传递到脊柱和脑的其他部位。

脑的第 3 部分是脑干。脑干包括延髓、桥脑、中脑，并向下延伸到脊髓。脑干的神经细胞起着联系脊髓和脑各部位的作用。

通过观察大脑的切面图，可以看到大脑的其他部位。脑干上方是球状丘脑，丘脑负责传播大脑皮层从脊髓、脑干、小脑和大脑其他部位所接收的信息。下丘脑很小，靠近脑的底部，它在激素的释放过程中起着重要的作用。另一个部位是扁桃核，它控制着人体内的一些基本功能。尾状核辅助人体的运动。在大脑底部观察到的连接大脑两半球的神经纤维称为胼胝体。

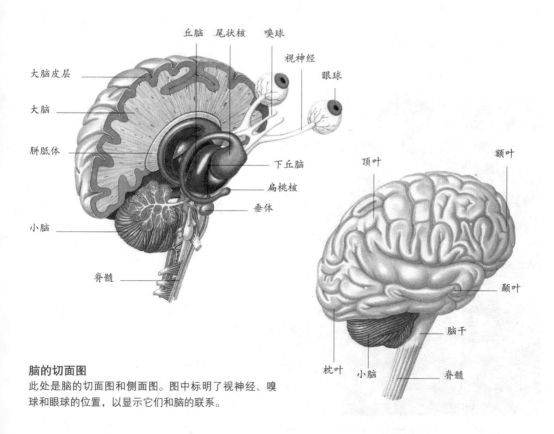

脑的切面图
此处是脑的切面图和侧面图。图中标明了视神经、嗅球和眼球的位置，以显示它们和脑的联系。

大脑怎样工作

　　我们清醒时，人脑从眼睛、耳朵以及触觉、味觉和嗅觉器官接收大量的信息。脑随之对这些信息迅速地进行分类，并运用它们来控制我们的思考和行动。除这种有意识的活动外，脑还在无意识中控制着人体生理系统的正常功能，维持生命的最佳状态。

　　人脑常常被比做一台复杂的电脑，它发出命令，对信息进行处理和储存，并为我们提供思考所需的信息。与此同时，脑还可以思考下一步行动，发出信号指令，使肌肉收缩，四肢运动，以达成这一行动。我们还可以在同一时间内进行谈话这样复杂的活动。此外，脑对已经发生的事件进行记忆储存，使我们在以后可以回忆起这些事件。脑还执行着许多无意识的活动，诸如保持心脏跳动或监控人体内其他过程。

　　脑的各个部分有着不同的功能，它们受到脑的统一协调，常常彼此联系。

　　大脑执行比较高级的脑力活动，诸如学习、记忆和推理。大脑的4个区各自执行一项特殊的脑力活动。靠近前额的额叶控制判断、思考和推理。额叶后面的区域控制言语。位于大脑两端的顶叶对所接收到的触觉、温度以及疼痛方面的信息进行处理。颞叶则负责听觉，并且和记忆储存有关。颞叶附近分布着负责味觉和嗅觉的细胞。位于大脑后端的枕叶控制视觉。

　　大脑的这4个区和大脑皮层上的联合区相互作用。联合区对信息进行加工后，将其传递到脑的其他部位，并且在智力发展过程中起着重要的作用。

　　小脑主要的功能是维持人体平衡，并协调肌肉运动。例如，人的行走离不开小脑的协调。脑干是脑的第3部分，其中有若干个控制中心，它们控制着呼吸、心率、血压和消化，对于维持生命至关重要。此外，它们还控制着人体内的一些反射活动，例如呕吐。脑干还负责清醒和睡眠。

战斗中的飞行员
在脑中数百万个神经通路的作用下，这位飞行员可以驾驭飞机，察看各种仪器，同其他飞行员进行交谈，并思考下一步的行动。

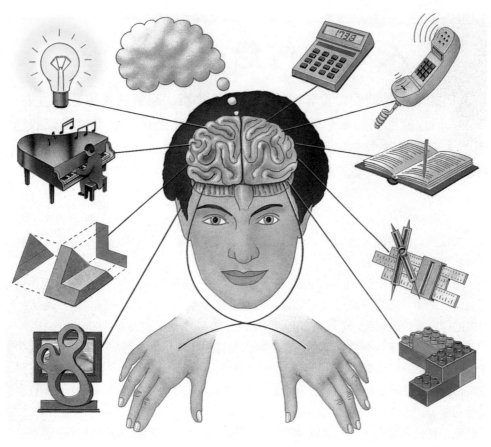

脑半球的分工
我们的逻辑思考和创造性活动分别由不同的脑半球控制。脑的左半球控制我们对数字、语言和技术的理解；脑的右半球控制我们对形状、运动和艺术的理解。

反射活动

　　人体在受到某些刺激时，需要迅速做出反应，才能使人体免受伤害。在这种情况下，信息来不及传导到脑部，而是传导到脊髓，这就是反射活动。例如，当人踩到钉子时，感受神经元将这个信息传导到脊髓，脊髓和运动神经元相连，直接将信息传导到腿部肌肉，使肌肉收缩。反射完成之后，脑部才接收到这次信息。

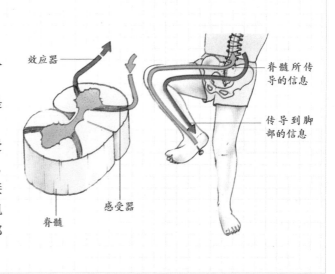

效应器

脊髓所传导的信息

传导到脚部的信息

脊髓

感受器

人们为何能记忆往事

人们能够生动地回忆童年时发生的一件小事，尽管这件事已经过去了很多年。人们也能回忆起某个梦境，哪怕他在现实生活中从未有过类似的经历。然而，人们又往往会忘记几个小时前拨打的那个电话号码或某个人的名字。这些只不过是展示人类记忆的神奇以及记忆工作方式的几个常见的例子。

人脑能够储存过去曾经发生过的事件，在之后回忆起这些事件，并且运用这些信息完成具体的任务，这种能力称为记忆。记忆是一个极其复杂的储存系统，常常需要许多活动的参与和协作。

记忆主要分为 3 种类型。第一种为感官性记忆，这是我们认识世界的一种方式。例如，我们对声音的辨认便属于感官性记忆，我们通过倾听他人的发音来理解言语。由感官性记忆得来的印象被传递到记忆系统的其他两个部分，即短期记忆和长期记忆。

当我们进行数字运算这样简单的任务时，所运用的记忆便是短期记忆。要完成这个运算任务，我们必须回忆起足够长的数字。研究表明，短期记忆分为 3 个阶段：语音环路（储存语言信息以备计算之用）、视觉空间缓冲器（帮助我们处理视觉形象）和中央执行器（控制其他功能）。

长期记忆是对信息进行长时间甚至是永久性的储存。它包括两部分，其中语义记忆针对常识性的事实，例如"狗"一词的含义；情境记忆则用来保存你刚才所做事情的经验。

记忆的储存

脑的不同部位对不同的感官体验做出解释。例如，脑的某一部分负责辨认面容，而另一部分则负责辨认物体。脑中处理某个意象的场所很可能也是相关记忆储存的场所。也就是说，脑中并没有专门储存记忆的部位。

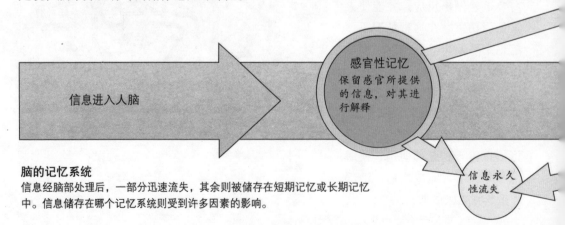

信息进入人脑

感官性记忆
保留感官所提供的信息，对其进行解释

信息永久性流失

脑的记忆系统
信息经脑部处理后，一部分迅速流失，其余则被储存在短期记忆或长期记忆中。信息储存在哪个记忆系统则受到许多因素的影响。

当脑储存某些记忆时，负责处理信息的神经元发生相应变化。如果这个事件储存在短期记忆中，神经元所发生的变化是暂时性的生化变化。如果这个事件储存在长期记忆中，那么相关神经元的蛋白质组成会发生较为持久的变化。事件被储存在长期记忆中的这一过程称为巩固过程。事件要通过某种方式被强化，例如重复，或是在其他重要事件之间产生联想，才能储存在长期记忆中。

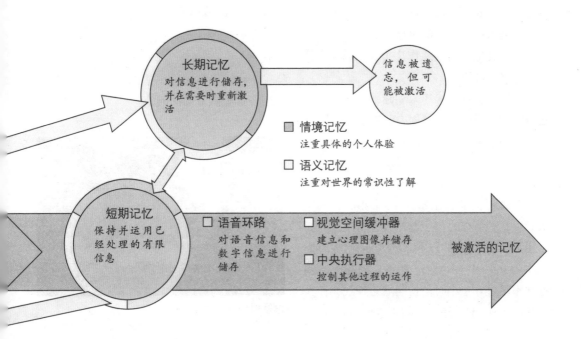

记忆力测验

用 1 分钟观察上图中的物体，并努力记住它们。现在合上书，尽可能多地写下你能回忆起的物体名称。这个练习可以测验你的短期记忆能力。然后分别在 1 小时之后、1 天之后和 1 周之后检查有多少物体储存在你的长期记忆中。

长期记忆
对信息进行储存，并在需要时重新激活

信息被遗忘，但可能被激活

☐ 情境记忆
注重具体的个人体验

☐ 语义记忆
注重对世界的常识性了解

短期记忆
保持并运用已经处理的有限信息

☐ 语音环路
对语音信息和数字信息进行储存

☐ 视觉空间缓冲器
建立心理图像并储存

☐ 中央执行器
控制其他过程的运作

被激活的记忆

你睡得好吗

在我们的一生中 1/3 左右的时间是用来睡眠的，正常的睡眠是人类 24 小时活动周期中不可缺少的一部分。睡眠能使身体得到休息，并且使大脑恢复精力。在睡眠中，人体防御系统有效地进行着细胞和组织的修复，并抵抗疾病。此外，在睡眠中，我们的潜意识十分活跃，大脑活动随之发生相应变化。

人类和其他哺乳动物一样，都有两种睡眠。一种是快速眼动睡眠（夜间做梦时眼球快速而细微地移动。又称眼球速动期），双眼在闭合的眼睑后快速运动，在这段期间人们会做梦，大脑活动最为频繁。另一种睡眠中没有快速眼动，人们夜间的睡眠大部分是这一种，其间也规律性地穿插着短期快速眼动睡眠。在睡眠的不同阶段，脑电波的模式不同，人体内生理过程和肌肉活动也发生相应变化。

睡眠的原因

目前，我们尚未完全了解睡眠的原因，不过人们普遍认为，睡眠期间活动较少，人体可以得到休息，恢复精力。婴儿和青少年睡眠时间较长，因为这都是身体发育最快的时期。病人的睡眠时间也比较长，人体的修复系统在此期间与疾病作斗争，从而使身体恢复到健康状态。

人们还认为，快速眼动睡眠在大脑学习过程和记忆模式形成过程中起着一定作用。

我们每天的睡眠时间平均为 8 小时。不同年龄段的人的睡眠时间显著不同；即使年龄相同的人，睡眠时间也有细微差别。新生儿的睡眠时间通常是每天 16 个小时，甚至更长。1 岁左右的孩子睡眠时间是 13 ~ 14 个小时。在 5 岁到 15 岁，青少年睡眠时间减少为 9 ~ 10 个小时。老年人的睡眠时间通常不超过 6 个小时。长期缺乏睡眠会使人迟钝，能力降低，还会影响正常情绪和行为。

压力过大、疾病和不规律的生活都会导致失眠症，失眠症患者不能正常入睡。嗜睡

知识库

● 睡眠规律被打乱的人平均得病率较高，例如值夜班的工人。
● 医学上将长期入睡困难称为失眠症。
● 每年有超过一千万的美国人向医生咨询睡眠方面的问题。

睡眠时间
不同年龄的人所需的睡眠时间也不同。人们通常在年少时睡眠时间较长，年长时睡眠时间较短。1 岁左右的幼童每天需要 13 ~ 14 个小时的睡眠时间。

症也是睡眠方面的主要问题，这种患者常常睡眠过度。

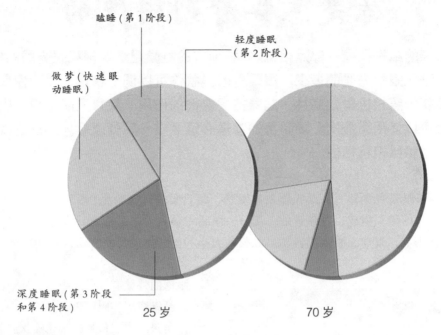

年龄对睡眠的影响
这两幅图显示了人在 25 岁和 70 岁时睡眠模式的区别。人在 70 岁时的深度睡眠时间（第 3 阶段和第 4 阶段）约是 25 岁时的 1/4，而瞌睡或清醒时间（第 1 阶段）约是 25 岁时的 4 倍。老年人做梦的时间也比较短。二者轻度睡眠时间（第 2 阶段）差别不大。

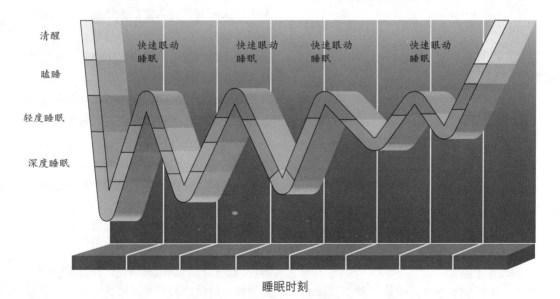

睡眠模式
正常的睡眠模式包括规律性的起伏。睡眠过程中轻度睡眠和深度睡眠多次交替往复。随着睡眠时间的增加，深度睡眠程度减弱。在快速眼动睡眠时，人体的呼吸和心率减弱。在深度睡眠时，肌肉活动最少，心率和血压也降至最低点。

你是怎样看到图像的

　　眼睛的结构很像一部照相机。眼睛前方的虹膜起着照相机里光圈的作用，调节着进入眼的光线的多少。眼睛里的晶状体可以调节物像，使物像聚焦。视网膜就像照相机里的底片，起着捕捉物像的作用。底片只能使用一次，视网膜却可以使用无数次。眼睛里的物像必须经过一定处理后才能形成视觉，这一点也和照相机相似。

　　人的双眼是视觉器官，对光线最为敏感。每只眼的直径约为 2.5 厘米。眼睛位于眼眶内，眼眶由骨头组成，是颅骨的一部分。眼睛中分布着丰富的血管和神经。在不同肌肉群的作用下，眼球在眼眶内转动。虹膜的大小和晶状体的形状在肌肉的作用下也会发生改变。

知识库

- 每只眼中都分布着约 1.25 亿个柱状细胞和约 700 万个锥状细胞。
- 人眼可以分辨 1000 多万种不同的颜色。
- 眼泪有杀菌作用，可以保护眼睛不受感染。

瞳孔的大小

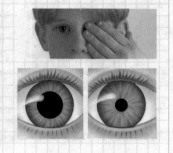

　　瞳孔会根据进入眼睛的光线自动调节大小。对着镜子，用手捂着眼睛几秒钟，然后把手拿开，你将会看到，在光线突然加强的情况下，瞳孔迅速变小。

　　眼球的外壁有 3 层组织。最外层的巩膜是一层纤维组织。眼睛正前方的一层透明组织叫做角膜。中层包括虹膜、睫状肌和脉络膜。虹膜上分布着色素，决定了眼珠的颜色。虹膜包围着瞳孔，起着光圈的作用，光线由此进入眼球。虹膜内的平滑肌控制着瞳孔的大小，从而调节进入眼的光线的多少。睫状肌的活动可以改变晶状体的形状，使物像聚焦并落在视网膜上。脉络膜中血管丰富，可以为眼球其他部位提供营养。

　　眼球的最内层叫做视网膜。视网膜上分布着感光细胞，通过视神经和大脑相连。

　　视网膜上存在两种不同的感光细胞，一种叫柱状细胞，这种细胞细而薄，能够感受暗光的刺激，在夜间起着极为重要的作用。另一种锥状细胞对强光敏感，一端较细，另一端较粗。柱状细胞遍布视网膜；锥状细胞只分布在视网膜内的黄斑上。由于感光细胞的作用，我们能够识别颜色，并且清晰地看到物体。柱状细胞对光线极为敏感，一旦眼睛适应了黑暗，就可以看到 8 千米之外的烛光。

眼受到的保护

眼周围的眼眶是颅骨的一部分，对眼睛起保护作用。此外，眉毛、睫毛和眼睑可以减少外力对眼球的冲击，将灰尘和其他有害异物屏蔽在眼睛之外。泪腺所分泌的泪液可以清洗角膜和结膜（眼睑内部），帮助杀灭细菌。

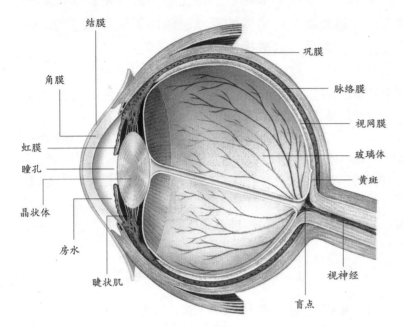

结膜
巩膜
角膜
脉络膜
视网膜
虹膜
玻璃体
瞳孔
黄斑
晶状体
房水
视神经
睫状肌
盲点

眼的构造

这是人眼的切面图。晶状体将眼球分为两部分，晶状体前面的液体称为房水；晶状体后面充满一种胶冻状液体，称为玻璃体。光线通过角膜、房水、晶状体和玻璃体进入眼球，然后聚焦落在视网膜上。眼球由视神经直接和大脑相连。

盲点

闭上左眼，盯着这个十字。将书拿到一臂距离之外，然后将书拉近眼睛。当书移到一定位置时，你会发现圆点消失了，这是因为圆点聚焦落在了"盲点"上（盲点是视网膜内没有感光细胞分布的部分）。

视网膜成像

当外界物体的光线经过角膜和晶状体时，光线发生折射，物体的倒像落在视网膜上（感光胶片成像的过程与此相同）。脑部视觉皮层再次将物像倒置，所以我们最终看到的物体处于正常位置。

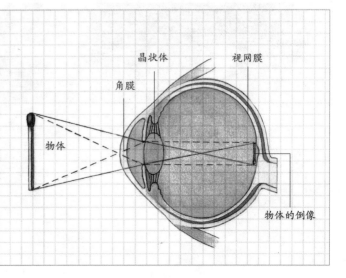

晶状体
视网膜
角膜
物体
物体的倒像

视觉是怎样形成的

当我们观看物体时，物体反射的光线通过眼球到达后方的视网膜，刺激视网膜上的数百万个感光细胞，从而形成物像。感光细胞的作用就像电路开关，遇到光线就开始工作。感光细胞将物体的形状、颜色等信息迅速传递到脑部，脑部对该信息进行解析之后，形成视觉。

物体反射的光线首先到达眼睛，这是视觉的第 1 阶段，然后光线经过瞳孔，瞳孔对进入眼睛的光线进行调节。光线通过晶状体时发生折射（弯曲），我们所观看的物体聚焦落在视网膜上。晶状体有一定弹性，它的凸度会因睫状肌的收缩和放松发生改变，这样近处和远处物体的物像都能聚焦在视网膜上，这个过程称为视觉调节。晶状体一次只能聚焦一个物体，所以当我们从不同距离观察同一物体时，晶状体的凸度会发生细微变化，以便使物体在视网膜上聚焦成像。当我们观察桌子上距离不同的物体时，这种效果尤为明显，虽然我们能看得到所有物体，但是只有我们直接观看的那个物体是显眼的。

视网膜

光波穿越晶状体后，作用于视网膜上感光的柱状细胞和锥状细胞。光波中的能量能激活感光细胞，柱状细胞对光亮、黑暗和运动有反应，锥状细胞能够精确地辨别颜色。视网膜的不同部位对光的敏感程度不同，其中位于黄斑中心的黄点上的锥状细胞分布最为密集，所以这个位置聚焦成像的效果最明显。视网膜周边的部位则为我们提供周边视觉。

柱状细胞和锥状细胞被激活之后，产生电信号并通过神经元传导。视网膜上的神经细

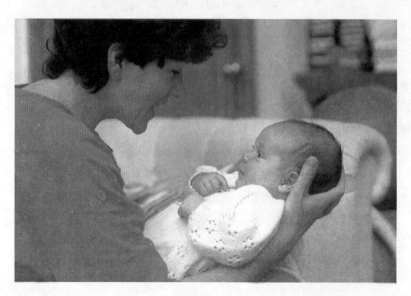

双眼单视功能
左右眼的视野有轻微差别，二者在中间位置交叉，所以两眼能够同时集中看一个目标，这就是双眼单视功能。因为眼睛具有这种功能，所以这位母亲和婴儿才能估测出两人之间的距离。

视束交叉

　　双眼的视神经汇集之处称为视束交叉。所有视神经在这里一分为二，左眼视神经的内半侧进入大脑右半球；右眼视神经的内半侧进入大脑左半球。双眼左侧视野的信息都进入左半球，双眼右侧视野的信息都进入右半球，这种构造有利于形成清晰的三维图像。

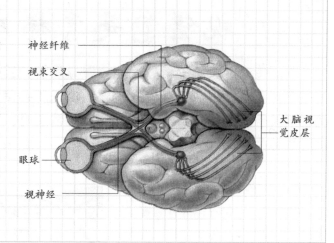

神经纤维

视束交叉

眼球

视神经

大脑视觉皮层

胞在盲点会合形成纤维束，称为视神经，视神经和脑部相连。视神经到达脑部后，在视束交叉（见上图）处分开。

视觉皮层

　　神经冲动到达脑部后，传入视觉皮层。视觉皮层将神经冲动转变为心理图像，形成视觉。视觉皮层的各个部分对脑部接收到的心肌进行解析，其中有些部分负责分析形状和亮度，有些部分和图案辨认有关。

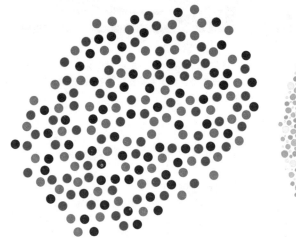

颜色的差异
当你在正常距离观看此图时，你可以清晰分辨出红点、蓝点和黑点。现在将书拿远一些，你会发现红点依然醒目，但是蓝点和黑点不太容易区分。因为视网膜上对蓝光敏感的锥状细胞分布较少，所以人眼不易分辨出远处的蓝色。

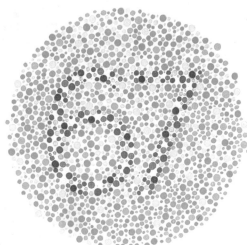

色盲
你能从上图的圆点中看出数字67吗？如果你看不出来，那么你很可能是红绿色盲。色盲十分常见，约4%的人群患有色盲。因为常人有三组锥状细胞，而色盲患者只有两组，所以他们不能分辨某些颜色。

视错觉是怎样产生的

眼球传递给大脑的信息可能会误导我们。有时我们以为看到了某个物体，其实它并不在那里；有些令人费解的信息还会使大脑迷惑。此外，当大脑没有收到关于某个物体或某个图片的足够信息时，也会做出错误的判断。这些情形统称为视错觉。

有些图片会导致视错觉，这种图片很有趣，也很有挑战性。视错觉的产生和大脑处理视觉信息的方式有关，它是有规律可循的。这些图片种类多样，以下列出的 5 张图片分别以不同的方式为大脑设置了视力陷阱。有趣的是，每个人受视错觉影响的程度不同。

视错觉的产生

大脑在过去判断的经验中形成定势。例如，我们能从简单的几笔中看出人形，因为大脑中储存有丰富的相关线索会自动填充空白。但是，有时大脑会对视觉信息做出错误的解释。在有些情况下，大脑没有接收到足够的信息，或者受到了其他信息的迷惑和误导，就会产生视错觉。

螺旋陷阱
观察这个螺旋，你会发现你找不到它的中心。事实上，图中并没有螺旋，只有一系列的圆，但是大脑受到背景图案的误导，错误地将这些圆叠加在一起。

有些视错觉的产生是由于大脑没有将图像和背景分离开来。另外一些视错觉的产生

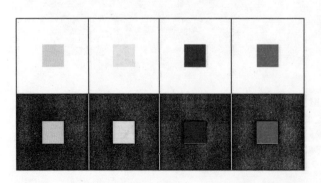

颜色的作用
4 种颜色不同的正方形分别分布在黑色背景和白色背景中。比较颜色相同的 2 个正方形，它们的亮度有差别吗？事实上，这 2 个正方形的亮度是一样的，但是你的大脑受到背景色以及正方形本身颜色的影响，会觉得黑色背景中的那一个正方形亮度高。

是因为大脑将若干图像混合在一起，形成了某个不存在的物体的图像。还有一种情况是图片的某一部分对大脑影响很深，以至于大脑对该图片的其他部分做出了错误的判断或解释。

哪一个更高？
比较左图中地面到屋顶的高度和右图中地面到天花板的高度，哪一个更高？然后亲自测量一下。

神奇的点
观察上面这些蓝色正方形，你会看到角落里闪动着灰色的小正方形，这种情形在你视野边缘尤为突出。这种灰色小正方形是大脑将光和视网膜上的黑色影像混合的结果。

这幅图片中分布着 18 个海洋生物，它们通过伪装来隐藏自己。你能把它们全部找出来吗？在自然界中，某些动物通过模拟其他生物的形态来躲避天敌。

你怎样听到声音

　　耳朵是听觉器官，空气振动形成声波，然后声波对耳朵中的接收器产生刺激。接收器将神经冲动传递到大脑，形成听觉。耳朵的其他部位起着维持人体平衡的作用。我们的听力在 10 岁左右达到最高点，随后开始逐渐减弱。

　　耳朵是人体重要的感觉器官之一，它和其他感觉器官一同为大脑提供我们周边环境的信息。声音到达双耳的时间不同，这个细微的时间差可以使我们准确地判断声音的来源。耳朵在人际交流过程中的作用尤为重要，因为我们必须通过耳朵才能听到他人的言语。

钢琴调音
这位调音师运用他的双耳认真倾听每个琴键发出音高的细微差别，他正在用一种特制的工具给钢琴调音。

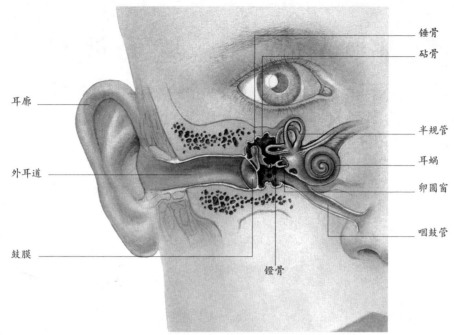

耳的构造
人耳分为 3 部分：外耳、中耳和内耳。鼓膜在两端气压相同情况下才能自由振动。空气通过和咽喉相连的咽鼓管到达鼓膜内侧，当咽喉因感冒等原因充血时，人的听力也会随之减弱。

听觉功能

　　耳廓位于耳朵的外围，负责收集声波，声波经由外耳道传入中耳。鼓膜位于外耳道的最内端，是一层组织壁。声波传到鼓膜后，鼓膜开始振动，并将振动传递到中耳。中耳内有 3 块小听骨，分别叫做锤骨、砧骨和镫骨，它们可将振动扩大约 20 倍。锤骨的一段和鼓膜相连，另一端和砧骨相连。

　　砧骨末段和镫骨相连；镫骨末段是一层叫做卵圆窗的薄膜。

　　鼓膜的振动引起中耳小听骨的振动，从而将声波传入内耳。耳蜗位于内耳中，充满着淋巴液。耳蜗上分布着对声波敏感的毛细胞，毛细胞在受到刺激时会将声波转变为神经冲动，听神经将神经冲动传导到大脑，产生听觉。

　　人耳能听到的声波范围极广，从每秒振动 20 次到每秒振动 2 万次。相对比较，狗的听力范围更为广泛，它们能听到的声波范围是每秒振动 15 次 ~ 5 万次。

维持人体平衡

　　内耳中还有一种器官，叫做半规管。半规管有 3 根，它们互相垂直。人体和头部的转动会引起半规管内淋巴液的振动，形成神经冲动。神经冲动传递到大脑后，大脑做出反应，通过四肢运动来维持平衡。

嗅觉、味觉和触觉面面观

　　嗅觉、味觉和触觉器官的功能类似于人的眼和耳，它们也是将收集到的周边环境信息传送到大脑，以便大脑做出判断并运用这些信息。此外，触觉还会向人们提示人体内部的状况。

　　人体在受到外界物理刺激时会产生视觉、听觉和触觉，在受到化学刺激的情况下才会产生嗅觉和味觉。目前人们在嗅觉和味觉方面所进行的研究相对较少，所以对二者的功能机制的了解并不透彻。

嗅觉

　　人类的嗅觉比味觉更敏锐。人类不仅能够分辨上万种不同的气味，还能发觉危险性的气味，从而避开险境；而且嗅觉还在吸引异性方面起着一定作用；人们还通过嗅觉这种能力享受着日常生活中各种令人愉悦的气味。人们的鼻腔顶端分布着对气味敏感的组织，当气体分子接触该组织时，会对此处的数百万个嗅神经末梢产生刺激，随后嗅神经将刺激传送到脑部底端。脑部在接收到该信息后分辨气味，引起嗅觉。

味觉

　　人们通常所说的味道其实是味觉和嗅觉的混合。人们能分辨的基本味道有4种：酸、甜、苦、咸，这4种基本的味道又能混合出多种味道。味蕾是感受味觉的具体细胞，和味蕾相连的神经负责将信号传送到大脑，产生味觉。舌是主要的味觉器官，舌的不同部位可以感受不同的味道。人体的近万个味蕾分布在舌、上颚、咽和喉等部位，食物必须首先溶解在唾液里而后才能产生味觉。

　　味觉对人类的生存具有重要的意义，当食物中含有腐坏物质（酸味）或有毒物质（苦味）时，即使浓度很低，人们也能够发觉。

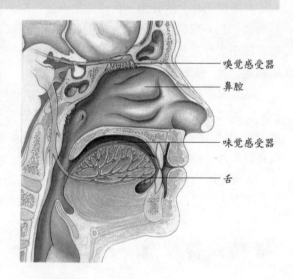

嗅觉感受器
鼻腔
味觉感受器
舌

人的嗅觉
嗅觉和味觉是相互独立的，不过二者都是在人体受到化学刺激时产生的。鼻腔中的感受器探测到空气中有气味的分子之后，和感受器相连的神经末梢负责将信息传递到大脑。

触觉

触觉也是大脑接收周围环境信息的一种途径。人们常常把触觉和令人愉悦的感觉联系在一起。除此之外，触觉还能感受疼痛和冷热程度，这种能力对人类的生存十分重要。皮肤和深层组织中分布着触觉感受器，皮肤接触到的物体会对感受器产生刺激，将信息传送到脊髓。各个触觉感受器外围的保护组织不尽相同，它们在皮下分布的深度也有差别，这两个因素决定了某个神经末梢是否会被轻度抚摸、压力、疼痛、震动和冷热等接触激活。触觉消失很快，所以我们常常感觉不到所穿衣物的重量。大脑还通过触觉了解人体内部环境的状况，例如，人体会通过胃痛告诉大脑消化系统出了问题。

知识库

● 鼻腔中分布着将近 1 亿个嗅觉感受器。

● 舌头能感受到溶液中质量浓度为 0.5mg/L 的某物质的苦味。

● 皮肤上遍布着对触觉敏感的神经末梢，每平方厘米皮肤上约有 1500 个这样的神经末梢。

味蕾

如图所示，舌的不同部位对酸、甜、苦、咸 4 种味道的敏感度不同。你可以将少量的咖啡粉末、糖、柠檬汁和盐分别放在舌的不同部位，感受各个部位所尝到的味道。

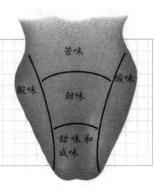

触觉感受器

真皮位于皮肤下层，真皮中的神经末梢负责收集温度、压力和质地等方面的信息，并且能感知疼痛。人的面部和指尖的触觉最灵敏。

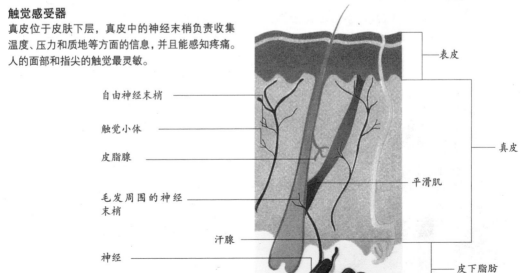

怎样延缓衰老

我们所接受的教育和生活环境会对大脑发育造成什么样的影响？人们衰老之后，感官功能和心智能力会发生什么样的变化？

虽然有一些特征是所有人共有的，但是每个人都有自己独特的人格，每个人都有自己的好恶和思维方式。这种独一无二的人格是如何形成的呢？人们的活泼或羞涩，温和或咄咄逼人都是后天习得的吗？

一些研究者得出的结论是环境在个性形成过程中起着关键性作用。他们认为，儿童所受到的教育决定了他们以后的发展状况。另外一些学者则认为遗传基因决定了每个人的基本人格，人们所受到的教育只不过是强化发展了基本人格某些方面的特征。

人们思维和推理方面的许多能力很可能是遗传的。例如，人们很可能生来便具有数学运算的能力，适当的教育环境会为我们提供充分学习的机会，帮助我们进一步发展这种能力。但是，很多人生来家境贫寒，没有接受正规教育的机会，他们依靠天生的智力、决心和意志也取得了成功，历史上这样的例子比比皆是。我们可以通过努力学习，掌握学习和记忆方法来增加自己的知识储备。

衰老过程

如果我们生活和工作的环境有利于健康，在生病时又能得到及时有效的治疗，那么我们的大脑和感官应该能保持健康的状态。但是，人的所有生理系统都会受到疾病的侵袭，大脑和感官也不例外。随着人体的逐渐衰老，大脑和感官也会衰退。

虽然每个人开始衰老的年龄不尽相同，但是大多数人都是在 55 岁左右开始表现出衰老的迹象。健康的生活方式可以延缓衰老，人们可以通过合理膳食和规律锻炼加速血液流动，使保持身体健康。丰富的活动和广泛的兴趣能使人保持积极的心态，也是延缓衰老的有效方式。

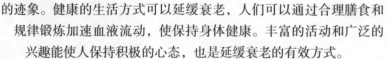

随着人们年龄的增长必然会导致感官功能衰退。近视眼和远视眼多发于 40 ~ 50 岁，因为在这个阶段晶状体调节聚焦的功能减退。人们晚年还常常发生其他较为严重的眼部疾病，诸如白内障（晶状体混浊）和青光眼。此外，味觉和嗅觉减退的现象也很常见。

老年人中常见的脑部疾病有老年痴呆症（丧失记忆）和帕金森综合症（神经系统疾病，能致肌肉无力，四肢颤抖），后者会损害肌肉。

第六章
藏在四季里的科学

春季篇

漫长的冬季终于悄悄地溜走了。白天开始变长，天气开始变暖。憋在屋里过周末的你开始感到需要在户外自由地奔跑了。仔细地观察，你会发现，随着大自然从她持续整个冬季的漫长沉睡中醒来，周围的环境发生了惊人的变化——树枝上冒出新叶，稚嫩的幼芽破土而出，动物们都从冬眠中苏醒，鸟儿开始筑巢……这是一年中多么激动人心的时刻啊！让我们走到户外，尽情地享受这美妙的春天吧！

制作石膏印模

动物们常常在松软的泥地和沙地上留下自己的脚印。给脚印做一个石膏模型，留下永久的记录。石膏干了以后你可以发挥想象，涂上绚丽的色彩。

材料和工具

* 一条卡纸（纸板）
* 曲别针
* 熟石膏
* 水
* 小桶或塑料浴盆
* 调羹
* 小泥铲
* 旧刷子或牙刷

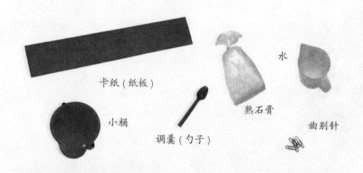

卡纸（纸板）

水

熟石膏

曲别针

小桶

调羹（勺子）

1. 在泥地和沙地上寻找动物留下的脚印。

2. 选择比较清晰的脚印。

3. 用卡纸（纸板）把脚印围起来，用曲别针别好。将一小段卡纸轻轻向下插入泥土中。

4. 接着，调和熟石膏。在小桶中放入少量的水，加入石膏粉，搅拌均匀。

5. 把石膏糊倒入模型中，离开，等待石膏定型。

6. 定型后，用小泥铲把脚印模挖出来，清除掉粘附的土壤和沙子。你或许需要一柄旧刷子或是牙刷来清理细小的缝隙。

追踪蜗牛

花园里的蜗牛们聚成一堆，懒洋洋地睡在一起，这种生活方式被称为群居。它们日复一日地爬回到固定的地点睡觉。

花盆　　石块　　指甲油

材料和工具

* 儿童用可剥落的指甲油
* 花盆
* 小石块

1. 在花园或公园里寻找一窝群居的蜗牛。

2. 你会发现它们在石头、砖头或圆木下聚成一堆。

3. 挑选 10 只蜗牛。在它们的壳上涂一点指甲油。

4. 收集起做好记号的蜗牛，把它们放在附近一个倒扣的花盆下面。在花盆的边沿垫一块石头，以便蜗牛们可以慢吞吞地蠕动出来。第 2 天清晨，看看是否能找到这些蜗牛，它们是不是还在花盆下面呢？

自然小贴士

在你发现这些蜗牛后，要轻轻地把指甲油剥落下来，否则鲜艳的颜色会吸引蜗牛的天敌——鸟类。

喂养鼻涕虫和蜗牛

鼻涕虫和蜗牛可以养在水族箱中。按下面的步骤，你将会学到如何为它们安一个温暖舒适的家。

材料和工具

* 沙砾
* 小水箱或者大的冰激凌盒
* 土壤
* 苔藓和小草
* 小石头、树皮以及干树叶
* 纱布或者编网
* 线绳
* 剪刀

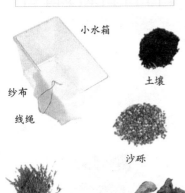

小水箱

纱布

线绳

土壤

沙砾

苔藓

石头、树皮、干树叶

自然小贴士

把你的蜗牛们养在阴凉的地方。给它们喂少量的早餐麦片（糖不要太多）、小片的蔬菜和水果。需要的时候再放一些新鲜的青草和绿叶。

1. 在小水箱或者其他容器的底部铺一层沙砾。

2. 在沙砾上盖一层土。

3. 在土壤中种上小块的苔藓和小草。放入石块、树皮和干树叶。向水箱中淋水，直到土壤变得潮湿。

4. 放几只蜗牛和鼻涕虫，用纱布或编网盖在箱口。用线绳扎好箱口，盖上盖子也行。但要保证箱口留有较多的气孔。

饲养毛毛虫

下面介绍的是一种美观且干净的饲养毛毛虫的方法。最终它们会化成蛹，然后变为美丽的蝴蝶或飞蛾。

1. 在卷心菜或者其他植物上找一些毛毛虫。把它们放入一个收集瓶中。同时，从毛毛虫生活的植物上采集一些叶片。

4. 把叶子放入瓶中，茎从瓶口穿出，纸巾刚好形成一个塞子，把枝叶固定。

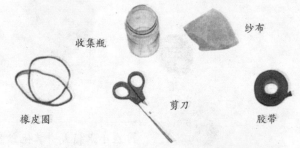

塑料瓶

收集瓶

纱布

橡皮圈

剪刀

胶带

2. 用剪刀将一只塑料瓶的瓶底剪下。

3. 取一束毛毛虫"游览"过的植株和叶子，用纸巾包住茎部。

5. 将瓶颈倒立插入一个有水的广口瓶中，使植物的茎没入水中。如果塑料瓶左右晃动，站立不稳，就用胶带把它固定在广口瓶上。

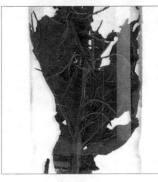

6. 把毛毛虫放入瓶中，瓶顶用一片纱布盖好，然后用橡皮圈（皮筋）或者绳子扎牢。定期给你的毛毛虫宝宝们喂食。

自然小贴士

每隔几天，清理并洗净瓶子，晾干，给毛毛虫们喂一些新鲜的植物。毛毛虫最终会变成像小香肠一样的蛹。留着这些蛹，直到蝴蝶或者飞蛾破茧而出，然后把它们放归自然。

制作浮游生物捞网

微小的水生生物通常会漏过普通的渔网，我们将要制作的这种捞网就是专门用来捕捉它们的。

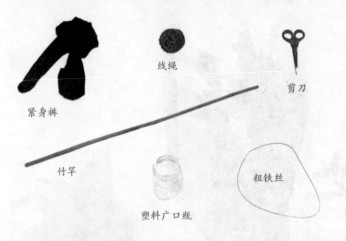

紧身裤

线绳

剪刀

竹竿

塑料广口瓶

粗铁丝

材料和工具
* 粗铁丝
* 旧的紧身裤（女式连裤袜）
* 剪刀
* 长竹竿
* 线绳
* 小的塑料广口瓶

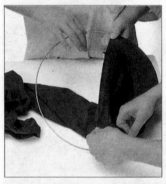

1. 把铁圈套入紧身裤的腰里。

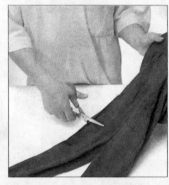

2. 剪掉裤腿。

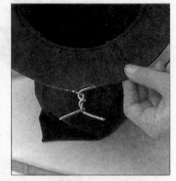

3. 将铁丝的两端绕牢。

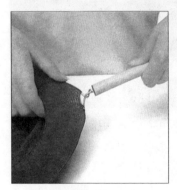

4. 把缠绕的铁丝插入竹竿的一端。

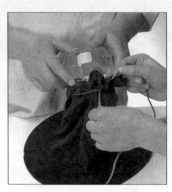

5. 用线绳将网的底部与广口瓶的瓶颈扎好，尽量扎得牢固些以防脱落。

6. 当你使用这个捞网的时候，池塘里的小生物就被捕获，困在网底的广口瓶中了。

发现池塘和小河底下的秘密

水面下生活着丰富多样的动植物。把渔网或浮游生物网浸入池底世界、河底世界，探访生活在那里的生命。

1. 在一个冰激凌盒里灌满池水。当你抓到小动物的时候可以把它们放在里面。

2. 用渔网或浮游生物网在水草丛中来回扫动若干次。

材料和工具

* 冰激凌盒和水桶
* 浮游生物网或者渔网
* 白色浅底盘
* 画笔
* 果酱瓶或者水族箱
* 笔记本
* 铅笔

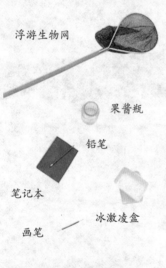

浮游生物网

果酱瓶

铅笔

笔记本

冰激凌盒

画笔

3. 将浮游生物网收集到的东西倒入水桶中。方法是：把网底的广口瓶从网口推出，将网布拉到瓶颈的后面，然后把水倒出来。

4. 很快你会发现种类繁多的水生动物。图中就有两种不同的池塘蜗牛——圆形的塘螺（Ramshorn Snail）和尖角形的大田螺（Greater Pond Snail）。

5. 用画笔仔细地挑出你捕获的动物，放进一个注满水的清洁的浅底盘或者冰激凌盒子中。你可能会捞到一些垃圾，比如枯枝烂叶之类，而清水可以冲去杂质，使你更清晰地观察这些动物。

6. 你也可以把它们放入一个大的果酱瓶，或者水族箱中。辨认你捕获的物种，在笔记本中做好记录。探访不同的池塘、湖泊、河流，你发现了生活在不同地方的相同物种了吗？

安全小贴士

无论水看起来多么浅，都要时刻保持警惕！

认识海滩上的生物

海滩是许多生物的乐园，但我们必须努力地寻找才能发现它们的踪迹。海滩上会有潮起潮落，所以不同的动植物会在海滩的不同水平面上出现——从顶部（海滩开始的地方）到底端（离海水最近处）。观察不同的横截面是测量这些变化的一种手段。

材料和工具

* 大卷长绳
* 竹竿
* 笔记本
* 铅笔

铅笔

笔记本

竹竿

绳子

1. 退潮后，取一根长绳，从海滩的起始端向大海的方向拉伸。用竹竿将绳子绷直固定。从海滩顶部开始，沿着绳子向大海走。每50步停下来一次，在你的笔记本中记下你在不同距离处发现的所有动物和植物。

2. 在海滩的顶部（离陆地最近的地方），能发现一些能够在高盐分土壤中生长的陆生植物。

3. 滨线（高潮线）就是涨潮时所到达的最远的地方。那里生活着沙蚤和海草蝇。

4. 在海滨上部能找到绿藻。

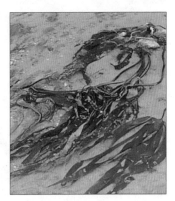

安全小贴士

在光滑的岩石上时要特别小心。注意不要被到来的潮水切断退路。

5. 海滨中部通常生长着大面积的褐藻，也称岩藻，附生在岩石上的藤壶也是这个区域的一些主要植物。

6. 当你发现红藻和巨褐藻（海带）奔拉在岩石上的时候，你已经来到了海滨底端。这部分海滨只在退潮的时候才暴露出来，在这里居住的小生物种类是最多的。

室内育种

夏季开花的观赏植物大部分都来自于温暖的地区。若要在寒冷的国度种植，我们必须先在室内培育，直到严寒退去才能搬到户外。

材料和工具

* 育种或者花盆堆肥（土壤）
* 种子盘
* 平底小花盆
* 种子
* 浅底盘

浅底盘

种子盘

种子

花盆堆肥（土壤）

平底小花盆

1. 将育种堆肥或者花盆堆肥（土壤）填满一个种子盘。多装一些，然后将堆肥（土壤）抹平，用一个平底小花盆轻压表面使各处平整。

2. 播下种子，小心地将它们隔开约 1 厘米左右。

3. 在种子上覆盖少量的堆肥（土壤），看不到种子即可。

4. 为了避免浇水时影响它们的发芽，将种子盘放入一个盛水的浅底盘中。这样一来，它们就可以从下面吸取水分。一次少加一些水，如果堆肥（土壤）足够潮湿，那么种子盘会比较沉重，你能看到表面的潮气闪闪发光。

园丁小贴士

不要忘记在标签上写下种子的名称，并把它插进盘中，这样你就不会忘记你种了什么啦。

分育幼苗

当种子发芽并长出一些叶片后，就需要被分开，独立生长。这样每棵植株才有足够的空间长得更高大。

材料和工具

* 小花盆
* 花盆堆肥（土壤）
* 小木棍
* 喷壶

小木棍　小花盆　花盆堆肥（土壤）　喷壶

1. 找一个盛满堆肥（土壤）的小花盆，轻轻地将其填实压平。

2. 一只手用小木棍将幼苗掘出堆肥（土壤），另一只手捏牢一片秧叶以扶住幼苗。

3. 将幼苗移入另一个花盆。用木棍挖一个足够深的坑，这样幼苗的根才能舒服地住进去。

4. 将幼苗植入坑中，用一些堆肥（土壤）轻轻压实根部。要非常小心，它们很脆弱。浇些水，最后用喷壶给它们来一个温柔的淋浴。

你知道吗？

植株最底部的第1对叶片叫做子叶。通常它们看起来与其他叶片有所不同，幼苗们利用它们来提供生长所需的初期能量。

开辟一片苗床

当你知道如何下手，再稍微努力实践一下，开辟苗床就不再是件难事了。尽可能的平整很重要，那样娇小的种子才能深入小土块中获取最多的水分和食物。

材料和工具

* 铁锹或者叉子
* 耙子
* 竹竿
* 短棍
* 种子

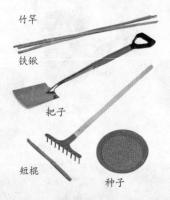

竹竿
铁锹
耙子
短棍
种子

1. 用铁锹或叉子把土壤翻一遍，直线进行。打碎行进中碰到的所有大土块，清除所有的杂草和石块。

2. 为了表面平整，土壤必须坚实。走几个来回的鸭子步，用你的脚跟把翻松的土地压实。

3. 用耙子将地面推平。轻轻地前后拖动耙子，扫除剩余的石块。

室外播种

　　有些植物必须在室内播种，因为它们的幼苗还不够强壮，不能应付户外严酷的环境。也有些植物可以直接播种在土地里，但是要仔细阅读包装说明，保证播种时间契合时宜。要想在户外播种，你得先学会条播法。

1. 要进行条播，首先你要把一个带直边的工具（如竹竿）放在待播的土壤上。然后用一根短棍沿着它挖一个凹槽，深度2厘米左右。

园丁小贴士

　　不要忘记写一个标签插在每一行的末端。

2. 大粒的种子直接置入槽中，间距至少1厘米。若是小种子，就选择无风的日子一小撮一小撮均匀地撒在槽中。

3. 拢土将种子盖好，轻轻拍实。

4. 盖牢所有的种子之后，用喷壶淋透。确保喷壶柔和地出水，否则种子会被冲离苗床。

清除杂草

　　杂草是非常聪明的、成功的植物，它们最大限度地利用着适宜它们的机会。有些植物，如蒲公英和朱草，有着修长饱满的根系，土壤中只要留有一小片，便能迅速生长。一些植物（如喇叭花），它皮革般坚韧的根系蛇行于土壤之中，缠绕的茎干生长迅速，能很快控制视野中的一切。

清除"长寿"的杂草

　＊ 清除它们需要费点力气。用铁锹或泥铲恰当地掘入土中，尽可能多地刨出它们的根系。

喇叭花

　　这是一个着实令人讨厌的家伙，因为它能够从留在土壤中的微小根须中重新生长起来。它用缠绕的茎干攀爬，如同魔爪般令其他植物窒息。

荨麻

　　它有两种不同的类型：形态较小的品种只能存活较短时间，根系为白色；而较大的则可以存活数年，散布的茎干蔓延在土壤上，根系为黄色。小的品种可以戴手套轻松地拔出，而大的品种则需要一点耐心，来将长根和爬行的茎干全部铲除。注意，它们都一样能够狠狠地刺痛你！

朱草

　　这种野草有着湛蓝的花朵，但在花床中它却是一个特强凌弱的家伙，最终会独霸一方。它和蒲公英一样有着又粗又长的主根，所以较难挖出。

蒲公英

　　你必须深挖才能把这个家伙掘出来，只要有一小团根块留在土壤中，它便能迅速繁衍。众所周知的"降落伞"就是一个种子头，会被吹散在风中。

清除"短命"的杂草

＊ 这类杂草大部分可徒手拔除，或者用锄头将根部铲断，留下上端自然枯萎死亡。这类杂草通过种子繁殖，所以要在开花前消灭它们。

酢浆草

它有着美丽的花朵，但不要被它的外表迷惑，这是一种非常顽固的杂草。它从埋在地下的球茎中生发出来，所以球茎一定要完整地挖除，并小心地扔掉。不要把它们放在肥土堆上，否则它们会传播得更广。

苣荬菜

它们长在花床或菜床中，清除的最好办法就是锄掉或连根拔起。苣荬菜的种子很轻，还有绒毛，使得它们能够随风飘散。你若是折断它的茎干，便会有乳液流出。

山靛

这是一种子孙遍天下的杂草，轻松地拔除或者锄死就能使它们销声匿迹。

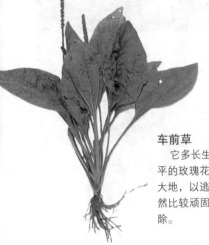

车前草

它多长生在草坪中，它巨大而扁平的玫瑰花状叶片紧紧地"抱住"大地，以逃脱割草机的清理。它虽然比较顽固，但通常徒手就可以拔除。

荠菜

它是一种生长迅速的小杂草，草籽三角形，潮湿的时候有黏性，经常蹭着靴子和农具四处旅行。每株每年能结出多达 4 000 颗种子，这些种子能在土壤中存活 30 年之久！

千里光

这是一种随处可见的植物，但它还算容易对付，一定要在结籽前把它们清理掉。

辨别益虫、害虫和丑虫

小昆虫可能是园丁的朋友，也可能是园丁的敌人，所以分清敌我是很重要的。益虫如瓢虫和草蜻蛉幼虫，当然也有一些捣乱的坏家伙。

下面有一些最常见却十分重要的小昆虫，在你的花园里很容易找到。要使对你有益的昆虫留下来，你必须设法为它们创造良好的环境。不要害怕它们！他们比你小得多，却是花园里的"大人物"。

我们是益虫

蜜蜂
没有蜜蜂你就吃不上蔬菜和水果，因为它们在花朵的授粉过程中起着至关重要的作用。

瓢虫
成年瓢虫和它的幼虫都是消灭绿蚜虫的好手，能帮助人们控制蚜虫数量。

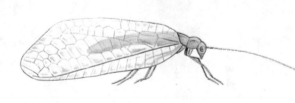

草蜻蛉
这些美丽的小虫有着带花边的透明翅膀，它的幼虫以破坏植物的绿蚜虫为食。

甲虫
甲虫在黑夜中潜行，它会消灭那些偷吃植物的昆虫。

我们是害虫

  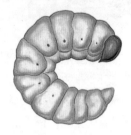

毛虫

毛虫们如饥似渴地蚕食着各种植物。如果它们出现在你的卷心菜上，你一定很想除掉它们。然而，许多毛虫还能变成美丽的蛾子和蝴蝶。

绿蚜虫（蚜虫）

绿蚜虫（蚜虫）有尖尖的嘴巴（针式口器），能刺穿植物的枝叶，吸出树汁。受迫害的植物则因为"失血过多"而变得畸形、虚弱。喷射的水柱能够减少它们的数量——肥皂水更佳。大量地喷洒化学药剂杀虫为我们带来一个问题：许多通常能控制蚜虫数量的益虫也无缘无故地成为牺牲品。

鼻涕虫

鼻涕虫是园丁的大难题。它们酷爱大嚼鲜嫩多汁的幼苗，破坏我们悉心培育的劳动成果，然后留下一道泄露行踪的银色痕迹。防治鼻涕虫最好的办法就是在它们夜晚享受美餐的时候，摘除它们，放在一瓶盐水中。或是买一些杀虫药球。

葡萄象鼻虫

毫无疑问，这是个十足的坏蛋！成年象鼻虫过着诡秘的生活，它以植物的叶子为食，但造成真正破坏的是它们的幼虫。这些"小家伙"以植物的根为食，通常生长在陶盆和花箱中，当然在花床里你偶尔也能发现它们的身影。遭受攻击的植物开始枯萎，接着一触即倒，因为它们已经没有根了。一旦发现它们的踪迹，要立即铲除植株并清理干净生长感染植物的堆肥或土壤。

丑陋的小虫

 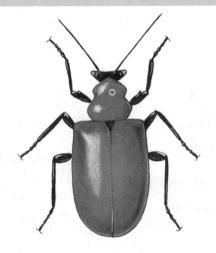

想挽留益虫住在你的花园中，你就要为它们准备合适的住处。

百合甲虫

百合甲虫常常被人们忽视，因为它们披着鲜红的外衣。然而它们的幼虫却是最丑的虫子之一。它们裹着厚厚一层令人讨厌的果冻状黏液来保护自己。成年甲虫及其幼虫均以百合花的枝叶为食，它们可以飞快地剥光一株植物，所以要特别小心这些可恶的家伙！

夏季篇

阳光普照，假期来临，美好的夏季时光到了！在一年中的这个时节里，没有什么事比户外活动更好了。大自然展现出它最美的一面，如果在春天播下了种子，你现在就能看到夏花开始绽放，闻起来又香又甜。蜜蜂忙忙碌碌地收集着花粉！如果你去海边游玩，仔细地观察石缝中的水洼，沿着海滩边走边找，你一定会发现许多珍宝——幸运的话你还能带几样"纪念品"回家呢！

测量树的高度

野外指南和其他书籍常常告诉我们大树的高度。但是我们怎样测量呢？

材料和工具

* 铅笔
* 木棍
* 卷尺或者直尺
* 笔记本

卷尺

铅笔

1. 站在大树前方。握住一支铅笔并伸直手臂，保证你能同时看到大树和铅笔。让一个朋友站在树下。

2. 将铅笔竖起，使得铅笔头和大树顶端平齐。顺着铅笔下移你的大拇指，直到和树底平齐。

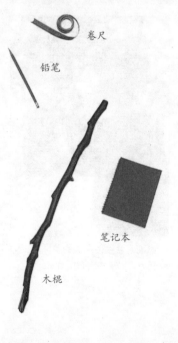

笔记本

木棍

3. 将铅笔翻转至水平，保持你的大拇指和树底平齐。让你的朋友沿直线背向大树行走，直到她和铅笔的顶端平齐为止。

4. 用一根木棍标记朋友站立的地方。测量从木棍到树底的距离。这个距离和大树的高度相近。在笔记本上记下你的测量结果和结论。

测出树的粗细和年龄

很多树木都非常古老。不过我们还是能够很容易地测出树的粗细和年龄。

材料和工具

* 绳子
* 卷尺或者直尺
* 笔记本
* 铅笔

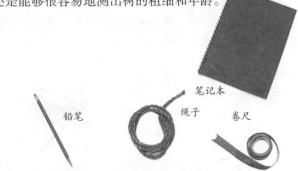

铅笔　绳子　笔记本　卷尺

1. 把绳子绕在树干上，手指卡住绳子交迭处。一棵这样大的橡树应该得有好几百岁的高龄呢！

2. 在平地上将绳子拉直，量到你手指卡住的位置。这个距离和树干外圈的距离相等（周长）。

3. 圆木上的年轮会告诉我们树木的年龄。树木每年都会长出一个新的年轮。

4. 数一数年轮，你能知晓树木的岁数。如果一棵树有150个年轮，那么它就有150周岁。

自然小贴士

下次你散步的时候，仔细观察一下遇到的树木。你发现了多少棵真正的古树呢？古树一定会是最高大或者树干最粗的。

花园 "狩猎"

当心了！小心你踩到的地方。一个使人着迷的隐秘世界正在你的脚下活动着。花点时间观察一下，你一定会惊异于这次花园里的"迷你狩猎"！

绳子

竹竿

铅笔

笔记本

放大镜

材料和工具

* 绳子
* 两根竹竿或木棍
* 放大镜
* 笔记本和铅笔

1. 用一根长约1.5米的绳子系住两根竹竿或木棍。

2. 插下竹竿，绷直绳子，穿越长草丛或者林地边缘。

3. 沿着绳子1厘米1厘米地潜行，贴近地面，用放大镜观察。

4. 试着在自然书籍的帮助下辨认你的发现，或者开始写一本自然日记，做适当的笔录。

让蜜蜂和蝴蝶入住你的花园

若想吸引美丽的蝴蝶和嗡嗡的蜜蜂入住你的花园，你就要多种植一些它们喜欢的植物，以使它们从附近汇聚过来。很多蝴蝶现在都十分罕见了，所以你种植的蝴蝶们喜爱的植物会帮助它们存活下来。蝴蝶和蜜蜂都很喜欢明媚充裕的阳光，所以要把你的花园建在阳光地带！

植物

阔口木桶

鹅卵石

花盆堆肥和
土壤

泥铲

材料和工具

* 鹅卵石
* 大花架或者阔口木桶
* 花盆堆肥（土壤）或者相同质量的
* 花盆堆肥和花园土的混合
* 一些精选的适合的植物如福禄考、
  紫苑、薰衣草、马鞭草、半边莲等
* 泥铲

1. 在木桶或花架的底部放一些卵石以便排水；然后填满堆肥或者土壤与堆肥的混合物。

2. 中间栽种福禄考和紫苑，因为它们的个头儿最高。

3. 福禄考和紫苑的边沿种一些薰衣草、马鞭草。

4. 外围种一些半边莲，这样它就能顺着边沿蔓垂下来。浇水。

你知道吗？

蜜蜂在采集食物的时候，同时做着重要的授粉工作，这样才能有我们吃的苹果和梨子等水果。

制作一个观察网

这是一个能够短时间观察蝴蝶，而不会伤害到它们的安全工具。

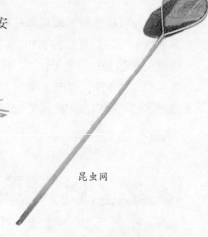
竹竿

昆虫网

材料和工具

* 网布或纱布
* 剪刀、针和线
* 4根竹竿
* 昆虫网或渔网
* 笔记本、铅笔

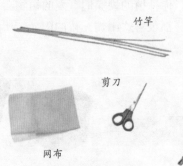
剪刀

网布

1. 剪一块约30X30厘米的正方形网布，一块120X50厘米的长方形网布。

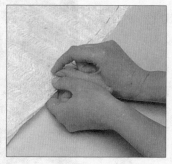

2. 将长方形网布对折，缝合重合的50厘米边。

3. 将正方形的顶缝在长网布的一端。

4. 把四根园圃竹竿插入土中，搭成一个正方形框架，每竿间距30厘米。用网布从上方套住支架。

5. 小心地用昆虫网或者渔网捕捉一只蝴蝶，然后轻轻地放入观察网中。不要碰到蝴蝶翅膀，你很可能会伤害到它们。

6. 透过网布辨认你的蝴蝶。这是一只龟甲蝶，把它画在你的笔记本上，然后把蝴蝶放生。

灯光陷阱

飞蛾和其他一些昆虫在夜晚活动。它们会被电灯泡发出的亮光所吸引。你可以用一个简单装置来捕获它们。

材料和工具

* 厚壁大塑料瓶
* 剪刀
* 不干胶带
* 台灯
* 小收集皿
* 画笔
* 《野外指南》
* 笔记本
* 铅笔

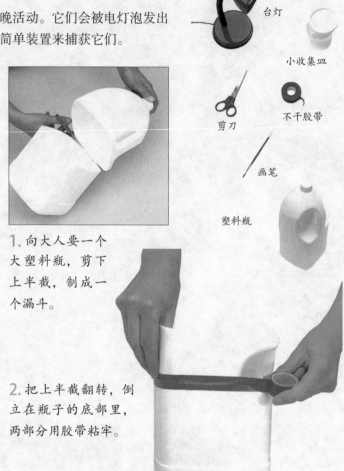

台灯

小收集皿

剪刀

不干胶带

画笔

塑料瓶

1. 向大人要一个大塑料瓶，剪下上半截，制成一个漏斗。

2. 把上半截翻转，倒立在瓶子的底部里，两部分用胶带粘牢。

3. 把粘好的塑料瓶放在户外。放置一个台灯，照在漏斗的顶上，如果台灯太矮，就把灯放在砖块上。

4. 让成人把台灯插在附近的插座中。不要在潮湿的天气中使用它。入夜后，打开台灯，点亮数小时。

5. 飞蛾向灯光飞去，落入漏斗，然后被困在瓶底。移开漏斗，看看有什么飞蛾和其他飞虫落网。

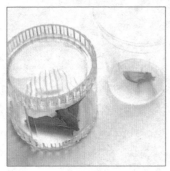

6. 把它们放入小的收集瓶中，用小画笔轻轻拈出来。用一本《野外指南》来辨认，然后在你的自然笔记本中记下笔记并画出它们的图像。最后小心地释放捕获的飞蛾和昆虫。

做一个捕捉网

这是一种实用而简单的工具。它可以用来捕捉飞虫，或在池塘和石缝水坑中捕捞水生动物。

材料和工具

* 长方形网布,90×30厘米
* 针线
* 铁丝晾衣架
* 剪刀或钳子
* 竹竿
* 联结螺旋夹

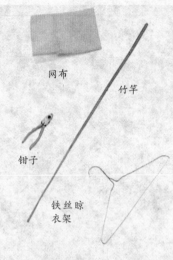

网布

竹竿

联结螺旋夹

钳子

线

剪刀

铁丝晾衣架

1.将一片网布对折，沿边线和底部缝好。

2.撑开一个晾衣架，折成方形或圆形。

3.沿着网口把网布折好，包住铁丝缝好。

4.用钳子或剪刀剪掉衣钩，拉直亦可。

5.小心地把铁丝插入竹竿顶端（你也许需要大人的帮助）。

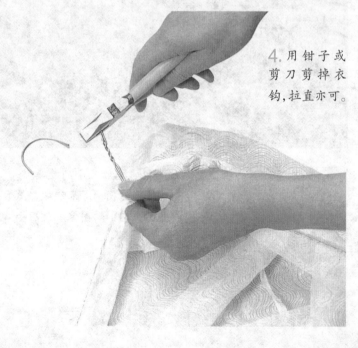

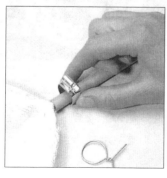

6. 用联结螺旋夹或者一根铁丝紧紧地固定住竹竿和网。这样可以防止在水草丛中打捞的时候网端脱落。

安全小贴士

在将铁丝插入竹竿顶端时，一定要注意安全！

观察石缝水坑

许多小动物如虾米、螃蟹、小鱼都生活在石缝的水坑里。在潮水再次来临前，这里将一直是它们的避风港。

渔网　　桶　　铅笔　　笔记本　　塑料袋

材料和工具

* 渔网
* 桶
* 塑料袋
* 笔记本
* 铅笔

1. 潮水退去后，海滩上的小生命必须缩进壳里，或者躲藏起来，等待潮水再次到来。然而，石隙中的小水坑里就截然不同了，动物们依然在自由地游泳和捕食，忙得不亦乐乎。

2. 一些动物，如帽贝、海葵等把自己固定在岩石上，它们也能移动，只是很慢罢了。

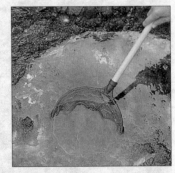

3. 用渔网扫过沙质的坑底，你会捉到埋藏在沙子里的虾米、螃蟹、小鱼。

4. 如果你抓到一只螃蟹，那可要小心了。不要粗鲁地掰它，那样会折断它的腿。提起它的背壳会比较安全，而且能避免被夹到。

5. 小心地翻起石块，那下面生活着许多动物。一定要小心地把石块放回原位，那样你就不会破坏这个小天地，伤害到其中的居民啦！

6. 把小动物收集在一个桶或者塑料袋中。辨认它们，并做好笔记。最后不要忘记把它们重新放回海里，那才是它们的家。

赶 海

人人都喜欢去海边嬉戏玩耍，做一回海滩上的自然侦探，看看你能发现什么宝藏。

小桶　铅笔　笔记本　塑料袋

1. 寻找海藻和岩石下生活的小动物，那里潮湿、舒适，是它们的天堂。乌贼、螃蟹、海胆以及其他一些动物都常常被冲到岸上。你会在海潮到达的最高处找到它们，那里被称做滨线。

2. 在海滩上你会发现各种不同的贝壳。

3. 寻找不同寻常的岩石、卵石雕像、化石和矿石。图中大石块上的石洞就是被长在岩石上的蛤蜊钻出来的。看到那个印第安人的头像了吗？那也是从海滩上捡回的，是大自然的杰作。

4. 沙子下面住着谁呢？找到蚯蚓洞，向下挖去，找到生活在下面的蚯蚓。收集起找到的小动物和贝壳，放进小桶或者塑料袋中。在你的笔记本中做好笔记，然后把它们放生。

5. 很多垃圾被冲到海滩上。绳子、塑料、漂浮物危害稍小一些，但是渔具、瓶子、罐子就会有很大危险。小心，有些会装有危险的化学药品，不要碰它们。

收集贝壳

世界各地的海滩上散布着各种各样的贝壳。你可以很快地搜集起一整套漂亮的贝壳，放在盒子里展示或是作为墙上的挂饰，这是很有品位的选择。

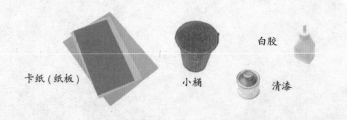

卡纸（纸板）　　小桶　　白胶　　清漆

1. 在海滩上搜集空的贝壳，放入桶中。

2. 在家中用清水将它们全部洗净，在户外放置几天，晒干。如果不这样，就会有异味发出。

3. 使用《野外指南》辨认你的贝壳，在自然笔记本中做好笔记并绘图。

5. 把它们粘在卡纸（纸板）上。你可以把精选的卡片保存在一个盒子里，或者固定在相框中，悬挂在墙上。

4. 挑选出每种贝壳中最好的样本，用清漆涂好。

自然小贴士

一些贝壳是受保护的，不能从海滩移走。请在拿走贝壳前确保没有违反当地的法律。

布置迷你池塘

没有哪个花园离得开水声和水景。在一个阳光照耀的、炎热的日子里嬉水会是多么美好啊，这个迷你池塘对于鱼儿来说是有点小，但是对于口渴的鸟儿来说却是一个很好的饮水点。任何一个大的容器都可以用做迷你池塘，只要它不漏水就行！洗碗盆有一点太浅，但在紧要关头还是顶用的。像图中这个较深的玩具箱是最理想的。所以呢，腾出一些玩具，布置一个迷你池塘吧！

材料和工具

* 宽大的容器
* 花盆
* 沙砾
* 两种水生植物，如
* 金莎草和龙头花
* 酒瓶盖上的铅条
* 几束制氧水草
* 花盆堆肥（土壤）
* 小型漂浮植物

1. 找一个宽大的容器，在底部铺一层沙砾。

2. 容器中注满水，大约与边沿平齐。

沙砾　　　　容器

水生植物

漂浮植物　花盆　制氧水草　铅条

3. 把水生植物（当你买的时候，应该已经装在网兜里）慢慢地沿着容器的边沿放入水中。

4. 在制氧水草的根部系一片从酒瓶盖上取下的铅条，固定它们的重心。

5. 将束好的水草装入普通花盆中，在表面铺上沙砾。

6. 将花盆沉入迷你池塘的底部，然后添一些漂浮植物，如水莴苣和水蕨。把你的小池塘放在花园中的坑洞里，这样才能保持阴凉。

收集蒴果种子

蒴果是一样神奇的东西———旦接触水和土壤之后，这些小口袋就会迸发出生命。它们也充满了惊喜，你会发现你自己采集的种子会长出全新的品种。

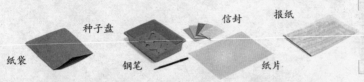

纸袋　种子盘　信封　报纸　钢笔　纸片

材料和工具
* 纸袋
* 报纸
* 种子盘
* 纸片
* 信封
* 钢笔

1. 等到天气干燥的晴天收集种子。不要用塑料袋，用纸袋装好种子。

2. 在种子盘底铺一层报纸，把采集的种子倒在上面。放在干燥、温暖的地方一些日子，让它们干透。

3. 把一张纸对折，然后打开，留下一条折痕。用手指揉搓蒴果，使种子掉落出来。

4. 小心地捡出茎和种子皮。轻轻地吹一下，去除一些较轻的杂质。

5. 把干净的种子倒入信封里（把种子聚集在折痕中，这样比较容易倒进信封里）。

6. 不要忘记在信封上标出植物的名字——否则你就会忘记这是什么种子了。

建造沙漠花园

如果你梦想着炎热的沙漠和不需要经常打理的植物，那么种植仙人掌和肉质植物再合适不过了。把这盆"沙漠花园"放在阳光充足的窗台上，在夏季要充分浇水，冬季几乎不用浇水。经过这个冬天的休息，一盆仙人掌也许会开出美丽的花朵，给你一个惊喜！

材料和工具

* 花盆
* 特制仙人掌堆肥或者花盆堆肥，鹅卵石，细沙、粗沙的混合物
* 岩石块
* 仙人掌和肉质植物
* 一张折好的报纸
* 沙砾

花盆堆肥（土壤）

仙人掌和肉质植物

报纸

粗沙和细沙

岩石块

花盆

鹅卵石

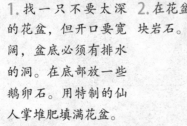

1. 找一只不要太深的花盆，但开口要宽阔，盆底必须有排水的洞。在底部放一些鹅卵石。用特制的仙人掌堆肥填满花盆。

2. 在花盆中放置两大块岩石。

3. 用一张折好的报纸条包住仙人掌，以防扎到手指，围绕岩石种好。

4. 用沙砾盖住土壤表面。在春天和夏天像普通家庭植物一样浇水，但是入冬后，大约每个月浇水1次。

种植野花

乡野植物在田间地头自然地生长了上千年。最艳丽的野花当属玉米地里的野花，但是许多品种现今已经非常罕见了。种上满满一大盆野花，放在门前的台阶上，整个夏季就都能欣赏到它们的风姿了。

花园土

鹅卵石

野花种子

花盆

1. 在盆底放些卵石，利于排水。

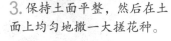

3. 保持土面平整，然后在土面上均匀地撒一大搓花种。

4. 轻轻地撒些土壤盖住种子，然后慢慢地淋洒一些水。

2. 在花盆中放入适量的花园土，剔除所有的草根和大石块。

园丁小贴士

不要忘记在花儿生长的时候浇水！花盆比花床需要更多的水分，因为花盆里的水会被逐渐排空。

秋季篇

夏季悄然结束，大自然开始为将要来临的冬天做准备，但这并不意味着你会没有什么东西可探索！众所周知树木在秋天落叶，但你是否收集过落叶，制作过落叶图案的摹拓，作为卧室墙壁上的画片呢？等到树木光秃秃的时候，你可以好好地观察它们。最美妙的就是：为什么不试着亲自动手种一棵幸福树呢？

认识树木的结构

树木是植物世界里的巨人。看看你能否在一棵树上找出以下不同的结构部分。

1. 叶片：叶片有许多形状和尺寸。有些是锯齿边，有些则分成许多小叶。松树叶片就像一根根缝衣针。

2. 树枝：在冬季，树枝可以帮助你辨认出树的种类。从上到下，这些树枝依次是白桦、岑树、苹果树、橡树和柳树。

3. 树皮和树根：我们并不经常看到树的根部。这几棵柳树长在池塘边。你能看到精美的发丝般的须根吗？

4. 花：有些树木会开出带花瓣的花朵，但大多数树木只有绿色或黄色的柔荑花（没有花瓣的花）。

5. 果实：树木的果实和种子种类繁多。水果和坚果被想要以它们为食的动物传播开来。其他种子则会长出翅膀，像直升机一样在天空中自由地旋转。

6. 球果：松树通常都是常青的，叶子在冬天也不会脱落。它们的叶子就像缝衣针一样，果实被藏在松塔（松树的球果）中。

园丁小贴士

落叶树木，如胡桃木，在冬天脱落叶片。每个秋天，绿叶变成黄色、棕色或红色。它们枯萎后，从树上飘落下来。你在地面上看到过它们吗？

种棵祝福树

种树是很有意义的一件事。它比我们活得更长，长得更高，所以有什么比种树更好的方法来庆祝婴儿降生、生日来临或者家人团聚呢？树木非常重要，因为它们制造所有生命赖以呼吸的氧气。没有谁的花园有空间种得下雄伟的橡树或是海滨树木，但是你可以种小一些的品种如白面子树。这种小树的叶片有泛着银色光泽的白色底面，它还能开出芬芳的白色花朵和结出鲜艳的红色果实。

材料和工具

* 铲子
* 塑料布
* 叉子
* 肥料或者花园堆肥
* 小树、树桩
* 锤子
* 两根树带

花园堆肥
树桩
小树
塑料布
叉子
铲子
树带
锤子

1. 移去草皮，挖一个至少比花盆深 7.5 厘米的深坑，把挖出的所有土壤放在一片塑料布上以保持花园的整洁。

2. 把坑底的土壤用叉子翻一遍，多加一些肥料或堆肥。

3. 小心地把树取出花盆，在坑中放好。

园丁小贴士

大约 3 年，当小树完全立足以后，树桩就可以完全移开了。

4. 把树桩放进洞中靠近树根的地方，用锤子固定。树桩低于第 1 根树枝。

5. 把土填回到坑中，将树根周围轻轻压实。

6. 系上两根树带，一根在树桩底部，一根在树桩顶部。最后，好好地浇一次水，让它开始健康长久地生长。

认识大树上的生命

材料和工具

许多动物把家安在树枝和树叶上。敲打一下树枝，找出茂密叶子中隐藏的小昆虫。

* 一大卷白纸或者布片
* 木棍
* 小画笔
* 收集瓶
* 凸透镜或者昆虫盒
* 《野外指南》
* 笔记本、铅笔

笔记本　铅笔　木棍　白纸　收集瓶

1. 选择粗大的树枝，在下面摊开一张纸或者布片。

2. 把树枝拖到纸张或布片的正上方，用棍子敲打。不要敲得太用力，那样会折断树枝。

3. 昆虫会掉落在纸张或布片上。用画笔把它们拈起来，放进收集瓶中。

4. 用放大镜、昆虫盒和《野外指南》来辨认捕获的样本。在笔记本中给所有的发现列一个名单。树上究竟有多少不同种类的动物呢？用铅笔画下它们的样子。

5. 释放你捕获的昆虫，最好是在捉到它们的那棵树下，至少要在安全的地方。现在，试着敲打另一种不同树木的树枝。哪种树上昆虫的种类多一些呢？

做一名自然侦探

不论何时，当你外出走近一棵树的时候，仔细寻找住在树上的小动物留下的线索。睁大眼睛，仔细倾听。做一名自然侦探！

塑料袋　铅笔　笔记本
收集盒

1. 寻找动物进食留下的痕迹，如松鼠、老鼠等小动物啃过的松塔，坚果以及水果。搜集这些标本，并记录在你的笔记本中。

2. 寻找巢穴。这些洞穴大都在空心树干的下面，里面通常住着狐狸。在上方的枝干中查找，也许能发现啄木鸟或其他鸟类的巢穴。

3. 寻找虫洞。许多昆虫和它们的幼虫在树木中挖洞，图中坑道就是筒囊的杰作。

4. 寻找腐烂的树木。啄木鸟会在腐烂的树木上打洞，寻找蛀蚀树木的昆虫。其他的动物会刮擦树干来捕捉树干中隐藏的昆虫。

观察石块和圆木下的世界

* 画笔或镊子
* 收集盒
* 笔记本
* 铅笔
* 《野外指南》

　　许多小生命生活在土壤里，包括那些圆木、岩石、石块下的阴暗潮湿的地方。

收集盒　　笔记本
画笔　　　　　铅笔

1. 找一块砖头、石块、岩石或者圆木，看一看下面有什么。你也可以在木板或者其他花园废弃物下面找一找。

2. 轻轻地搬起石块，看看是否有生活在下面的小生物。慢慢地用画笔或镊子拈起下面的生物。

3. 把你发现的所有动物都放入一个收集盒中。轻轻地把圆木或石块滚回原处，防止下面的小世界干旱荒芜。做好笔记，绘出图形，用一本《野外指南》来辨认出找到的动物。

4. 幸运的话你会发现一些大点的动物，如青蛙、蟾蜍、蝾螈（火蜥蜴）等。当你做完记录后，把它们带回原处放生。

设置隐形陷阱

隐形陷阱用来捕捉地面行走的小昆虫。

石块

扁平的石块

小泥铲

收集罐

自然小贴士

不要忘记在研究完这些虫子后，把它们放归自然。

1. 挖一个收集罐大小的洞。

2. 把罐子放入洞中，确保罐口和地面平齐。填满边沿周围的缝隙。

3. 在罐口周围堆放 4 块石头。

4. 在 4 块小石头上放置一大块扁平的石块和一片木片。放置一夜。第 2 天一早去看看是否有甲虫或其他动物落入陷阱中。

收获秋天

每一年秋天都伴着水果、蔬菜、坚果、浆果的大丰收。各种动物在漫长的冬季岁月前有了充足的食物。看看你能否找得到下面列出的品种。

材料和工具

* 篮子或塑料袋
* 收集罐
* 剪刀，用于剪断样本

塑料袋

收集罐

剪刀

1. 长在树篱中的浆果，如接骨木果和黑莓，可以做果酱、水果甜点和酿制农家酒，这已经有好多个世纪的历史了。

2. 水果有许多不同的种类。这些肉质水果能吸引动物食用它们以传播种子。

3. 坚果有坚硬的盔甲来保护里面的种子。

4. 种子的数量非常多，为鸟类和动物提供了充足的食物。

5. 这些果实能在风中飘荡。每颗种子都有精致绒毛或蓬松软毛形成的微型降落伞。

6. 有些果实上有倒刺，可以抓牢动物的皮毛或我们的衣服。落到地上后，长成一棵新植物之前，它们会被带到好几千米以外的地方。

收集秋天的落叶

每年秋季，落叶植物都会脱下美丽的叶片。一薄层墙壁般的细胞长在叶柄与茎的连接处，之后叶片就开始微缩，死亡，脱落。树叶死亡后，颜色变成黄色、棕色、橘黄色、红色或紫色。收集落叶，用它们做一幅拼贴画。

材料和工具

* 落叶
* 报纸
* 书本
* 大信封
* 白胶
* 卡纸（纸板）或纸张

报纸

大信封　　卡纸（纸板）　　书本　　白胶　　落叶

1. 尽可能多地收集各种不同的落叶。

2. 把叶片放入一叠报纸中间。放一本书在上面，轻轻地压住它们。

3. 你可以把压平的落叶收集在信封里，直到需要时再取出。

4. 把叶片粘在一张卡纸（纸板）上。

5. 收集不同种类的叶片做一个精选集，或者制作一幅拼贴画，用来装饰贺卡也不错。

建一所私人博物馆

随着时间的推移，你将会收集一大叠天然的小玩意儿。

找一个安全的地方存放你的标本，笔记和图片。你可以把它们放在箱子里或是橱柜中。如果你能找到一张闲置的桌子，就能着手建立起自己的自然博物馆，展示像图中一样的精美藏品。

标本可以放在干净的塑料瓶中，或是粘在卡纸（纸板）上，这样看起来既整洁又美观。可以用双面胶带或强力白胶粘牢羽毛或者其他"宝贝"。

仔细看看对面的图片。许多小制作都可以在这本书里找到。打开本书，开始为你的私人博物馆或自然书桌收藏物品吧。

冬季篇

冬季是一年中特别的时刻：大自然似乎隐藏了它的踪迹，但如果在正确的地方做一点调查，你就会发现那些终年定居那里的小动物的蛛丝马迹。为了让鸟儿拜访你的花园，你可以造一个鸟巢箱或者鸟食盒（给鸟投食）。如果为它们准备好美味佳肴，你就能看到它们在整个冬季来来往往，使你的花园热热闹闹！

绘制自然地图

绘制一张你家附近地区的地图。你可以利用它设计出一条充满自然风光的小路。带着你的朋友观赏沿路的风光，用沿路出现的各种动植物给他们一个惊喜！

1. 绘一张地图，标出所有在你家附近你能看到的街道、马路、建筑物以及其他人造结构。把它们涂成灰色或其他合适的颜色，如棕色。

2. 在各自的位置上画出花草、树木、树篱以及其他各种植物。画上绿色的阴影。

铅笔

笔记本

彩色铅笔

自然小贴士

用这些笔记和图画绘制一幅你居住地区的大型自然地图。

3. 画上所有的水坑、池塘、小河、岩石、圆木、围栏以及其他你能看到的特殊景物。

4. 在你的地图上标出你发现的所有动植物的位置。有些动物也许会走动，那就用圆点线标出它们的活动路线。你也许会发现一些线索（如脚印、粪便等等），那些地方用叉号或者圆点表示出来。

记录旅途中的见闻

汽车旅途有时候会漫长而乏味。在你的笔记本上列一个见闻记录单来打发时间吧！你可以核对沿路所见的所有自然景物。

彩色铅笔

铅笔

笔记本

1. 给你路途中见到的鸟类做一个清单，并记录下你见到的各种鸟类的数量。

2. 寻找路边不同种类的花草树木。寻找不同颜色的花朵和不同类型的树木。记录下你见到的各种植物的数量。

3. 给你路途中见到的动物做一个清单，可以包括农场动物。记录下你见到的各种动物的数量。

4. 给你路途中见到的生态环境做一个清单。记录下你见到的不同环境的数量。

蛛丝马迹

下面有些追踪生活在附近的动物的线索，就算你没见过它们，也一样能知道它们的存在。

1. 粪便：这是一只水獭留下的。发现于河边的小路上。你能看到鱼骨和龙虱翅鞘吗？这些都是水獭大餐的残留物。

2. 捕食的痕迹：我们常常能够看到动物被捕食的地方。这些羽毛和兔子骨骼是被一只狐狸留下的。

自然小贴士

你在任何地方都能发现这些蛛丝马迹。有时你会在非同寻常的地方找到。你能看到这只蜗牛在房屋墙壁上爬上爬下的痕迹吗？

3. 窠臼和洞穴：这些东西告诉了我们动物的住处。你能看到通往这个洞穴的泥泞小路吗？

4. 其他迹象：许多动物会在身后留下抓痕或其他痕迹。这些皮毛被夹在了一个篱笆的铁丝上。

观察地鳖虫

地鳖虫不能在干燥的环境下生活。下面这个实验会显示出它们如何积极地寻找潮湿的住所。

材料和工具

* 收集盒
* 两张纸巾
* 浅底塑料盘
* 报纸

纸巾

报纸

收集盒

浅底塑料盘

1. 在石头、砖块和圆木下寻找一些地鳖虫，把它们放进收集盒中。

2. 把一张纸巾对折，平铺在盘子的半边。

3. 把第2张纸巾对折，打湿，放在盘子的另一半。

4. 把地鳖虫倒在盘子中央，盖上报纸。等待30分钟，掀起报纸。地鳖虫都跑到哪边去了呢？

制作饲虫箱

　　蚯蚓实在是一种神奇的生命，我们常常把它们称做土壤的救兵。它们能保持土壤健康，通过取食土壤中的植物残骸，开掘出便于空气和水分流动的通道。饲虫箱是一种利用厨房废料制造花盆堆肥的极好用具。相比于肥料桶，这种方法规模小、见效快，产出的肥料非常适合栽培植物。最适宜在饲虫箱中生长的蚯蚓，当然不是普通的泥地蚯蚓而是沙蚯蚓（虎纹虫），大部分渔具店都有售。

垃圾桶　　手钻　　花盆堆肥（土壤）　　植物茎叶

沙蚯蚓（虎纹虫）　　报纸　　沙砾

材料和工具

* 手钻
* 小垃圾桶
* 沙砾、报纸
* 花盆堆肥（土壤）
* 沙蚯蚓
* 蔬菜茎叶

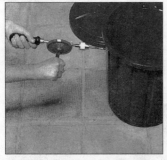

1. 在距盆底 2.5 厘米的小垃圾桶上钻两排排水孔。在顶部再钻一排排气孔。

2. 在盆底铺上一层 10 厘米厚的沙砾。

3. 铺上一层湿报纸，防止堆肥（土壤）掉落在沙砾上。

4. 接着铺上一层 10 厘米厚的花盆堆肥（土壤）。

5. 现在放入一把沙蚯蚓，如果不愿意赤手的话，可以戴上手套。

安全小贴士

　　在使用任何种类的钻子时都要特别小心！

6.加上一薄层蔬菜茎叶，用厚厚一层报纸盖住。几个星期后蚯蚓就会在它们的新家里安顿下来。在蚯蚓没有处理掉上一批蔬菜茎叶前不要再放入蔬菜茎叶，每次要少放入一些。

你知道吗？

蚯蚓最喜欢的食物有香蕉皮、茶叶渣、胡萝卜和土豆皮以及各种绿色茎叶。它们对橘子皮或者柠檬皮不太敏感，所以最好把这些东西拿远点。